做个好领导
其实很简单

IT'S VERY
SIMPLE TO BE A GOOD LEADER

▶▶ 一切组织和个人的荣耀与衰落,都源自领导力 ◀◀

做个好领导
其实很简单

李世化◎著

中国商业出版社

图书在版编目（CIP）数据

做个好领导其实很简单/李世化著. — 北京：中国商业出版社，2018.6
　ISBN 978-7-5208-0403-5

Ⅰ.①做… Ⅱ.①李… Ⅲ.①领导学 Ⅳ.①C933

中国版本图书馆 CIP 数据核字 (2018) 第 118355 号

责任编辑：唐伟荣

中国商业出版社出版发行
010-63180647　　www.c-cbook.com
(100053　北京广安门内报国寺 1 号)
新华书店经销
北京万博诚印刷有限公司印刷

＊

710×1000 毫米　1/16　18 印张　240 千字
2018 年 6 月第 1 版　2018 年 6 月第 1 次印刷
定价：48.00 元

＊＊＊＊

（如有印装质量问题可更换）

领导者成功的条件并不是职位和权势，而是能吸引追随者的威信和魅力，以及对大局的掌控能力，对危机的应对能力，等等。对此，许多优秀的经营者、管理者都有过中肯的论述。

长江实业集团董事局主席李嘉诚说："我虽然是做最后决策的人，但事前一定听取很多方面的意见，所以做决定及执行时必定很快。可见时间的分配、消除压力要靠组织来配合。"

世界船王包玉刚说："签订合同是一种必不可少的惯例手续，纸上的合同可以撕毁，但签订在心上的合同撕不毁。人与人之间的友谊建立在互相信任上。"

华为总裁任正非说："十年来我天天思考的都是失败，对成功视而不见……失败这一天是一定会到来的，大家要准备迎接。这是我从不动摇的看法，这是历史规律。"

阿里巴巴创始人马云说："创业不一定要找最成功的人，但一定要找最合适的人。因为原先做得越好的，到你的小公司越容易出问题。这就好比拖拉机里装了一个波音747发动机，会把你的企业带坏。"

联想总裁柳传志说："当企业小的时候，一定要身先士卒，但是当

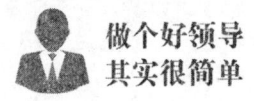

公司上了一定规模以后,一定要退下来。要做大事,非得退下来,用心去做。"

美国哈佛大学柯林斯比较很多著名企业领袖后,发现领导人不如人们所想象的,热情洋溢、狂热十足,相反,他们沉默、深思、谨慎。他说:"他们造钟,而不是报时,不强调个人魅力,专注组织永续。"

研究发现,卓越领导者身上有一些共同的特质,支撑着他们一路走来,取得骄人的业绩。比如,他们善于抓人心,说话办事令人敬仰;他们身体力行,成为大家的榜样;他们狠抓效率,真正做到了令行禁止;他们知人善任,给人才成长的舞台;他们善用激励,激发每个成员的斗志;他们重视沟通,提升团队的契合度;他们加强培训,让员工变得更优秀;他们懂得授权,充分释放队伍的潜能。

在一个企业里,卓越的领导者扮演着关键角色,既能掌控大局,也能在细微之处照顾大家的情绪;既能谋划未来,也能妥善处理眼前的危机……总之,他们始终做正确的事,带领团队成员不断开创新的未来,在一次次跃进中实现了自我超越。本书深入剖析了卓越领导者的修炼之法、养成之道、进阶之路,为团队领头人、企业经营者提供有益的参考。

目录 CONTENTS

第一章 抓人心——平易近人的领导更有亲和力

不要摆官架子　　2
善下软命令者受人尊敬　　6
提高亲合力，把员工当家人　　9
耐心听取下属的意见　　13
不要压制下属　　17
尊重下属的隐私　　20
与员工一起参加活动　　26
要懂得换位思考　　30

第二章 抓表率——身体力行是无声的领导范式

用良好的形象为下属树立榜样　　34
约束自己的言行，为下属做表率　　37
严于律己做表率　　40
身先士卒树立榜样　　43
用办实事树立榜样　　46

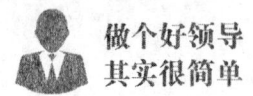

说话一定要算数	48
和下属甘苦与共	51
宽容待人，员工面前做表率	53
知错能改做榜样	57
果断决策，才能统率全局	60
领导做事需认真	63
做一个乐观的领头人	66

第三章 抓纪律——无情的纪律，有情的领导

铁的纪律是必需的	70
做事要公平公正	74
论功行赏，论过处罚	77
不同手段驾驭不同的员工	81
软硬兼施，合理管人	85
批评下属要注意方式	87
"杀"一儆百以示警觉	90
面子是互相留的	94
用情感留住人才	97

第四章 抓人才——知人善任是领导者的基本功

要有一双识人的慧眼	100
以貌取人不可取	103
人才具备的十个优点	106
从细节入手了解人才	109
透过现象看本质	112
用"时间"来看人	115
从言行识别被埋没的人才	117
德才兼备的人是首选	121
"不怕不识货，就怕货比货"	125

后起之秀不一定比"老将"差	129
有潜质的人才不可丢	133
能力比学历更重要	135
默默耕耘的人来之不易	138

第五章　抓激励——确保每个员工干劲儿冲天

有激励才有动力	142
奖励是最好的奋斗剂	146
该给的功劳就给他	149
使用他就要信任他	152
一有机会就赞美你的下属	156
公共场合表扬员工	160
制造竞争，激发员工魄力	164
"头衔"是激励员工的利器	167
用掌声鼓励失意的员工	169
不妨试试激将法	172

第六章　抓沟通——突破交流障碍，提升团队效能

工作中离不开沟通	176
沟通前要做好充分准备	178
沟通要活学活用	181
给员工创造沟通的环境	184
幽默让沟通一路绿灯	187
耐心倾听员工心声	190
真情实意地与员工平等交谈	194
高效率沟通有方法	197
员工犯错，要学会委婉指出和沟通	200
不要忽略"闷葫芦型"员工	203
实行"转悠"式沟通	206

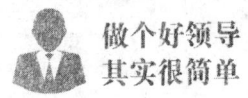

　　　抓住闲谈的时机进行沟通　　　　　　　209
　　　与个别下属谈话有方法　　　　　　　　212

第七章　抓培训——培育人才给公司永远的生命

　　　技能培训提高员工认识　　　　　　　　216
　　　根据工作性质选择培训方案　　　　　　219
　　　培训宜早不宜迟　　　　　　　　　　　222
　　　培训要结合实践　　　　　　　　　　　226
　　　好的习惯需要培养　　　　　　　　　　229
　　　"逼"是培养人才的最佳方式　　　　　232
　　　敢于放手，培养员工独立自主的能力　　235
　　　做好候补人员培训　　　　　　　　　　239
　　　培养学习的气氛　　　　　　　　　　　242

第八章　抓授权——领导要管头管脚，但不能从头管到脚

　　　授权要大胆有方　　　　　　　　　　　246
　　　激活能力，高效授权　　　　　　　　　249
　　　不要盲目授权　　　　　　　　　　　　252
　　　让员工参与管理　　　　　　　　　　　255
　　　给员工决策的权力　　　　　　　　　　258
　　　放权要把握原则　　　　　　　　　　　261
　　　防止权力失控　　　　　　　　　　　　265
　　　充分授权，容忍失误　　　　　　　　　269
　　　灵活放宽能人权限　　　　　　　　　　272
　　　授权的禁区　　　　　　　　　　　　　275

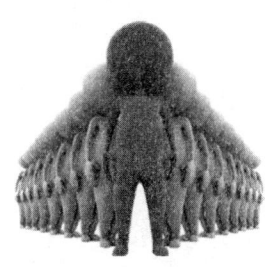

第一章

抓人心

——平易近人的领导更有亲和力

作为领导,有点架子是难免的,但要想做个好领导,笼络下属的心,就不能把自己的架子抬得过高。如果作为领导,在下属的面前处处端着"官架",威风十足,不可一世的话,那么"孤家寡人"的日子离他也就不远了。因此,作为领导在平时应多一些和蔼,让下属感觉得到你的亲和力,令他们从心底对你信服和敬仰。

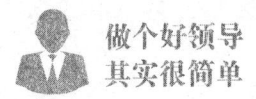

不要摆官架子

领导最爱摆架子，因为职位高了，权力大了，自认为高人一等，觉得自己的能力无人可比。其实，爱摆架子的领导是最不受欢迎的。

在一家公司，沈浩担任副总经理一职，他不仅有着自己单独的、宽敞的办公室，在他的办公室里也有着其他员工没有的老板桌，还有各种日常工作设施。每次来上班，这位沈总都是目中无人的感觉，有一次一位新来的员工向他打招呼，他竟然都没向这位员工回应。他在公司总是对员工呼来喝去，而且没有一句感谢的话。时间久了，公司的员工都很讨厌他。在总经理位置缺席时，在全体员工投票表决结果中，这位沈副总没有顺理成章地做上总经理的职位，而一位平易近人、工作认真负责的主任却做了总经理。

由此可以看出，摆架子的老板会让员工讨厌，以致影响工作的开展。其实，摆架子无法体现价值，实力是靠个人的真才实干拼出来的。可有的人却好摆"官"架子。真正有实力的人，不摆架子仍然会得到人们的尊重，照样有权威；没有实力者，不论摆多大的架子，仍然只是一副空皮囊。要想实现成功管理，最简单也是首要的就是放下架子。

日本某矿业公司的总裁性格急躁，容易冲动，工作急于求成，且不善言词，以致被员工们认为是一个不讲人情的上司，年轻的职员和矿工们对他更是敬而远之。他在矿里一度很被动,工作难以开展。

有一次,工厂召开现场会,全公司的头面人物都出席了。会上大家都为本年度取得的好成绩而高兴。于是,公司总裁的秘书小姐提议,让大家在欢乐的气氛中散会。她想出一个办法,把一个分公司的副经理抛到喷泉的池子中去,以此使得大家的欢乐情绪达到高潮。总裁同意这位小姐的提议,就和公司董事长打招呼。董事长表示这样做不妥,决定由他自己——公司最高管理者,在水池中来一个旱鸭子游水。

董事长转向大家说:"我宣布大会最后一个项目就是秘书小姐的建议:她叫我在泉水池中来一个旱鸭子戏水,我同意了。请各位先生注意了,我马上开始表演。"于是他跳入泉水池中,开始游泳,引得参加会议的几百人哄堂大笑。

事后,总裁问他:"那天您为什么亲自跳下水池,而不叫副经理下去呢?"

董事长回答说:"让那些职位低的人出洋相,以博得众人的取笑,职位高的人却高高在上,端着一副架子,使人敬畏,那是最不得人心的了。"董事长这些话点醒了总裁,使他以后和董事长一样注意与部下平等相处了。

经常保持和员工的交往,可以使员工认识到自己的价值。有时员工不愿意和上司交往,这是因为他们往往认为上司关心的不是他们,而只是关心他们的工作。通过经常性的交往,让员工知道上司会给他们提供帮助,会照顾他们的感受,会替他们着想。这样的交往将会使员工感觉到力量,增强归属感。

作为管理者,在下属面前如果你认定了"我"是经理,"你"是工人,应当各尽其职,下级就不可避免地会对这样的上司采取疏远态度,认为你和他是不同的,也会和他所代表的公司疏远。这样你与员工之间就会出现一条无法逾越的鸿沟,工作就愈加难以开展。放下架子,拿出一点平等待人的态度,你自然就多了一些亲和力,手下的员工就能够心甘情愿地

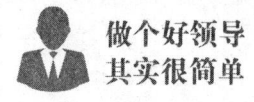

服从指挥。

据报道,西方国家的一些大公司已经取消了经理、董事和其他高级管理人员的专用洗手间、专用餐厅,他们在工厂与工人们交谈、争论,有时也跪在地上和工人们一道摆弄有故障的机器。日本的有些企业更甚之,公司经理、董事长在工作时间同工人穿一样的工作服,一起干活。下班之后一起到酒吧喝酒聊天,到舞厅娱乐。总之,他们都取消了自己的特权,放下了高高在上的指挥者的架子,破除了他们身上保留的"神秘"和"神"的幻想,以平等的身份,以"人"的形象走入"人间",走向员工,与员工们亲密相处,相互沟通与交流,从而激发了员工们的工作热情,打消他们长期对下压式的领导的逆反心理,有了归属感、安全感、认同感,以轻松的心情投入工作,发挥出最大的积极性和创造力。

放下"架子"是管理者良好的修养和自信的表现,也是尊重员工的前提条件。管理者要想做好工作,必须尊重员工,放下自己的架子与之平等相处,建立起和谐融洽的关系。

如果把自己放在高不可攀的位置上,制造一种神秘感,让员工仰视,敬而远之,上级与下级油水分离,下级对上级俯首听从,这样是绝对干不好工作的。只有关系融洽了,员工才可能更积极主动,把工作做得更好。

所以,管理者平日的态度,不必要执着于"我是上司、你是员工"的界限。其实,大家对自己的身份非常清楚,只要各尽其责就可以了,没有必要过分标榜自己。上司可以一如朋友般,有限度地透露一些私人事情,拉近与员工之间的距离。

作为一名领导,要学会把自己的架子放下来,对待下属时和蔼一点,为人处世低调一点,经常跟下属沟通,这样看上去虽然少了些"官威",却能提升自己的人品和威信。因此,作为一名优秀的领导,就应放下自己的架子,多在自己的亲和力上下功夫,与下属走得更亲近一些才便于管理。

但要注意的是,凡事都要讲究一个"度"字,要记住过犹不及,一点

"架子"不摆，可能会被人瞧不起，工作起来难以服众，无法掌控整个工作局面；但如果把"架子"摆得太足，这样会脱离群众，产生负面影响。因此，领导者摆"架子"一定要适时适势，做到恰到好处才能达到理想的效果。

领导力训练专家谭小芳说："一个人应该和周围的环境相适应，适者生存。曲高者，和必寡；木秀于林，风必摧之；人浮于众，众必毁之。只有学会低调的智慧，才能保持一颗平凡的心，才不至于被外界所左右，才能够冷静，才能够务实，这是一个人成就大事最起码的前提。"作为领导，要时刻保持低调的姿态，这样在工作中才能赢得更多的掌声。

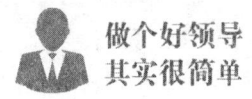
做个好领导
其实很简单

善下软命令者受人尊敬

在工作中经常看到一些领导,对自己的员工下达命令时指手画脚,态度强硬,他们以为自己的职位高,就可以对别人颐指气使,就可以靠在软绵绵的椅子里,指挥别人去干任何事情。其实这种做法虽然可以让员工为你做事,但员工的心里并不是心甘情愿,时间久了,员工就会十分厌恶这样的领导。

其实在公司里,总经理和员工虽然职务和分工有所不同,但他们在人格上是平等的,并不存在着什么高低贵贱的区别。就算是"经理"比"职员"具有更多的权力,那也是由"经理"这个职务带来的,而不是你与生俱来的!是你的这种居高临下、趾高气扬、自傲自大的态度激怒了别人,而不是工作本身使他人不快!有的人一朝权在手,便把令来行,把别人当成自己的工具随意呼来唤去。工作和生活不同于战场,职员也有别于军人。军人使用高压命令是为了在你死我活的战场上高效、省时。可在工作、生活中用居高临下的高压态度命令别人做事,会直接导致上下层级关系的不和谐。

杰西·玛丽是大户人家的仆人。侍候了他的老主人好多年,老主人对他很满意。老主人去世前请杰西留下来照顾他的家人,老主人去世后杰西便开始为新主人服务了。可是过了没几天,杰西跑到女主人跟前,说道:

第一章
抓人心——平易近人的领导更有亲和力

"原谅我,太太,现在我要回家,回乡下去。说实话,我非常感激您。可是,我再也不能侍候您了。"

玛丽话音刚落,女主人吃了一惊,说:"为什么?亲爱的杰西,我们一向待你很好。你在我们家待了这么多年,我们对你也很熟悉了。坦白地跟我说是怎么回事啊?是不是你对工钱不满意?要是这样,那就增加好了。我们绝不会亏待你,你就照旧待在我们这儿吧。"

"不,亲爱的太太,我知道,您待我很好,工钱也不算少,不过,我还是要回家,回乡下去。说不定,过了几个月,我又会回来的。"

"为什么你在乡下要待那么久呢?那边有什么好玩的?"见玛丽不说话,细心的女主人看出了蹊跷,追问道,"嗯,你说,为什么你突然决定要走?"

"亲爱的太太,既然您一个劲儿追问,我倒不妨把真相说出来。"玛丽回答,"我之所以要回家,就是因为我感觉你们对我太随意了,成天我尽听到这样的声音:'玛丽,热奶去,要快点儿!'我热上了奶,不料又有谁在叫唤:'玛丽,把老爷的鞋拿去。'我跑去拿鞋,声音又来了:'玛丽!快点跑去叫出租车,小姐要出门去啦!'我就跑去叫出租车。我刚把马车叫来,可是,不一会儿又有谁在嚷嚷:'哎,玛丽,快去开门!'唉,亲爱的太太,请您自己评一评:这样的日子怎么不叫人想逃?以前我虽然也是个仆人,可老主人每次都会用商量的语气来说这些要求。现在我感觉被呼来喝去,真恨不得逃到天涯海角去,只是为了不再听见它。不,亲爱的太太,我实在再也没有力气了。太太,开开恩,允许我回到乡下去,让我耳根清静些。"

听到这个故事,你们会觉得这个仆人太挑剔了吗?既然在人家家里做工就得听人家使唤?其实不然,因为她总是听到命令的语气,感觉自己太没有尊严了。为什么杰西和老主人相处得很融洽呢?答案就在于老主人对杰西说话时没有那种居高临下的姿态。

手中有权未必就要居高临下,采取以权势压人的方式对人呼来唤去。

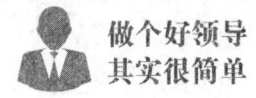

因为，没有人会喜欢你这种命令式的口气和高高在上的架势！所以，作为领导，要想让别人用什么样的态度去完成工作，就要用什么样的口气和方式去下达任务。

其实，在对下属下达命令时，完全可以采取询问、商量或建议式命令，例如，"我们该不该这么干？""这件事请你做好吗？""你觉得这样做可以吗？"下属普遍愿意接受这种"温情"式的命令，自然也就能达到最好的指挥效果。为什么呢？道理其实很简单，每个人都渴望受到尊重，没有人喜欢别人对自己居高临下。你以谦和的姿态，以平等的身份和下属商量，征求下属的意见，请下属参与决策，自然会给下属带来受到尊重的愉悦。

但有些领导认为这种用商量语气下达命令，下属会不会视我为软弱，或者不买我的账？请放心，恰恰相反。尽管你是建议、询问式的，但是在下属听来，这仍然是命令——让人觉得备受尊重的软命令。

提高亲合力，把员工当家人

每个企业都离不开员工，因为企业的最大财富就是员工。员工是整个企业的核心力量之一，怎样才能让员工安心地工作、有效率地工作，这是管理者必须考虑的问题。其实要做到这一点也不难，首先要做到多关心下属，这样才能做到上下同心，才会在公司内形成团结向上的气氛，才会更加有利于公司的发展。让整个公司就像一个大家庭，领导是家长，所有的下属就是这个大家庭中的成员。

在如今这个社会上，越来越多的人的工作目的不再仅仅是为了挣钱，他们还需要有个好的领导，在工作中有个好的心情。有个好的心情，就必须让他们从内心感受到彼此平等、互相尊重的企业氛围。管理者和员工之间、同事与同事之间的友好和相互支持的人际关系，会提高员工对工作的满意度，会使大家并肩工作，使工作更加有效率。此外，关心有困难的员工会使其对企业更加忠诚。只有这样，企业才能形成团结向上的气氛并共同进步。

一个好的领导一定会把员工当作自家人。在法国的商界有这么一句名言："爱你的员工吧，他会百倍地爱你的企业。"许多有远见的领导从劳资矛盾中悟出了这一道理，进而采取了"软管理"办法，的确也创造出了"家庭式团结"的神话。

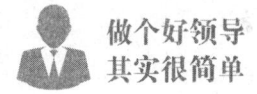
做个好领导
其实很简单

苹果公司为了增强领导与下属的感情，采用了定期举行"啤酒联欢会"的办法，从而增强员工对企业的"家族感"。全体员工可以在联欢会上开怀痛饮，一醉方休。豪饮中，穿插着各种节目，必不可少的"节目"是唱公司的歌，宣读公司的宗旨，公布公司的经营状况。公司领导人也正是在这个时候，频频举杯，大张旗鼓地表彰每一位值得表彰的员工；也正是在这个时候，员工们七嘴八舌，无所不谈。感情在杯盘之间流动，上下级之间的距离拉近了，亲近感增强了，家族感上升了，员工们感到自己没有被冷落，而是受到公司的重视，因而内心激发起一种更加努力工作的热情。

国民收款机公司的创始人帕特森，则探求出一条新的道路。他为自己的下属开办了内部食堂，提供减价热饭热菜；在公司建筑物里建造了一座淋浴设施，供他们上班时间使用；还建造娱乐设施、学校、俱乐部、图书馆以及公园等场所供下属娱乐。很多领导对帕特森的做法大惑不解，甚至嘲笑说这是愚蠢的做法。但帕特森却说，所有这些投资都会取得收益的。之后公司的发展也证明了这一点。

作为领导应该怎样做到把员工当作家人呢？首先要尊重下属的言行。要做到这一点，就不要对下属的言行不闻不问，应该最大限度地与下属进行平等的沟通。让下属能够在领导面前自由地表达自己的意见和看法，这一点非常重要。尊重下属还表现在尊重他们的价值观。公司里的每一位下属均来自不同的环境，有着各自的背景，所以每个人的价值观也会不尽相同。只有充分地尊重每一位下属的价值观，才有可能让他们融入公司的管理之中。

对待员工平等像家人一样这方面，索尼公司就做得非常好。虽然在第二次世界大战后，大大小小的罢工示威特别多，索尼公司也曾有过失去大批员工的情况，但在他们经过这些罢工活动的教训之后，慢慢也形成了平等对待员工的决策。之后，索尼公司的管理者和员工们平等相待，不会因为职位高低而受到种种约束，工作气氛轻松融洽，充满友善，就好像是一个大家庭。

如今,索尼公司的两个工会组织与公司之间的关系十分和谐。盛田昭夫认为,员工对企业管理者的态度比较了解和接受,知道许多事情公司都是出于诚意和善意,是公司与员工之间保持良好的合作关系的主要因素。股东与员工虽然分工不同,而且股东是经营者,但在盛田昭夫看来,股东与员工的分量是一样的,只要员工得到了平等的待遇,他就会为他个人和公司尽最大的努力做贡献,那么公司也自然会得到更大的利益。

索尼公司希望管理人员能和其他人坐在一起,公司内高级主管没有私人办公室,甚至连工厂的厂长也没有办公室,他们与员工一样使用同样的设施,让员工感觉不到管理者和他们的差距。小组长在每天早上都开个小会,如果看到有人表情不对劲,就会设法了解他是否病了,或是有什么问题。盛田昭夫认为这点很重要,如果员工生病了,不开心或是有心事,表现就不可能好。

盛田昭夫过去几乎每天晚上都与许多年轻的中下级主管一起吃晚饭,与他们聊天,倾听他们的心声。一次公司的一名小伙子喝了几杯酒后说:"在我加入索尼公司以前,我以为这是家了不起的公司,也是我唯一想加入的公司。但我的职位低下,而我的上司无疑是代表公司本身的,偏偏这人是个草包,我所做或建议的每一件事情都必须由他决定,我看不到我在索尼公司的前途。"

听到这些,盛田昭夫心里很不是滋味,他立即在公司内部发行一份周刊,并在上面刊载各单位部门现有的职位空缺。这样一来,许多员工都可以悄悄试探公司内部其他可能的工作机会。这样做有双重好处:一来人事部门也可因下属提出的要求,而发现管理上潜伏的问题;二来员工通常根据这份周刊找到更满意的工作和职位。对那些存在问题的主管,索尼公司的解决办法是将他调到一个没有那么多下属的岗位上,这种问题就这样迎刃而解了,而公司的互助互敬的精神也从这里得到了充分的体现。

"爱员工,企业才会被员工所爱",是每个有远见的管理者应该明白

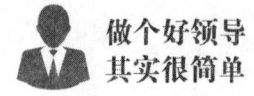

的道理。明白了这个道理并采取有效措施,便可以在建立员工与企业的关系上起到非常重要的作用。多为员工的利益着想,把员工当成一家人,这样的领导会更容易令员工信服,也更能提高员工对工作的积极性,为企业做出更多的贡献。

作为领导要时刻把员工当成自家人,并具有一定的亲和力。因为有亲和力是赢得信赖的敲门砖,有了它,下属能够坦诚地向你诉说他真正的期望,也会在工作中尽自己所能。所以,作为一名领导,身处逆境时,要能与下属共渡难关;时来运转时,也千万不可居功自傲。领导者必须真诚地关心下属,唯有如此,才能赢得信赖与威望,才能得到下属的爱戴。

耐心听取下属的意见

在生活中，很多人都有一意孤行的偏好，除了自己的意见外，根本就听不进别人任何有益的意见。其实，作为领导更容易有这样的偏好，不仅不听别人的意见，而且当别人有意见的时候，他也常常命令别人保持沉默。当组织的环境里发生质疑的时候，出面发出质疑的人就很有可能会被贴上"不忠"的标签，甚至被视为是制造麻烦的人。总之，他不太愿意接受别人的意见——无论这意见是积极的批评还是建设性的意见，或是不着边际的满嘴跑火车，因为它从正反两个方面削弱了领导存在的价值。

其实，在大多数时候，下属的意见并不是毫无价值和意义的。因此，作为领导不要为自己的经验而拒绝接受下属的意见，即便下属总结的那条经验其实几年前你就了解，你还是应该耐心地去听，因为你要给他信心。作为领导必须有海纳百川的胸怀，去接受下属不同的意见和观点；作为领导的你必须拥有成熟、包容的胸襟，才能接受不同的意见，同时广纳不同的观点。

前IBM总裁沃森对听取别人意见和建议的重要性有非常深刻的理解："我从不会犹豫提升一个我不喜欢的人。体贴入微的助理或你喜欢带着一起去钓鱼的人对你可能是个大陷阱。我反而会去找那种尖锐、挑剔、严厉、几

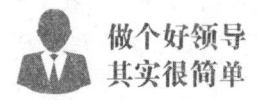

乎令人讨厌的人，他们才看得见，也会告诉你事情的真相。如果你身边都是这样的人，如果你有足够的耐心倾听他们的忠告，你的成就是无可限量的。"

为福特汽车提出"神童"计划的策划人桑顿，后来他又创建了桑顿企业，并使之发展成为一家大型企业。他坚决拥护诚实率真的思考，也鼓励下属持有不同的意见。

桑顿曾经说过这样一句发人深省的话："我曾经有过一位总经理，做了一个错误的决策，我决定告诉他，他却对我说，他评断员工是否忠心的标准就是看他们是否明知错误仍去执行他的决定。而我的评估标准是他能否会指出我的错误。"因此，他不允许"集体的思考"，他命令每个人都要提出自己的意见。

然而，生活中很多的领导都忽视了这一点，他们拒绝听取意见，因为他们觉得自己是领导，所有的事情都应该自己说了算，否则怎么能够在下属面前体现他的存在价值呢？他们认为有许多重要的事等着自己去处理，他必须抽出更多的时间和精力来，而随随便便地接受下属的意见，就容易被下属左右自己的思想。

正是这种思想的存在，使得那些自认为精明的领导对下属的意见视而不见，他生活在自己想象的世界中，而且因为他确信自己不会犯错误，他变得越来越不愿接受与自己相反的意见。他自己控制着整个局面，而别人都是为他服务的。

因此，这些领导时刻都在努力维护自己的高大形象，并极力突出自己客观的、具有条理和充满理性的品质，却没有看到他在不遗余力地阻止别人抢在他的前面。因为他要扮演自己职位所要求的角色，以免让人把他当作是软弱无能的领导。

但凡在工作中占有领导地位的、高明的领导者，他们都不会这么认为，也不会这么做。作为管理者，他们不在乎接受别人的意见影响自己存在的价值，公司是大家的，只要对公司有益就可以接受，而唯一要做到的就是对众多的意见进行比较、鉴定，以其是否有价值为标准来取舍；作为领导，他们更多的时候在倾听，然后不断地接受、采纳各种意见，不怕被下属左右。相反地，他们认为被下属左右更好，更能广泛听取、接受意见，而且高明的领导偏爱那些敢于直言的，尤其是重用那些当初建议未被采纳，而被实践证明是正确的下属。

一个有主见的下属，对于公司而言并不是一件坏事，因为有时候他们的想法如果能实现，对公司会有很大的益处。如果一个领导不乐于倾听和接受下属的意见，结果就会导致那些有自己主见的好下属，能做的就是离开公司。留下来的那些就是别无选择的，或者是没有积极主动性的，或者是只会服从上级命令的人。这将最终导致企业逐渐走向灭亡。

所以，高明的领导是乐于接受别人的意见的，无论意见正确与否，他们都能够耐心接纳。正确的意见他们会不遗余力地去采纳，当然，这样做偶尔也会犯些错误。但他们认为这样做在两个方面尤为重要：

（1）即使接受了错误的意见也是必要的，这将使领导把存在的价值转移到下属身上，让他们首先被承认，获得被尊重的感觉。

人们总是能从所犯的错误中得到学习。高明的领导认为，应该期盼并鼓励他的下属积极主动地去工作。只有通过这种方式才能获得经验。或许这种对待下属的方式在早期阶段花费较大，但从长远看是必要的。

另外，接受下属的意见可以激励下属的自信心，如果没有这种自信，他自己就不会积极地思考，对公司来说也无益。它增强了下属的主动性和判断能力，这对公司而言便意味着创造性和利润。

（2）能保持不断成功的一个重要因素是正确认识失败。

决策是高层人士的一项主要职责，他们所做的正确决定应该远远多于其错误的决定。大多时候判断正确很容易使人飘飘然。一个人正确率越高，他的下属和伙伴就越不愿意争辩。当然，他们也就不愿意指出或提醒

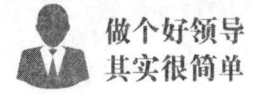

领导的错误。

如今，的确有许多公司或企业里存在一些所谓的"一人机构"获得成功的例子。但精明的领导充分相信，在绝大多数情况下，是领导接受了别人的意见而走上正确之路的。

因此，作为领导应该敞开胸襟，倾听下属的建议。一方面应该积极培养出一种和谐的气氛，不但接受，还要广纳多元化的观点。另一方面又要坚持把关，切勿随波逐流，要真心诚意地达成内部的决议。

第一章
抓人心——平易近人的领导更有亲和力

不要压制下属

在公司里有时总会出现一些嫉贤妒能的领导，他们不能看到下属比自己的能力强，当下属有一些特殊且富有创意的想法的时候，他们总是想办法进行压制，尽可能地不让下属施展自己的才华，从而为公司埋没掉无数的人才。

我们看看下面这个例子：

某公司一位姓罗的科长，他就是一位嫉贤妒能的人。总的来说，罗科长的能力还是十分有限的，他已经掩盖不住汪雨的"光芒"了。汪雨是罗科长的一个下属。有件小事最能反映这个问题：由于罗科长的电脑水平不高，因此现代化的办公方式对他而言有点吃力，而他对电子邮件等现代通信工具更是有着一种莫名的恐惧感。有一次，他让汪雨给国内其他分公司发一份国庆期间的促销通知，汪雨在领命后只用三五分钟就把邮件发出去了。

但是，这位罗科长并不是很放心，还要汪雨再发一次传真。于是，一份两页纸的传真就发到了全国20多个分公司，整整耗费了一个多小时。汪雨站在传真机旁，机械地说着同样的话："喂，××分公司吗？我是公司总部的，请给个信号，我发一份传真过去，总共两页，签收后再回传一份……"然后重复着同样的送纸动作……

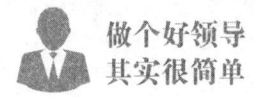

最后,汪雨忍无可忍,就跟罗科长发生了激烈的争吵。汪雨愤愤地说:"公司资源浪费和办事效率不高就是被你这种人害的。"罗科长则回了一句:"你不想干可以辞职走人,我决不拦你。"就这样,在罗科长的打压下,无法忍受罗科长的汪雨愤然辞职了。

像罗科长这样的领导,其实在各大公司中不是少数,他们都怕自己的位置保不住,总是采取压制下属的办法,让下属永远不能超越自己。作为领导,这样的做法不仅不会给公司带来效益,他的这种德行也给公司带来不好的风气。

其实,很多公司的领导在招聘下属的时候,都有着他们自己的"潜规则",都在执行着一个著名的"八折理论",就是在招聘或培养下属时,为了有效地防止他们日后"功高盖主",对自己的位子形成威胁,领导就会刻意将比自己能力差的人纳入门下,对于比自己能力强的则会找个理由推脱不要,当然,比自己能力差很多的也不能要,因为总要有一点办事能力才能使自己得以解脱和放松。也就是说,领导在招聘下属的时候,会选择相当于自己能力80%的人,并按职务级别依此类推,最终形成一个很有意思的数列。在这种"八折理论"的指导下,管理层级越多,高层与基层的差距越大。

其实,英明的领导通常不会这么做。他们喜欢在逆流中勇进,当发现下属在飞速成长的时候,自己马上意识到学习的紧迫感,为自己设定一个学习的目标,在工作中不断充电,让自己的知识面更广,而不是想方设法地把下属打压下去。

唐宋八大家之首的韩愈,曾在他的名篇《师说》中说过:"是故弟子不必不如师,师不必贤于弟子,闻道有先后,术业有专攻。"意思是作为师父不一定样样都比徒弟强,公司的领导和下属也一样,领导不可能样样都比下属强,更不要对有能力的下属进行压制。高明的领导在发现下属有能力时会充分发挥他们的潜能,让其为公司赢得更大的利益,而不是做一些无谓的压制。

在这里要奉劝领导们,如果你的下属有时在工作中灵感突现,产生一个构思,这样的灵感和构思也许是微不足道的。但是,作为领导对此不可以忽视,更不能故意压制,利用言语打击更是不可取的。这样不仅令下属下次不敢再提自己的创意了,也会令整个公司弥漫着保守的气氛,没有创造力,也没有生机。产生灵感的大多是些年轻的下属,领导的压制对他们的打击尤其严重,很容易挫伤他们的自尊心。

因此,作为领导,要想抓住人心,千万不要妄想通过下属的无能反衬自己的高明。要知道,有的下属,领导越是压制他们,他们的进步意识就越强,成长的速度也就越快。

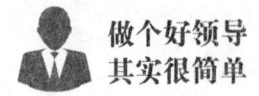
做个好领导
其实很简单

尊重下属的隐私

要想做一个平易近人的领导,就应该时刻尊重下属的隐私。如果说人们从法律上确认,企业可以合法持有商业秘密、受法律保护的同时要求知悉商业秘密的下属负有保密的义务。那么,对于下属而言,如果用人单位或者某位领导一旦因工作关系知悉下属的个人隐私,也应当为下属保守这个秘密。

无论是在生活中,还是在工作中,每一个人都有不愿意让别人知道的秘密。对于每一个民事主体来讲,对于那些凡是可能影响到自己生活安宁或者是自己不愿意让别人知道的事情,都享有保守它以及禁止别人随便地去传播它、公开它的权利。

由于领导职责与工作的需要,领导对下属情况通常有较多的了解。实际上,下属在应聘、受聘、解聘等各个环节都有可能将其包含个人隐私内容的个人信息透露给用人单位。因此,有些隐私,领导是不能随便拿出来进行公布的。例如,下属在受聘前,会向单位提交个人简历和其他资料信息等。这些信息往往会涉及下属的隐私,如姓名、住址、个人照片、联系电话、身份证号、工作经历等。

有些下属出于对领导的信任,自己的一些个人问题也会向领导反映,甚至把个人隐私也和盘托出,希望领导出主意、想办法,帮助自己解决问题。这样，领导在掌握下属隐私的同时，也就负有为之保密的义务。

在单位竞聘人才的过程中，应聘者通常会给单位一份求职简历，因为只有这样用人单位才能全面了解求职者的情况。因此，与工作岗位有关的年龄、健康状况、学历、职称等个人信息，也包括与工作岗位不相关的家庭情况、身高、血型、社会关系、信仰、财产状况等个人信息，都一一透露给了企业。许多企业甚至要求应聘者以超出招聘需要的标准透露其个人隐私。比如，有些公司在对求职者进行甄选时，经常进行毒品检测、酒精检测及艾滋病检测。求职者作为弱势的一方，往往不得不配合用人单位的调查要求。

其次，下属辞职或被辞退后，下属的档案仍会在公司保留一段时间，人力资源管理人员对下属在受聘期间的表现比较了解，这些亦属于下属的个人隐私，也面临着被尊重和被保护的问题。而在下属工作期间，出于管理和企业利益的需要，有些单位通过视频监控、网络监控、手机定位等手段对下属进行"监视"，甚至在下属不知情的情况下对下属的私人信息进行搜查、获取。这也会牵涉下属隐私的问题。

无论是单位因工作需要在下属不知情的情况下有意探知的个人隐私，还是下属因工作需要不得不透露给单位的个人隐私，或者是下属主动说出的"心事"等，领导都应该像重视企业的商业秘密一样，保护下属的个人隐私，充分尊重下属的隐私权利。这不仅是减少和避免劳资纠纷的需要，也关系到会否伤害下属的积极性和上下级关系是否和谐。

尊重和保护下属的隐私，领导们具体要注意以下几个细节：

（1）不要向其他下属打探某人的情况。

这种做法是最糟糕的。领导可能是出于一片好心，可是这种做法可能会让这两个下属，甚至更多的下属对领导产生不好的印象。

（2）在家人面前不要谈及下属的隐私。

一般情况下，人们在家里说话是比较随便的。但是作为领导，在家人面前不应谈及下属隐私，以防家人当成趣闻逸事传出去。因此，领导在家

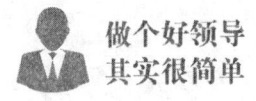

人面前也应守口如瓶。

（3）不要当众讨论下属的隐私。

从实际情况看，大多数时候领导泄漏下属的隐私并不是有意的，往往是他们一时疏忽，没有考虑到场合、环境因素而说走了嘴，使下属的隐私曝光。比如，有些领导以为自己身边的工作人员可靠，因而说话过于随便；或有的领导在某些社交场合，情绪激动而信口开河，把不该说的话捅了出去。在造成不良后果时，他们才意识到问题的严重性。

（4）不要当众把隐私当成制服对方的"武器"。

当与下属发生矛盾时，领导要保持冷静的头脑，绝对不要一时冲动就拿公开对方的隐私作为"武器"，以图制服对方。这样做必然触犯对方的尊严，下属会因此受到羞辱而奋起自卫，导致势不两立的结局。

（5）当下属隐私涉及公司利益时也要以尊重为前提。

进行监控是一种须谨慎使用的方法，要很好地解决这个问题，需要在尊重和保护下属隐私的前提下，在企业保护商业秘密和下属隐私之间找到一个平衡点。

除此之外，还有一些下属的私人信息，作为领导，如果认为让别人知道对这位下属会有好处，或者为了公司的利益只能让别人知道，则应该向该下属解释为什么你要把他的事告诉别人，并征求他的许可。他也许会这么说："好吧，你当然可以把这件事告诉别人。"更可能出现的情形是，他会因你的尊重和细心而感激不已，以后会对你更加信任，更愿意接近你，这在很多时候也是一种抓住人心的好方法。

美国著名的管理学家托马斯·彼得斯曾大声疾呼：你怎么能一边歧视和贬低下属，一边又期待他们去创造业绩，以成就你的领导美名呢？这样的领导者无疑是不合格的，这样的组织也终究不会长治久安。高明的领导者总是会想尽办法在内部营造家的氛围，让下属感受到家的温暖和关爱。

教师要尊重每一个学生的发展，以人为本；而领导对于下属又何尝不需要投入人文情怀呢？领导者如果只是简单地对下属发号施令，忽略对他们的真诚关怀，这是专制型领导方式，终究会失去人心。其实，被关怀是每个下属内在的特殊动机和需求，领导者必须意识到这个问题，用关怀让集体成为下属温暖的家，形成宝贵的归属感，这样才能调动每个人的主动性、积极性和创造性，让下属发挥最大的潜力。

人们对雪中送炭的人总是怀有特殊的好感。我们都知道"锦上添花易，雪中送炭难"，锦上添花人人都会，但雪中送炭却不是每个人都能做到的。"锦上添花"的事不是不能做，但一定要少做，这并不能给你带来什么实质性的效果。"雪中送炭"的事一定要找对时机，选准对象，往往能用很小的代价获得极大的收获。

管理者雪中送炭、分忧解难的行为最易引起下属的感激之情，形成弥足珍贵的"鱼水"情，并在工作中发挥极强的作用。

美国钢铁大王安德鲁·卡耐基，他的突出特点之一，就是很善于给下属雪中送炭，给失意者以关怀和理解。在他的回忆录中曾记载着他出道不久的这么一件事：

卡耐基的企业中有一位员工，一天他找到卡耐基说："我的妻子、女儿因家乡房屋拆迁而失去住所，我想请假回家安排一下。"但因为卡耐基的公司当时人手不够，他并不想马上准假，就试图以"个人的事再大也是小事，集体的事再小也是大事"来开导、鼓励他安心工作。可未曾想，这位青年员工一下子气哭了，他愤愤地说："这在你们眼里是小事，可在我眼里是天大的事。我老婆孩子连个住所都没有，我能安心工作吗？"员工很诚恳的一番话深深震动了卡耐基，他仔细思考了一番这位员工的境况后，立即找到那位青年员工向他道歉并批准了他的假。事后，他还为此事专程到他家里去慰问了一番。他在回忆录上写的最后一句话是："这是别人给我在通向老板的道路上讲的第一课，也是刻骨铭心的一课。"

这个事例充分说明了关心下属疾苦对于提炼领导艺术的重要性。虽然人人都知道"雪中送炭"和"锦上添花"一样都是收买人心的手段，都是一种感情投资，但无疑雪中送炭更让人受用，而且对于下属而言，雪中送

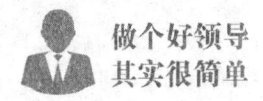

炭的实际效用更大，约束力也更强。显然，给失意者"雪中送炭"可以用最少的付出获得最大的效果。

只有体察下属，送上一片关爱，才是下属眼中的好领导。领导者要想做到及时为下属"雪中送炭"，就需要把握以下三个要点：

（1）企业内部随时都会"下雪"，平时需要多观察。

只有管理者平时多关心下属的生活，才能及时地了解在组织里较为困难的下属，及时发现哪里有"雪"，以便寻找最恰当的时机送"炭"。当然，这种"炭"也并非越多越好，因为只有在"雪中"送的才最温暖。

（2）"送炭"时要真诚。

领导者帮助失意的下属一定要真诚，不要让对方感到是为了利用他，否则你送出的"炭"也是白白浪费了，没法收到效果。

（3）要视情况来"送炭"。

领导者要在力所能及的范围内为下属"送炭"，切记不要开出不能实现的空头支票。对于困难较大的下属，要尽量发动大家集体帮助，必要时可以要求社会伸出援助之手。同时，领导者还要处理好轻重缓急，要依据困难的程度给予照顾，不要搞平均主义。

如果领导者能灵活运用"雪中送炭"这种手段，真心诚意地给予失意下属以帮助、理解和关怀，不仅受"炭"的下属会对你感激不尽，同时你的举动也会温暖感动其他的下属。由领导送出的这种温暖必定会形成一种强大的感染力和影响力，最终会营造出家的温暖氛围，形成一种牢固的向心力。

"尤文图斯是企业，AC米兰是家庭。"这是在足球界盛行的一句话。AC米兰俱乐部在管理上力争营造一种家庭气氛，不论是俱乐部的管理人员还是各级梯队的教练，都是米兰退役的球员。这无疑就给现役的球员树立了一个好榜样，使他们可以安心为俱乐部贡献力量，不用为自己的未来担忧。在俱乐部这种管理方式的激励下，球队取得了一个又一个锦标，成为世界上获得国际赛事最多的球队，也成为第一个在球衣上绣上"世界冠军"标志的球队。

在日益功利化的今天，球员在各支球队之间的流动也变得异常频繁，而世界足坛的常青树保罗·马尔蒂尼却终生只穿过两个颜色的队服：AC米兰队的红黑剑条衫和意大利国家队的蓝衫。这无疑是个奇迹，可若不是AC米兰队家庭化的管理方式也很难使这个奇迹实现。

AC米兰的家庭化管理在整个足球界都可谓是一个异类，虽然这种管理也造成了球员老化等问题，但2006—2007赛季的欧洲冠军杯冠军、欧洲超级杯冠军无疑都是对他们这种家庭化管理的嘉奖。

可见，如果集体成为一个充满温馨、和谐与关爱的家庭，不仅有利于提高下属的工作积极性和创造性，还能为工作开展带来更多方便，而这只需要管理者能真心关心下属，坚持"以人为本"的原则，把下属当成自己的家人去对待，把对家人那种嘘寒问暖的关怀送给下属就可以了。

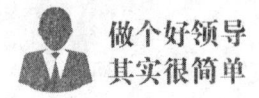
做个好领导
其实很简单

与员工一起参加活动

　　无论什么样的企业或单位，作为领导，多参与到下属的活动中是非常必要的，因为这是非常重要的抓住人心的手段。身为一名领导，若是能够放下身段与下属同乐，不仅可以使下属从中享受到身心放松的快乐，还能使下属感受到平等的待遇和被重视的愉悦，更好地激发出下属的工作热情，令他们将工作做得更加出色。

　　古时候，凡是主张与民同乐的君王，都是极得民心的；相反，只知道盘剥百姓的君王，哪一个不是早早地就被推翻了，或是落得一个世人唾弃的下场？看来这种"笼络人心"的手段，在古代就已经非常盛行。其实，现代的企业领导与下属的关系，与古时候的君王与老百姓的关系一样，也需要领导们放下架子，多参与到下属的活动当中去。但是如果领导被下属孤立，虽不至于有下属要与领导闹个鱼死网破，那后果也是相当可怕的。因此，作为一个好的领导，应该多参与下属的活动，与下属一起娱乐，并借此提升自己的亲和力，这样才能得到更多员工的支持和拥护，才能更好地抓住下属的心。

　　亨利·海因茨是美国著名的亨氏食品公司的总裁，他是响当当的世界食品业巨子。曾有人戏称他是"从宾夕法尼亚的菜地里走出来的食品王国的国王"。这个八岁的时候就带领弟弟妹妹们种菜的小男孩，是如何通过

第一章
抓人心——平易近人的领导更有亲和力

自己的努力，一步一步地建立起这个超级食品王国的呢？

一名企业家，若是只靠单一的模式，是很难发家的，每个聪明的人都知道，海因茨也明白这个道理。因此，他在经营过程中尝试过很多招数，建立融洽的劳资关系是他经营成功的一个秘诀。海因茨的身材虽然比较矮小，但是他的员工和下属们都觉得他非常高大。因为他能够利用自己的热情来打动员工，使大家深受感动、为之振奋，并且他还能与员工和下属们分享自己的快乐，这就是在心理上极力向下属们靠拢的表现。

经过一年的努力，海因茨公司的业绩不错，于是他决定进行一次旅行。可是出去游玩没几天，海因茨就带着一只大玻璃箱回来了。员工和下属们当时就很奇怪，很疑惑，老板出去旅游怎么这么早就回来了？难道是在外面遇到了什么不愉快的事情了吗？同时，下属们也都对这只大玻璃箱感到好奇，里面装的到底是什么东西呢？

海因茨的回答更是让大家吃惊。他说："我出去游玩，你们不在，我一个人也没有什么意思，就早早地回来了。"说完，他指挥一些工人在厂中央安放了一只大玻璃箱，就在下属们都感到纳闷时候，一只重达360千克、身长4.4米的大鳄鱼出现在大家眼前，据说那只大鳄鱼的年龄有80多岁。

"怎么样，这个家伙看起来还行吧？"海因茨随口问道。

"好玩！我们很难见到这么大的鳄鱼。"很多下属和员工都这么说。

"这个家伙，是我在旅行时的意外收获，本来想安置在家里的，但是就我自己看，没意思，还是请大家在工作之余一起与我分享快乐比较好！"

原来，这条大鳄鱼是海因茨在旅途中见到的，他不想一个人独自享有这个可爱动物所带来的乐趣，于是就把它买回来与员工们一同欣赏娱乐。海因茨公司的这种劳资关系被认为是全美工业的楷模，他的公司也被誉为"员工们的乐园"。员工们都以有这样一位老板而自豪，在这样的氛围里，还有哪位员工会偷懒呢？

平时，领导就有许多"与民同乐"的机会。譬如，在一些大公司里，经常会开展各种各样的体育活动，有的是内部比赛，有的是对外的竞赛。

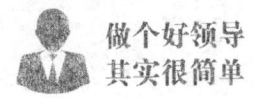

如果你身体条件许可,不妨穿一身运动服,与你的员工、同事们并肩战斗或同场竞技。这都是促进与员工、同事合作交流的好方法。即使你不能上场,也要搞好组织规划,为员工们提供各种便利条件,以表示你对他们、对这项活动的关心。不要忘了,真诚地称赞那些取胜的员工,称赞他们为公司赢得了荣誉;也不要忘了鼓励那些未取胜的员工,称赞他们奋力拼搏的精神。这样,他们就会感觉到你在真心关心着他们,时刻跟他们在一起。

此外,作为领导,你还可以亲自出面组织一些小活动。例如,出面为你的某个员工庆祝生日,组织一个生日聚会;逢年过节的时候,你可以别出心裁,举行一次书画展或时装表演;或者你还可以宴请你的员工们,对他们长期的合作与支持表示感谢;公司为庆祝节日而举办联欢晚会,或者公司为对外宣传而进行对外演出;等等。只要在这些小活动中能让大家玩得高兴,放得开,就能收到好效果。当然,这些小活动中不要再附加其他目的,工作上的事情最好等到开会的时候再说。

这些与下属在一起的大好机会,作为领导的你千万不要放过,一定要积极参与其中,与你的下属一起娱乐。此时,你要把自己当作他们之中的普通一员,着眼于活动本身,这样才能达到真正的快乐、放松的目的。在这个过程中,不妨把一切公务抛开,全身心投入到活动中去。切忌以严肃的领导身份参与,让大家感到好似受到一种无形的监督与控制,这样,聚会的气氛可能被淡化了。就算是非常喜庆的日子,大家在你面前也都紧绷着,快乐不起来,这样你会给大家留下不好的印象。

要想在下属心中留下好的印象,就算是平时不苟言笑的领导,在这时也要放下领导的架子,放松自己,还可以适当幽默一下。只要能够让大家开怀大笑,你的目的也就达到了。因为大家都知道,这一切都只是娱乐而已。这要比一直坐在领导的座位上说话或喝茶好得多。

在与下属同乐的过程中,一旦领导与下属产生某种共同的兴趣时,下属的思想感情就会很自然地向领导靠拢,也能使上下级的关系变得更加亲近。如果领导与下属在一起时，除了分派任务就是检查工作，那么下属就会把领导视为警察与监工。有哪位领导希望自己的形象在下属眼中是如此地可怕呢？

一个多才多艺的领导是最受员工们欢迎的，至少能够培养与下属的共同兴趣。如果一位领导能够与员工一起欣赏古典音乐，闲暇时在台球桌上打几杆，平时与员工讨论一下哲学名著，又能时不时地杀上一盘棋，这并不是什么复杂和困难的事情，却能使领导抓住人心。当然，如果作为领导的确没有太多的爱好，没关系，可以借助别的机会与下属多接触，促进与员工之间的和谐关系。

与下属同乐体现的是领导抓住人心的哲学以及管人的智慧。高明的领导要能够放下身段，把下属当作合作的伙伴而不是雇员，将自己的快乐与他们分享，或者分享他们的快乐，使他们有被尊重和被重视的感觉。

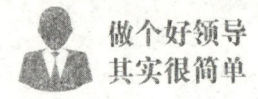
做个好领导
其实很简单

要懂得换位思考

"想他人之所想,急他人之所急。"这样的人都是善于换位思考的人,这样的人总是会受到别人的爱戴。将心比心,设身处地地为他人着想,是改善和拉近人与人之间关系的最佳方法。

有这样一个故事:在一个炎热的夏天,有一个农民在田间劳动,非常辛苦。他每天去田里劳动都要经过一座庙,一个和尚经常坐在山门前一株大树的树荫下,悠然地摇着芭蕉扇纳凉。农民很羡慕这个和尚的舒服生活。一天农民告诉妻子,他想到庙里做和尚。妻子很聪明,没有强烈反对,只说:"出家做和尚是一件大事,去了就不会回来了。平时我做家务事较多,明天开始我和你一起到田间劳动,一方面向你学些没有做过的农活,另外及早把农活做完了,也可以让你早些到庙里去。"

从那天起,妻子每天都和丈夫早上同出,晚上同归。为不耽误时间,中午妻子提早回家做了饭菜送到田头,两人在庙前的树荫下同吃。时间过得很快,田里的农活干完了。择了个好日子,妻子帮农民把贴身穿的衣服洗洗补补,打个小包,并亲自送他到了庙里。他们向和尚说明了来意,和尚听了后非常诧异,说:"我看到你们俩,早同出,晚同归,中午饭菜同吃。家事,有商有量;讲话,有说有笑,恩恩爱爱。看到你们生活过得这样幸福,羡慕得我已经下定决心还俗了,你反而还来做和尚?"

这则故事不仅表现了农民妻子的聪明贤惠，还有一个换位思考的道理在里面。

作为领导，只有懂得换位思考，站在下属的立场上全面考虑，看问题时才会比较客观公正，也能有效防止主观上的片面臆断，对下属的要求也不会过分苛求。懂得换位思考的领导才能够将心比心，做到合理处置问题。

作为一名领导，不只是从自己的角度去考虑问题，而是更多地注意下属的想法，站在下属的位置上想问题，这就说明他懂得换位思考，懂得抓住下属的心。他并不是要求下属去做什么，而是首先去了解一下自己的下属需要什么。因为他知道，决定企业命运的绝不仅仅是自己，还要靠自己的下属去工作。

"你想从别人那里得到什么，你就应该先对别人付出什么。"一个善于为下属考虑问题的低调领导从不以自己为中心；相反，他们总是试图站在下属的立场上看问题，设身处地为下属着想，非常注意和关心自己的下属。因为他们知道，只有关心自己的下属，下属才会关心自己的公司。

在英国，有一个公司堪称卓越管理的典范。在那个公司的管理条例中有一个原则：致力发展与下属良好的人际关系并非仅是给予优厚薪酬，领导必须了解下属的困难并做出反应；领导应该知道下属的工作环境和各项福利措施的优劣程度。

该公司为了推行各种福利措施，花费了巨大的代价。除良好的下属分红制度、医疗保险制度、退休金制度等一般性的福利措施外，还有许多为下属考虑的福利措施，其中包括很多从下属的角度出发、落脚于细微之处的考虑。这种福利其实已经超越了单纯福利的意义，它在深层次上表现出企业对下属的关心，表现出公司对下属的尊重。正因为公司站在下属的立场上考虑问题，所以下属也会站在公司的立场上考虑问题。

在工作中，下属对领导越忠心，整个团队就越和谐，凝聚力就越大，竞争力也越强。领导与下属之间的关系，以及下属对待工作、领导、客户

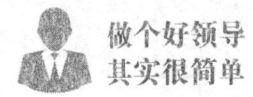

和其他厂商的态度，都将直接影响到一个企业的发展，或者令企业成为行业中的佼佼者，或者令企业成为一个彻底的失败者。所以，作为领导，不要过高地强调自己的能力和作用，要谨记只靠个人的努力，是不可能令整个企业顺利前进的。领导应当多与下属进行换位思考，帮助下属解决思想上、工作上的矛盾，对他们的成功表示高兴，对他们的失败表示关切。

在交往的过程中，如果领导和下属都只为自己着想，期望对方能为自己做点什么，而不考虑自己应该为对方做点什么，那么，这种关系就不会顺利发展，必然会矛盾重重。同理，了解下属，体恤下属，是领导必备的能力，这样做可以获取下属的支持和理解，也是一种抓住人心的重要手段。

在工作中有时下属对领导有些事的做法可能有些不理解，这时候领导应当从不同的角度看问题，然后把自己置于对方的位置上，为对方设身处地地想一想，从而了解对方为什么会那样思考。这样做的结果是避免彼此的交流充满仇恨，让双方能够相互了解，和谐相处，愉快合作。

对于下属来说，领导的换位思考就是对他们的尊重和爱惜；对于一个团队来说，有了换位思考的态度，才可能使团队的力量凝聚起来；对于一个领导者来说，换位思考的能力就是能否成功抓住人心的一个重要因素。

换位思考是融洽人与人之间关系的润滑剂。假如能换一个角度，站在他人的立场上去思考问题，最终的结果就是多了一些理解和宽容，改善和拉近了人与人之间的关系。一个管理者，如果不懂得换位思考，那他永远无法赢得下属的心，因为他太注重自我的感受，无法理解和接纳别人的思想。在他眼中，别人的一切行为总是无法理解的，只有他自己的想法是正确的。

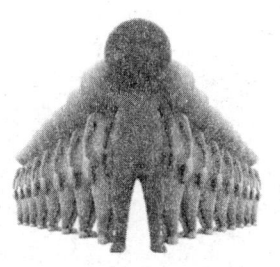

第二章

抓表率

——身体力行是无声的领导范式

领导是员工之首,首先应当有高尚的道德品质和情操,还应当有很强的管理能力,要诚信宽容、工作高效、身先士卒等等,做团队的表率。因此,领导者必须时刻克服自身的缺点,低调做人,成绩在前,同时更要高效做事,与下属同甘同苦,身体力行,树立典范。

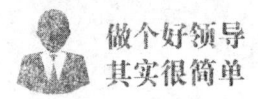
做个好领导
其实很简单

用良好的形象为下属树立榜样

有人这样说：作为一个管理者，如果你的手下有一个人，你应该用心去管理；如果你的手下有十个人，你应该用语言去管理；如果你的手下有一百个人，那你就应该用形象去管理。可见好的形象对于一个管理者有多么重要。当然，这里的形象我们绝不单单是一个人的长相。

管理者作为一个团队、一个公司或一个部门的带头人，其一举一动、一言一行都深刻地影响着自己所领导的部门的工作氛围，同时也影响着自身的威信，甚至决定着自己能否胜任领导工作。一个管理者形象良好，能唤起的是下属的倾心欣赏和自愿追随。一个言行不端、举止低俗、玩世不恭的管理者是无论如何也管理不好一个团队的。领导者在思想品质上、为人处事上、工作作风上、举止言谈上必须给团队做楷模。只有这样，你的下属才愿意接受你的领导，支持你的工作。

一位成功的管理者，会通过良好的形象来证明对企业组织的重视与尊重，对员工辛苦工作的肯定和尊敬。在探讨问题、进行决策、与员工恳谈或是在公司内的一般人际交往中，他们似乎总能保持自己的优势地位，总能牵动无数双眼睛，对自身的形象有着良好的塑造能力。合适的衣着、优雅的举止，能使领导的气质更趋完美，也能让员工们感觉到领导的气魄，从而产生对他们的尊敬。

第二章
抓表率——身体力行是无声的领导范式

在第一次世界大战时,埃尔顿将军还是位年轻的上校,他的制服便与众不同,使其在同等级别的军官中尤为引人注目,这也是他日后得以提拔为中将的缘由之一。那时的军服有些呆板,埃尔顿将军不满于这身戎装,于是在大前提不变的情况下稍做改动。例如,他从不戴笨重的钢盔,他的理由是"笨重的钢盔抑制了我的思考,使我不能有清晰的头脑去指挥作战",这是幽默的回答。

公元10世纪中叶留里克王朝的建立者伊戈尔曾说过:"着装整齐的教士乃是自我尊重的外在表现。他表现出了能够控制自己的能力,而使信徒更加虔诚地皈依基督。这是因为:力量并不会是角斗与争斗,良好的外表本身便是巨大的力量。"要成为一名符合现代职场要求的管理者,必须时时注意在下属中展现出自己的好形象,以使下属敬重你,自愿地服从你。管理者的衣着适合领导特定的职业和身份,就会促进他们的成功。领导应该十分注重自己的衣着形象,穿衣戴帽都应当考虑到最大限度地展示自己的魅力,从而成为领导者走向成功的催化剂。

第二次世界大战期间英军的著名将领汉密尔顿将军,他是蒙哥马利元帅手下的爱将,当时他领导自己的部队在北非与隆美尔周旋。他的穿着就很有特色。他在任何场合都喜欢穿礼服,当然也从不戴头盔,往往戴一顶丝棉制品的贝雷帽,给人的感觉既像西装革履的绅士,又像宽厚仁和的长者。士兵们对他既亲近,又有几分畏惧。这一形象,使他在任何时候都能走进士兵的心中,化为他们的一分子,又能随时从中走出来,使他们认识到"这是我们的司令"。艾森豪威尔将军穿着一件自己设计的短夹克,最后整个美国陆军都采用了这种夹克,并称其为"艾克夹克"。

领导者的正面而良好的形象具有会说话的魅力,它能唤起下属的倾心欣赏和自愿追随。因此良好的形象是领导者必须具备的品质之一。

领导者的一个良好形象,是领导作风的切入点,是一项系统工程,它需要领导者不断认识自我,并且通过各种不同的途径去提高自己在下属中乃至于整个单位中的形象。要用一个好形象来征服下属,让他们通过对你

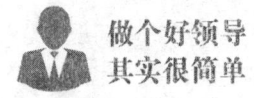

的第一印象就信赖你，愿意在你的麾下工作。毫无疑问，管理者要想拥有非凡的领导气质，就必须有着优雅得体的仪表仪态，良好的形象对领导气质的塑造和展现有着重要的影响。

因此，一个成功的领导者懂得从形象上征服下属，也从形象上赢得了工作。管理者良好形象的树立，会增加企业的魅力，能够体现领导的权威和对这个企业的影响力。而一个言行不端、举止低俗、玩世不恭的管理者，是无论如何也管理不好一个团队的。

约束自己的言行，为下属做表率

员工目光的焦点总会集聚在领导者身上，这就要求领导在企业里做好表率，为下属树立榜样。领导者如果对待工作有一股狂热之情，热情使人产生成就感，也会感染别人，那么就会在企业内部形成一种狂热的工作氛围。这样的氛围虽然会带给员工压力，但更能激发员工工作的热情，使之更好地为企业效力，进而形成振臂一呼、应者云集的领导效应。

领导者都有着自己的管理方法，而优秀的领导者能带领员工在某一领域做出成绩，领先他人，这也是那些一流企业能充分发挥一流人才才能的奥秘。既然做领导就要讲操守，使自己在单位能起到典范作用，这样下属才能服从你。如果一个经理人经常说空话，只会讲一些大道理，就不可能得到员工的尊重。好的领导人必须懂得，要求员工做到的事，自己必须首先做到，如果连这点"手段"都没有的话，就很难取得员工的信赖和认可。

世界著名的微软公司大家都知道吧？公司内部的气氛着实让我们佩服。这里的员工们对工作怀着极高的热情，公司里形成了一种开放、忠诚、团结的氛围。员工随时可以给公司的任何人发送电子邮件，不论他们的地位高低，人们经常可以看到比尔·盖茨在公司内外同员工聊天、交谈。比尔·盖茨喜欢在公共场合同员工讨论公司的生产计划，并鼓励他们

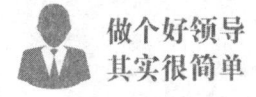
做个好领导
其实很简单

突破障碍，努力前进。

在公司里，比尔·盖茨本人对工作的狂热，带动了员工工作的热情。由于比尔·盖茨本人对微软公司的员工期望很高，给予员工极大的压力，员工一旦出现错误，他绝不手软；但对于表现出色的员工，比尔·盖茨则给予丰厚的物质福利与内在动机的满足，加以鼓励，激发了员工的工作热情。不过，比尔·盖茨表现出来的这种狂热，让人们觉得他是在微软公司做榜样，以培养一种狂热的工作气氛。

"我很少在晚上9点以前回家。"一位刚来微软公司的员工说，"盖茨是个工作狂，而且要求很严格，如果部下认为办不到的事，他会自己拿回去做，且迅速而准确地做到几乎完美的地步，让大家佩服得没有话说。在他手下工作，如果没有真本事，还真难做。"在比尔·盖茨的带动下，员工们相互追赶，夜以继日地为公司奋斗着。

微软公司员工之所以能够在最短时间内创造出最好的产品，这与比尔·盖茨的影响是分不开的。比尔·盖茨能够让那么一批世界顶尖的人才在他的引领下一心一意地埋头苦干，他的魅力就在于为员工制造一个紧张而富有竞争意识的工作氛围。微软的员工努力工作，一方面是因为比尔·盖茨本人的榜样魅力；另一方面也是因为微软能让这些人才实现自己的理想，这对那些重视自我价值的人才而言，比什么都重要。

作为一个管理者，当好表率，员工就会自觉追随。要求下属做的，自己首先要做到，员工就会对这样的领导者产生深切的依赖和仰慕。一个领导者用自己的言行征服了下属，才能使下属为了企业的前途而同舟共济，他们工作的目的就不只是为了养家糊口。

本田宗一郎是日本本田技研工业总公司的创始人及总经理，他对人粗暴的行为那是远近闻名的。平日里他一看见下属做得不对，拳头立刻就会打过去，而那些虽没有做错，只是照葫芦画瓢，没有一点创新的人也和做错事、闯大祸的人一样，同样会有一顿打。有的人挨打后还不知道是怎么一回事，认为他大概是发疯了，但事后本田宗一郎还是会告诉下属挨打的原因。由于一般都是不知不觉动手的，所以事后本田宗一郎会马上反省，但也只是在脸上稍有点对不起的表情。尽管如此，下属们并不讨厌他，反而更加佩服他的表率作用。总之，本田宗一郎都是自己率先去干棘手的事儿，艰苦的活儿，亲自做示范，无声地告诉人们，你们也要这样干。

藤泽武夫进入公司的第二年，有一天，为了谈一宗出口生意，本田宗一郎和藤泽武夫在滨松一家日本餐馆里招待外国商人。外国商人在厕所不小心弄掉了假牙。宗一郎听说后，二话没说跑到厕所，脱光衣服，跳下粪池，用木棒小心翼翼地慢慢打捞，捞了好一阵子，假牙找到了。打捞出来后，冲洗干净，并做了消毒处理，宗一郎首先试了试。假牙失而复得，宗一郎拿着它，又回到宴席上，高兴得手舞足蹈。这件事让完全失望的外国人很受感动，藤泽武夫目睹了这一切，认为一辈子可以和他合作下去。

"欲善人先善己"的精髓在哪儿？成功者自己是自己最严格的监督者，无论什么要求，都先从自己做起。这种自律，最能让员工受到感染，最能帮助领导者建立威信。

要相信这句话，"山羊领导的狮子是永远也打不过由狮子领导的羊群的"。作为企业的领导者，不能只满足于分派任务，一定要身体力行，严于自律，才能带领公司突破困境，实现公司的目标。所以，领导者一定要知道律人必先律己。

领导就是下属争相学习的榜样。一个领导以身作则，言行举止都具有招牌一样的魅力，下属哪有不尊重、不敬仰的道理。领导是一个企业的灵魂。一个成功的领导用言行征服了下属，下属才能用工作回馈公司。

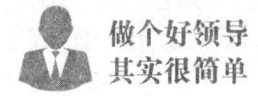
做个好领导
其实很简单

严于律己做表率

许多领导都持有这样一种做法,每当下属成功了,作为领导总是会给自己留一份功劳,虽不说领导有方,至少也是用人得当。如果部下失败了,自己则可以挽回局面,通常以干预、调整甚至撤换人员等手段,转败为胜,仍不失英明。例如,当上级领导追查下来时,可以起一种责任缓和层的作用,可以说"这事我没过问,不太清楚","我调查一下,由我处理吧!",来推卸自己的责任。其实这是一种掩耳盗铃的做法,谁都知道决策的责任就是你。

著名的美国橄榄球教练保罗·贝尔并没有这样做,在谈到他的队伍如何能够取得一个又一个的胜利时说:"如果有什么事做得很好,那么一定是球员做的;如果有什么事办糟了,那一定是我做的;如果有什么不尽如人意的事,那是我们一起做的。这就是使球员为你赢得比赛的所有秘诀。"这是一种很高尚的个人风范,这种与下属共享荣誉并为下属主动承担责任的精神鼓励了球队的每一个人,既然能做到这一点,球队的每战必胜也是情理之中的事了。

领导者若只为自己着想,把好处留给自己,把风险让给别人,甚至私窃下属的功劳,下属自然不会为你卖命效力。然而,对下属让功,或公开张扬下属的才华功劳对管理者来说是很难做到的。管理者若有这样高的涵

第二章 抓表率——身体力行是无声的领导范式

养，下属自会感恩图报。

钟离意是东汉时期很有才能的人，后来被提升为尚书仆射。有一年，一伙匈奴人来投降汉朝，汉明帝大喜，遂命令钟离意负责赏给他们绢绸。不料手下的郎官办事不细心，多给了匈奴人一些绢绸。得知此事，明帝大发雷霆，下令要对郎官用酷刑。作为此事的负责人，钟离意自知责任重大，便匆匆觐见皇上，叩头请罪道："做事犯错，人人在所难免，既然事情已经发生，就应当以官位的高低来定罪。这件事由我负责，所以论罪也应当从我开始，从重处理；郎官是我的下属，就应当从轻处理。请皇上明断！"说着就要脱去衣服接受惩罚。明帝见钟离意敢于承担责任，情愿接受惩罚，怒气也就随之消了一大半，即令他穿上衣服，免去惩罚，也宽恕了郎官。

犯错误是难免的，每个人都有可能犯错。下属虽为领导做事，但也有可能会犯错，他们很怕为办错事而丢了饭碗，因为趋利避害是人性的弱点。因此，作为领导者，不仅要让下属分享你的胜利成果，更重要的是当下属办砸了事、犯了错，领导者要主动承担责任为其开脱，并鼓励他重新振作起来，千万不能将其一棍子打死，或采取落井下石的态度不管不问。

在做出一个决策时，如果决策出现了错误，上下级双方都要考虑到后果和责任，任何时候都不能互相推诿。把过错归于下属，或怀疑下属没有按决策办事，或指责下属的能力，极易失人心、失威信，这是管理者的大忌。

虽然说鱼和熊掌不可以兼得，但作为管理者必须勇于承担责任，坚持推功揽过。老子说："夫唯不争，故无尤。""夫唯不争，故天下莫能与之争。"老子认为，"不争"是争的一种手段，是管理艺术的体现。

汉朝人张汤深得汉武帝的信任，虽然出身为长安吏，却能平步青云登上御史大夫的宝座，这与他运用推功揽过的做法是分不开的。每当有政事呈上，武帝不满，提出指责，张汤立刻谢罪遵办，并说："圣上极是，我的属下也提出此意见，我却未采纳，一切都是我的错。"反之，若武帝夸奖他，他则大肆宣扬属下某某点子好，某某办事利落。如此得到了手下人的爱戴。

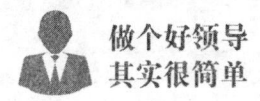
做个好领导
其实很简单

勇于承担责任是领导者应有的一种天职和气度,也是使犯了错误的领导者反败为胜的良方。具体来说,在下属面前勇于承担责任,有如下好处:

(1) 显示胸怀。

宰相肚里能撑船,这种胸怀也是一个领导者成熟的标志。一旦有了过失、犯了错误,领导者如能引咎自责,向受害方坦陈自己的过失,能给人胸襟博大、大度容人的印象。

(2) 维护权威。

没有权威的领导者不是真正的领导者。维护权威是每个领导者都必须重视的一大课题。有了过错和失误,显然影响了权威的树立,许多领导者或敷衍搪塞,或矢口否认,或避而不谈。其实这反而显出其拙劣和愚蠢。痛快地承认不足,认识过错,让人们看到你勇敢的精神和坦诚,却能奇迹般地增加威信。

(3) 消除隔阂。

领导者与领导者之间、领导者与下属之间,因为工作不可避免会出现隔阂。这种隔阂或矛盾不及时消除,势必影响到工作。借助申明工作失误之契机,领导者若向其他的领导和下属承认自己的过错和失误,甚至把不是自己的过错也揽过来,往往能很快地消除偏见、隔阂和误会,增进班子的团结。

(4) 警策他人。

有时,某项工作的过失是决策层所犯,或本与某领导者无直接关系,而决策层又偏偏心存侥幸,或企图蒙混,不予承认。如果某领导者勇敢站出来,首先承认自己的责任,往往能令其他人自惭形秽,也不得不承认错误。

总而言之,在取得荣誉时,领导者可以与下属共享荣誉,但当下属偶尔做错事情时,领导也要敢为下属承担责任。领导者授权后,无论下属是成功还是失败,都负有不可推卸的责任。即使下属失误了,也有领导者的失职、指挥不当、培训不够的责任。所以,牢记推功揽过,必会得到下属的敬佩和爱戴。

身先士卒树立榜样

有一个生活中很常见的画面：家长吃饭的时候喝啤酒，孩子便要喝饮料。但家长说喝饮料对身体不好，孩子哭闹非要喝饮料。孩子的这种行为是正常的，因为家长的行为本就是不对的。家长下班回家，躺在沙发里欣赏电视节目，自己悠闲自在，却要求同他一起看电视的孩子去学习或早点睡觉。孩子磨磨蹭蹭不肯行动是正常的，因为父母的行为等于在说让他随便玩吧，尤其是经不住诱惑的事更易效仿。做家长的如果下班之后，都是在读书或查阅资料，孩子也会自然有好习惯。

在单位里，领导对下属与家长对孩子是一个道理。所以，希望部下做到的，自己得首先做出个样子来，持之以恒的实际行动更甚于多余的说教。在不声不响的努力工作过程中，下属自然会被感化。如果管理者常常迟到，打起私人电话没完没了，一天到晚眼睛直盯着墙上的挂钟，吃完午饭后迟迟不回到办公室，不时因喝咖啡而中断工作，那么，他的部下大概也会成为这样的人。

俗话说"打铁先要自身硬"。如果管理者能够身先士卒，以身作则，那么这种激情和精神就会影响下属，让大家形成一种积极向上的态度，形成热情的工作氛围。管理者的所作所为，几乎全部都在部属的效仿之中，并且还会对组织的文化有深刻的影响。管人先管己，如果自己都做不到，又

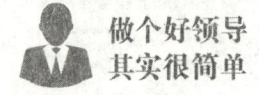

**做个好领导
其实很简单**

怎能用规矩去约束和管理别人呢？

作为领导者，一定要身先士卒，拿出业绩，让下属学有榜样，就没有办不到的事情。在这样的环境下打造出来的团队才能所向无敌。

在宜兴汽车南站附近，有一个城南洗车行，每天门庭若市。记者来此洗车，看到车辆鱼贯出入其间，其中很多车主是远道赶来的。有人忍不住问道："你们为什么舍近求远来此地洗车？"他们说："刘师傅夫妻人缘好，车又洗得好嘛！我们的车在他们手里洗了多年，有感情了。"男的姓刘，女的姓张，都近40岁了。他们带着一个女儿从苏北来宜兴后，夫唱妇随干洗车行当已有10年。没有人知道他们的名字，因为人们从不问，他们也从不说，只是整天整月整年带着笑脸迎候着每一辆车、每一个人。

他们属宜兴洗车行中最早的一家，也是干得最出色的一家，因为他们洗车最认真，也最能吃苦。他们带着10多个伙计从太阳刚露脸，到月亮升上天空，一直在洗车场上洗啊、擦啊。夫妻俩一致认为，做任何事都要"身先士卒"，自己带头干好，这样才有说服力。

这个洗车行的员工之所以能够笑脸迎人，认真对待每一个到来的车辆，这与刘师傅夫妻两人笑脸迎人的态度是分不开的。看来领导者身先士卒，树立好的榜样，对员工的影响是非常大的。

隋朝时，辛公义因军功被调任岷州刺史。岷州地区观念落后，人们得了疾病往往不知如何医治，所以家里如果有人生病，不管病情如何，全家人都会立即避开他。因此，得了病的人就只好听天由命了。作为一州刺史，辛公义对此深感忧虑，他决定改变这种恶俗。

他派人巡视岷州各地，发现患有疾病的人，立即抬到官府，安排在专门设置的地方进行医治。有时候，正逢暑夏，容易发生瘟疫，抬来的病人会增加到几百人，府堂的门廊内外都挤满了。辛公义就亲自安置一张床，一天到晚守在病人中间，忙着护理病人。他还把所得的俸禄都拿来买药，请医生给病人治病，还亲自劝病人多吃饭、多喝水。直到病人痊愈，他才把病人的亲戚朋友召来，并劝告他们说："生死由命，与看护病人没有什么关系。过去你们抛弃了病人，所以病人大多都白白死去。如今，我把病人聚在这里，和他们一起吃住，如果说会因传染上疾病而死去，我怎么现在还安然无恙呢？再说，即使传染上疾病，也能治愈，何必要害怕得病呢？你们不应该将得病的亲人无情地抛弃呀！"

听了这样一番训斥，病人的亲戚朋友都深感惭愧，他们向辛公义道谢后，便各自领着亲人回家了。从此以后，岷州的百姓都彼此相亲相爱，不照料病人的恶俗被完全革除了，全州的百姓都尊敬地称辛公义为"慈母"。

领导身先士卒，应该做到以下几点：首先，做任何一件工作，都能从全局着眼，都能从细节入手，想得周密，做得有条理。其次，要勇挑重担，不怕困难，在重担和困难面前勇敢地锻炼自己的人格和能力。再次，不追求个人享受，任劳任怨，以身作则。最后，还要能以科学的手段来指导大家开展工作，能以人为本，激励大家的工作热情。

领导者要时刻牢记，任何一个组织对于它的管理者来说都是其观点、力量、信心、忧虑和缺点的一面镜子。你必须为你的下属树立起一个标准，一个榜样，任何时候都要走在他们的前面。

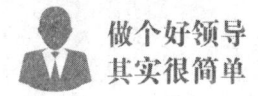
做个好领导
其实很简单

用办实事树立榜样

光说话不办实事的领导是不会得到下属的拥护的。作为一名领导,如果想塑造一个良好的形象,最重要的一条就是必须真抓实干。如果只知道放空话,光说不练,既不利于自身形象的塑造,更不利于以后工作的开展。

领导的行为举止极其重要,这比他们的语言的影响力要大得多,尤其是在公众场合中,领导更应该注意自己的行为举止。因为在公众场合,领导的一举一动都被下属看在眼里,这些直观的信息,很能影响下属对领导的看法。对于下属来说,他们信奉"耳听为虚,眼见为实"的信条,也就是说他们更相信自己眼睛看到的东西,并据此做出自己的判断。一般说来,领导的良好形象将带来积极作用,反之便会造成消极后果。有些领导意识不到这个问题的重要性,尽管他们在团队里做了很多的工作,也很辛苦,可是当他们下到下属中去时,没有在意自己的形象,反而影响了威信。

在事业与工作的发展中,经常会遇到这样或那样的困难和矛盾,作为一个单位的领导,尤其是一把手,绝对不能含含糊糊、得过且过,更不能推卸责任、下压上推,必须要埋头苦干、脚踏实地,敢于碰硬,敢于冲破阻力,确保工作落实到位,措施执行到位。

当然,领导埋头苦干、脚踏实地,既是一种工作态度,也是一种管人思想。一个人如果没有实干精神,做任何工作都将一事无成;一个领导如果缺乏脚踏实地的精神,工作浮在面上,成绩挂在嘴上,凡事浅尝辄止、蜻蜓点水,遇到矛盾绕着走,遇到困难就低头,是不可能把工作做好的,

第二章 抓表率——身体力行是无声的领导范式

更不可能管好别人。

某单位有这样一位领导,他的工作就做得非常好。单位有一项工程必须在暑期完成,工作相当艰苦,当时正值夏天,天气酷热,工人们在烈日下施工,个个汗流浃背,有的干脆光着膀子干,但工程进度依旧缓慢。负责这项工程的领导年纪比较大了,他本来可以只是传呼指挥,坐在有空调的办公室里舒服地过上一天,可是他没有那样去做。他在布置完工作后,便到了工地上。天气热,他也脱了上衣,有扇子也不扇,工人干多长时间,他就陪多长时间,工人们很受感动。奋战一暑期,将工程提前完成了。这样惊人的工作速度和领导与下属们共同奋战是不无关系的。

是的,衡量一个领导作风的优劣,不仅要看他讲得如何,更要看他干得怎么样。一个善于"攻心"的领导,绝对不会坐而论道,只在电话里问情况,材料里找根据,而会深入实际,亲自调查研究,将"实干"贯穿工作的始终,做一名真正的实干家。这主要体现在以下三个方面:

第一,在平时应树立自律自重的形象,借以形成感召力,影响下属的行为。但凡要求下属做到的,领导更要着意做到,哪怕是一个不大的动作,一个细微的表情。这些极其平常的细微的动作,下属看了会产生亲近感,并由小及大,敬重领导的为人品行,进而产生信任感。

第二,在危急时刻,领导应展示坚定勇敢的形象,借以产生强大的号召力和凝聚力。这种作用在生死攸关的战场上,在抢险救灾的搏斗中,在条件恶劣的环境里,尤其显得重要。

第三,在特殊情况下,领导应塑造与下属同舟共济的形象。有时领导为了突击完成艰巨任务,可以亲临现场,做一些力所能及的事情,有意识地通过自己的行动给下属以鼓舞,其效果也是十分明显的。

工作中经常看到有些领导只动嘴、不动手,他们以为只要道理讲明了,精神传达了就行了。其实这种认识是片面的,因为说到并做到至关重要。其实,有时候一件事情要做到并不难,只是举手之劳而已,如果作为领导脚踏实地地做了,那样会更加贴近员工的心,他们会以你为榜样,更加努力认真地工作。

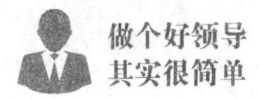
做个好领导
其实很简单

说话一定要算数

不管干什么行业都要讲一个"信"字，世无诚信不宁，国无诚信不稳，业无诚信不旺，家无诚信不和，民无诚信不立，官无诚信不忠。

诚信是中华民族的传统美德，是重要的道德规范之一。君子一言既出，驷马难追；言必信，行必果。这是做人的学问，也是领导者为人处世的学问。领导者示信于人，才能得到贤才，才能赢得人心，才能获得成功。

某公司领导于总说好与员工一起参加圣诞晚会，但在圣诞节这天，下属们看到于总接到一个电话，便匆匆走出公司的大门。下属们都认为领导肯定是有什么大事，今天晚会肯定是泡汤了。下午五点二十分，还有十分钟就要下班了，于总还没有过来，电话铃声响了，秘书接完电话后告诉大家，火速赶往公司旁边的某某酒店，于总已经在那儿等候我们了。员工们听了都惊呆了，等到了酒店才得知，于总的母亲由于白天旧病复发，现在还在医院躺着呢。于总安排好家里的人照顾母亲后，便赶到了酒店与下属们一起庆祝圣诞。

于总作为公司的领导，在其母亲住院的情况下，仍不忘与员工的约定，按时参加了圣诞晚会，这着实让员工为他的诚信行为感动不已。试想，一位如此讲诚信、说话算话的领导所带领的团队，他们的品行又怎能不端呢？

很多做领导的人有一种毛病，那就是把自己跟下属约定的事当作无关紧要的事，即使失信也不太在乎。更有甚者，对于下属提出的难题，惯于使用伎俩搪塞过去。久而久之，不但丧失了下属的信赖，还被认为是个虚伪的人，领导能力大大下降。

诚信对于一位领导者来说至高无上。有了它，他才能够领导人们到达"承诺之地"；没有它，他就会在期望的荒漠中徘徊不前。诚信一旦失去，就很难重新获得。领导守信，核心是对下属负责。对于任何一位希望有所建树的领导，要谨小慎微地保护好你的诚信，照顾好它，永远不要把它丢失。诚信的含义主要是无欺、守诺、践约，对于领导来说，坚守诚信，在工作中就要做到以下几点：

（1）给下属许诺要慎重。

不管在什么样的情况下，领导者都要讲诚信，不要轻易地给下属许诺，尤其是不要开出难以兑现的条件。有的单位在招聘下属时比较困难，很多领导者为了尽快招到满意的人，往往会对人开出不同的条件，甚至会超出自己的权利范围；也有些领导者会在"留人"时做出超过标准的许诺。可是当承诺没有办法兑现时，就难以再面对下属，那时会感到无地自容。对于下属，领导者是代表着组织的，当他们觉得上司是在"欺骗"他们时，会产生怨恨情绪，由此给单位造成的隐性危害和负面影响是巨大的。因此，领导在给下属许诺时要真实地表达自己的主观想法，口不违心。

（2）承诺时要留有余地。

许多领导者把握不了承诺的分寸，他们的承诺很轻率，不留下丝毫的余地，结果往往使许下的诺言不能实现。成功人士一般都注意承诺这个细节。他不会轻易承诺某一件事，即使有把握，许诺时也绝不斩钉截铁地拍胸脯，把话说绝。例如，多使用"尽力而为""尽最大努力""尽可能"等具有较大灵活性的字眼。当然，留有余地不是给自己不努力寻找理由，诺言一旦说出，自己必须竭尽全力去实现。这样做的好处有二：一是万一情况有变，给自己留有回旋的空间；二是兑现时超出了下属的心理预期，就会给他意外的惊喜。

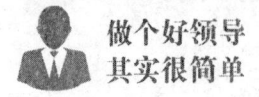

(3) 言行之间的统一。

要将自己所说的切实身体力行,付诸实践。对于社会中的任何群体和个人都应这样,而对于领导者就更是如此。如果我们做出了承诺或达成了某种契约,那就务求守诺、践约,不可无端撕毁协议。

(4) 必要时有所调整。

情况是不断变化的,要求前后言行完全一致是不合理的。从诚信原则出发,如果我们传达了某种信息,做出了某种承诺,达成了某种契约,公告了某项决定,即使情况出现一些意想不到的变化,有一些新的因素产生,但如无碍大局或无必要做出调整,就让原有决策适当稳定一段,切不可轻易变动;如果情况确实发生很大变化,确有必要对以前的承诺、契约、决定做出调整,领导也不能隐瞒,而应及时向有关的人做必要的说明,并及时进行协商,以使其理解,达成谅解,做出调整。

(5) 慎有"隐性许诺"。

隐性许诺是指领导者虽然没有明确承诺下属,但下属自认为领导者实际做了承诺,如果领导者没有做到,下属会认为领导者失信。造成隐性许诺的原因,往往是领导者在某一特定的条件下曾给了下属某些待遇奖励,但没有强调当时的特殊性,就会给下属以后要成为惯例的感觉。

(6) 无法兑现时,要诚恳道歉。

如果做出了承诺,而由于情况发生变化,以致无法兑现,此时,最好的解决办法是向下属真诚地道歉,并坦诚地告诉下属不能兑现的缘由,以求得下属的谅解,同时要想办法从其他方面给予弥补。

唐代诗人李白有诗曰:"三杯吐然诺,五岳倒为轻。"形容承诺的分量比大山还重。北宋王安石有诗曰:"一言为重百斤轻。"也是极言诚信的重要。先哲孔子早就提醒人们:"人而无信,不知其可也。""民无信不立。"诚信是中华民族传统道德规范,是道德建设的根本,也是一种非常宝贵的资源。因此,作为领导,说话一定要算数,只有言出必果,履行承诺,才会取得下属的信任和拥戴。

和下属甘苦与共

《战国策·燕策一》曰:"燕王吊死问生,与百姓同其甘苦。"由此可见,战国时期的燕王与百姓同甘共苦,可谓是一代明君。

《史记》中记载:"广之将兵,乏绝之处,见水,士卒不尽饮,广不近水;士卒不尽食,广不尝食。宽缓不苛,士以此爱乐为用。"可见李广颇有吃苦在前、享受在后的精神,所以,士兵都愿意听他的指挥。李广死时,"一军皆哭。百姓闻之,知与不知,无老壮皆为垂涕"。

与百姓同甘共苦的还有一位贤臣:

这是发生于春秋时期的一个故事。鲁国的季文子做过宣公、成公两代国君的宰相,可以说是年高资深。但在他家里,妻妾从不穿丝绸衣服,也从不用粮食喂马。仲孙它劝季文子说:"您是鲁国的卿相,辅佐过两代国君,以您的资历和地位,妻妾不穿丝绸衣服,不用粮食喂马,别人会以为您很吝啬,而且鲁国也不光彩。"季文子说:"我当然愿意享受荣华富贵。但是当我看到许多老百姓吃粗劣的食物,穿破烂的衣服时,我就想着不能只顾自己享受啊,老百姓生活困苦,而我却让妻妾穿绫罗绸缎,让马吃粮食,这大概不是一个当宰相的人应该有的行为吧!我还听说,为官者德行高尚是国家的光彩,没有听说过以把妻妾打扮得漂亮,把马喂得肥美作为国家的光彩的。"

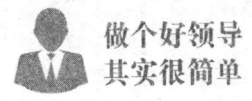

后来,季文子把这件事告诉了仲孙它的父亲孟献子。孟献子就把仲孙它囚禁了七天,让他深刻反省自己的错误。从此,仲孙它的妻妾也只穿粗布衣服,马的饲料也只用野草了。

由此可见,与百姓、将士同甘共苦者一定会得到人心,得到世人的永久传扬。

其实,在多数下属看来,工资待遇这些都不是最重要的,关键是管理者能够关心他们,理解他们。与下属一同吃苦,这便是最好的理解,"此时无声胜有声"。与下属同苦,还应共甘,切不可"兔死狗烹""过河拆桥"。管理者要想成就一番大事业,就一定要学会与下属们同甘共苦,患难与共,尤其是创业初期,更应如此。在这种情况下,领导和下属的心往一块想,力往一处使,还有什么困难克服不了呢?又有什么原因使他们不成功呢?

与下属同甘共苦是管理者取得成功的根基,更是一个管理者优秀品质的体现。要征服自己的下属,就应该与他们同呼吸,共命运。在危难的时刻,管理者也跟下属们一起吃苦,这样,上下级关系一下就拉近了,下属感到管理者是那么地亲近,管理者则会更深一步体察到下级的难处。成功是大家共同努力的结果,有管理者的一半也有下属的一半,最好与下属共同分享成果。

管理者要领导下属,除了规章制度的限制与运用之外,就是要紧紧抓住下属的心,注重个人修养,遇到荣誉主动谦让,取得成绩归功于集体,工作出现差错或失误要勇于承担责任。使下属由衷地尊重与佩服你,让下属感到你就在他们的身边,时时刻刻与他们的心相连。一些管理者在下属之中口碑很好,其主要原因就是能与下属打成一片,与他们同甘共苦。其实,现实中,与人共患难并不是一件困难事,因为危难情况下,共渡难关、同舟共济往往是唯一选择。但是危险之后,苦尽甘来,仍能与下属共享安乐就显得难能可贵了。要"甘苦与共",千万不要"好了疮疤忘了疼",任何时候都要以下属的利益为重。

宽容待人，员工面前做表率

惠普大中华区前总裁孙振耀先生说：好领导要有宽广的心胸，如果一个领导每天都会发脾气，那几乎可以肯定他不是个心胸宽广的人，能发脾气的时候却不发脾气的领导，多半是非常厉害的领导。很多当领导的最大的毛病是容忍不了能力比自己强的人，所以常常可以看到的一个现象是，领导很有能力，手下一群庸才或者一群闲人。

一个人的心胸决定着他做事为人的气度。心胸就是指度量的大小。那么，领导的度量大意味着什么呢？其表现为面对别人对自己的嫉妒、恶意、敌视、侮辱等各种各样的负面感情和行为的包容程度大。

有一次，楚庄王举办宴会，忽然一阵风吹灭了灯烛。在黑暗中有人牵王后的衣袖，被王后扯下冠带。王后请楚庄王查办。楚庄王不以为意，他说，酒后狂态是人之常情，如果追究查办，就会伤害人的心。因此，黑暗中楚庄王当即命令全体人等扯下冠带，再点上灯，重排宴席。后人称此会为"绝缨会"。

两年后，晋楚发生战争，楚国有一人抗击敌人特别勇猛，他就是唐狡。楚庄王问他为何这样勇敢，唐狡回答道："臣，先殿上绝缨者也。"君王大度待人之因，引来了臣子驰骋沙场、拼死效力之果。

楚庄王之所以能够宽容唐狡，是他想到"牵袂"者酒喝多了，难免失

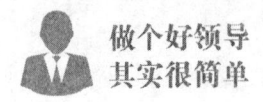
做个好领导
其实很简单

态,此为人之常情。假如他不这样想,只想到自己是一国之君,王后的威严不可侵犯,那他肯定拔刀问罪了,怎么能宽容呢?

领导者在遇到事情时,应学会推己及人,善于同下属进行心理位置交换,站在下属的角度上想问题,这样就可能解怨释嫌,宽容对方。还应该自觉培养、锻炼自己大度待人的能力,去除"自我中心"感,去除私心。"心底无私天地宽",如果不是一切为自己打算,不是一切着眼于自己的"官架子",不是唯我独尊,那么就自然能够宽容待人。

要说心胸宽广之人,非瑞士的哲学家阿波雷莫属,他素以不爱生气闻名。服侍他十年的女佣说,她从未见过阿波雷发怒。阿波雷的朋友有次暗中讨好女佣,叫她设法触怒阿波雷,并答应事成后大大奖赏她。阿波雷总喜欢床铺整整齐齐的,女佣以为故意不整理他的床铺肯定会激怒他。但是,到了第二天,阿波雷只对女佣说了一句话:"昨晚床铺好像没整理喔!"

女佣的计划落空后,那晚还是没把床铺整理好。女佣以为这次阿波雷定会生气,但是结果还是有点意外,他只是告诉女佣:"昨晚的床铺也没整理,你可能很忙吧!今天晚上就要多多拜托你了。"

女佣听了,当晚还是没有去整理床铺。第三天早上,阿波雷将女佣叫到了跟前。女佣心想他这回定要发怒了,阿波雷却说:"昨晚你还是没有整理床铺,那大概有什么不得已的原因吧!我也会整理床铺,以后我就自己来整理好了。"女佣一听,禁不住哭了起来,并把原因一一告诉了他。阿波雷还是没有生气,依旧面带微笑,宽恕了这位女佣。

阿波雷的宽容感动了女佣。试想,如今的社会能有多少领导会像阿波雷一样,具有如此宽大的心胸。其实,作为领导者有时应适当有些架子,但也应有宽宏的气度,对下属的失礼、失言以及所犯的细小过失,宽容待之,正确处理。

俗话说"宰相肚里能撑船",这是容人的最高境界,你宽以待人,容人小过,别人就会宽以待你,容你之过。这样,双方就会互谦互让,互敬互帮，形成团结和谐的局面。

那么，领导容人究竟要容些什么呢？

（1）容人之短。

很多人都听说过"管鲍分金"的故事。春秋时期，鲍叔牙与管仲合伙做生意，鲍叔牙本钱出得多，管仲出得少，但在分配时总是管仲多要，鲍叔牙少要。鲍叔牙并没有觉得管仲贪财，而是认为管仲家里穷，多分点没关系。后来鲍叔牙还把管仲推荐给齐桓公，辅佐其成就霸业，管仲也因此成为著名的政治家。

"金无足赤，人无完人。"一般来说，在某一个方面越有突出才能的人，往往在其他方面的缺点也越明显，正所谓："有高山，始有低谷。"人的短处是客观存在的，领导容不得别人的短处，势必难以成事。

（2）容人之过。

"人非圣贤，孰能无过？"只要领导宽容下属的过错，激励他改过自新，他就会迸发出无限的创造力，一心一意为企业、为社会拼搏努力，做出自己的贡献。

（3）容人个性。

人的性格各异，每个人的性格中，都会有一些让人无法接受的地方，再完美的人也一样，因此，对别人要求不要太苛刻。从根本上来说，容人就是能够接纳各种不同个性的人，这不仅是一种道德修养，也是一门领导艺术。容人个性，才能善于团结各种不同个性的人共同协调工作，从而充分发挥个人的主动性、积极性和创造性，推动事业的不断发展壮大。

（4）容人之仇。

容人之仇是一种高尚的品德，也是容人的极致。魏徵曾劝李建成早日杀掉秦王李世民，后来李世民发动玄武门之变当了皇帝，不计前嫌，重用魏徵，魏徵为李世民出了不少治国安邦的良策，贞观之治应有魏徵的功劳。齐桓公不计管仲一箭之仇，任用管仲为大夫，管理国政而成就霸业。

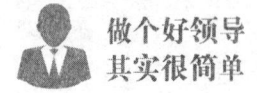

（5）容人之长。

刘邦在总结自己的成功经验时讲过一段发人深省的话："夫运筹帷幄之中，决胜千里之外，吾不如子房；镇国家，抚百姓，给饷馈，不绝粮道，吾不如萧何；连百万之众，战必胜，攻必取，吾不如韩信。三者皆人杰，吾能用之，此吾所以取天下也！"人各有所长，取人之长补己之短，才能相互促进，事业才能发展。善于用人之长，首先是容人之长。萧何月下追韩信、徐庶走马荐诸葛，这些容人之长的典故早已成为千古美谈。相反，有的人却十分嫉妒别人的长处，生怕同事和下属超过自己，想方设法对其进行压制，这种做法是很愚蠢的。

（6）容人之功。

下属有了功劳，做领导的应该感到高兴，千万不能心胸狭窄，害怕别人功劳大会对自己构成威胁。有功之人，对企业、社会做出贡献，同时也是领导的光荣。

作为领导，要想让下属心甘情愿地为自己做事，就要做到心胸宽广，能容人、识人、用人，只有这样才能成为一位富有远见卓识和高素质的现代企业领导者。

知错能改做榜样

世人都有可能犯错，知错能改就是一种进步。很多管理者因为自己在公司处于领导地位，有时下属有了正确的建议或劝诫，但碍于自己的领导颜面，不改正过失。很多领导者觉得一旦听从一个员工的话，有损威严，所以继续一意孤行，不肯改正。其实，知错不改于威严并无增益，只是错上加错。知错能改反而会赢得更多人的尊重，让员工对于领导的魄力更加钦佩，也让竞争对手敬畏。

唐太宗善纳谏言，只要大臣们指出不对的，就必然会改正，所以才有了"贞观之治"。知错能改这种品质，是每个管理者都应该具有的。唐太宗都能放下帝王的架子，知错能改，我们又有什么理由去掩饰自己的错误呢？

西塞罗说过："每个人都会犯错，但是，只有愚人才会执过不改。"古往今来，知错能改成就大业者比比皆是，他们不仅没有丧失所谓的"领导威严"，反而以自己的人格魅力，赢得了尊重，赢得了掌声，也赢得了事业与天下。每一个成功的领导，都是一个聪明人，他们善于利用员工的建议来完善自己，善于听取别人的意见来分析事业，这样尊重了别人，更是尊重了自己。

战国时期，韩国国君韩昭侯有一个不好的习惯，那就是他总管不住自己的嘴巴，一不小心就会泄漏国家机密。也正是因为这个坏习惯，弄得韩

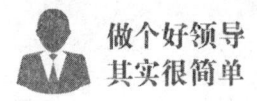

做个好领导
其实很简单

国一些治国大臣左右为难。因为如果将辛苦规划的治国策略告诉昭侯，昭侯将其泄漏后，他们的努力将会白费；可如果不告诉昭侯，无疑是犯下了欺君之罪，他们承担不起；如果直言进谏，弄不好人头不保。正在这些治国大臣一筹莫展之时，有着智慧头脑之称的堂谿公帮助他们解决了这个难题。

堂谿公在一次见了韩昭侯后，两人便聊了起来。在谈得比较投机的时候，堂谿公说："玉是非常珍贵的宝物，如果用它做成一只无底的酒器，请问大王，这只酒器能否盛水？"韩昭侯不假思索地回答道："不能。"堂谿公接着又问："用瓦做的罐子非常廉价，说不准扔在一旁都没人要。请问大王，它能否盛酒？"韩昭侯毫不犹豫地回答："当然可以。"听到韩昭侯两次利索的回答后，堂谿公进入了正题："大王的回答是非常正确的，事实也正是如此。不值钱的瓦罐虽然卑贱，却可以盛酒，根本原因在于它滴水不漏；价值连城的玉制酒器虽然尊贵，却连水都不能盛，更不能够盛香醇的美酒，根本原因在于它会漏。这个道理与做人一样。一位不会保守秘密的国君，正如同一只无底的玉制酒器。他除了会把一些无关大局的事情告知天下外，还会在不经意间将治国大臣费尽心血制定的治国方针和策略一并泄漏，导致国家的法令或政策延迟颁布甚至不能颁布。"

韩昭侯听了堂谿公这番话后，知道了他的用意。他非但没有责怪堂谿公对自己的指责，还称赞了堂谿公，并表示以后一定改正这个坏毛病。韩昭侯说到做到，在以后的日子里，他不仅说话变得谨慎起来，就连行动也变得异常谨慎，避免自己的言行出了差错，影响忠心耿耿的治国大臣们的工作。大臣们看国君敢于改正自己的错误，也对他更加尊敬，尽心尽力地为国家出谋划策。

韩昭侯作为一国之君，在明白了自己的错误之后能用心改正，实在是一位让人尊敬的国君。在单位中，领导也应该像这位韩昭侯一样，知错就改，不要怕在下属面前没面子，其实这样做反而会在下属心里留下更好的印象。

战国时候，廉颇是赵国能征善战的大将军，而赵国蔺相如凭借自己的智慧，使得强大的秦国"完璧归赵"，后来又在渑池会上立了功。赵王封

第二章
抓表率——身体力行是无声的领导范式

蔺相如为上卿，职位比廉颇高。

廉颇很不服气，他对别人说："我廉颇攻无不克，战无不胜，立下许多大功。他蔺相如有什么能耐，就靠一张嘴，反而爬到我头上去了。我碰见他，得给他个下不了台！"这话传到了蔺相如耳朵里，蔺相如就请病假不上朝，免得跟廉颇见面。

有一天，蔺相如坐车出去，远远看见廉颇骑着高头大马过来了，他赶紧叫车夫把车往回赶。蔺相如手下的人可看不顺眼了。他们说，蔺相如怕廉颇像老鼠见了猫似的，为什么要怕他呢！蔺相如对他们说："诸位请想一想，廉将军和秦王比，谁厉害？"他们说："当然秦王厉害！"蔺相如说："秦王我都不怕，会怕廉将军吗？大家知道，秦王不敢进攻我们赵国，就因为武有廉颇，文有蔺相如。如果我们俩闹不和，就会削弱赵国的力量，秦国必然乘机来打我们。我之所以避着廉将军，为的是我们赵国啊！"

蔺相如的话传到了廉颇的耳朵里。廉颇静下心来想了想，觉得自己为了争一口气，就不顾国家的利益，真不应该。于是，他脱下战袍，背上荆条，到蔺相如门上请罪。蔺相如见廉颇来负荆请罪，连忙热情地出来迎接。从此以后，蔺相如对廉颇更加敬重了，他们俩成了好朋友，同心协力保卫赵国，赵国的民众对于大将军廉颇更加尊敬，而秦国对于他更加害怕了。

天下没有不犯错误的人，每个领导都有决策失误的时候，现代社会如同汹涌波涛，一个管理者能够听从"水手们"的意见，掌好舵，企业的风帆才能远航，才能赢得一次次挑战。一个领导只有能带领公司乘风破浪，才能在下属心中树立不可磨灭的威信，具有让人叹畏的威严。唐太宗把敢于谏言的魏徵作为自己的一面镜子，每天检查自己的过错，树立了千古流芳的威严。作为一个管理者，更应该把握住改正自己的每一次机会，做一个以身作则的领导。

法国有句谚语："人间最大的智慧，在于洞悉本身的弱点。"这句话告诉我们能够知晓自己的弱点是非常重要的。一个管理者能够知错就改，下属员工会敬畏你。你给下属树立了一个良好的榜样，公司无疑会在不断完善自己中发展，取得更大的利益。这样的领导，成功就在眼前！

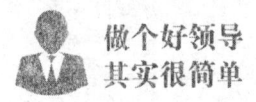
做个好领导
其实很简单

果断决策,才能统率全局

东汉末年杰出的政治家、军事家曹操说过"夫英雄者,胸怀大志,腹有良谋,有包藏宇宙之机,吞吐天地之志也"。果断决策是领导者必备的素质,这种能力包括两个方面:一是全局观念。领导者应该具备战略性的大脑,具有开阔的视野,统筹全局的能力。只有能统率全局,才能做出正确的决策。二是多谋善断。领导者必须要克服因循守旧、墨守成规的思想,不断创新,多谋善断,具有超强的分析和判断能力。而这些正是建立在渊博的知识基础上的。

领导者必须有能在错综复杂的人际关系中,准确地判断各个层次、各个类别的个体和群体的德才情况、思想态度和相互关系的能力。然后区别情况,分别调动他们的积极性和主动性。同时还要能在遵循事物的发展规律、预测到未来事物发展变化的基础上,分析判断自己所在单位、所做的工作,在整个宏观布局上所居的位置,从而做出相应的正确决策。

领导者的果断决策能力主要表现在三个方面。

(1)能够选择最佳方案。

这种选择不是简单地在是非之间挑选,而是在几种正确的方案中选择一个最优方案,管理者所做出的科学决策必须建立在对多种方案对比择优的基础上,这就要求领导者具有方案对比选优的能力。

(2) 领导者要具备风险决策的精神。

因为客观情况往往是纷繁复杂的，领导者很难在事先做出百分之百的正确判断，你所遇到的往往是一些不确定性、风险性的决策。因此，领导者就必须敢想敢干、敢冒风险，而不能追求四平八稳，因循守旧。

(3) 领导者要有抓住时机的能力。

日常工作中，往往需要主管当机立断做出决策。因为很多时候一旦错过了有利的时机，正确的方案也会变成错误的决策。

领导的果断决策，一般情况下是表现在对突发事件的应对上。面对突然发生的意料之外的状况，领导首先要保持冷静，遇事从容镇定、成竹在胸，这也是一位优秀管理者应该具备的良好素质。然后控制住事态，使其不扩大、不升级、不蔓延，这是处理突发事件首先要达到的目的，而对于紧急事态的控制与处理，可采用以下方法步骤。

第一，心理控制。

面对紧急状况，领导者首先应控制自己的情绪，冷静沉着，以"冷"对"热"、以"静"制"动"，镇定自若。这有利于突发事件的及时解决。罗斯福总统在应付"珍珠港事件"时的镇定自若起到了稳定人心的作用，并使全国上下同仇敌忾，正是运用了心理控制法的结果。

第二，局面控制。

在组织内部迅速统一观点，使大多数人有清醒的认识，稳住自己的阵脚，以大局为重，避免危机扩大。对于一些心态不稳的下属，让中层领导人员集中进行说服教育，争取人心。

第三，抓住要害，治标治本。

突发事件的决策指向要针对要害问题，达到"立竿见影"的效果。首先是治"标"，为此而采用的决策方式可以是特殊的，在治"标"基础上，再谋求治"本"之道。

第四，打破常规，敢冒风险。

由于突发事件前途扑朔迷离，犹如处于瞬息万变战场的军队，需要强

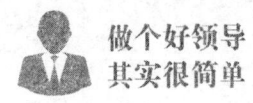

制性地统一指挥和凝聚力量。同时,在突发事件决策的时效性要求和信息匮乏条件下,任何莫衷一是的决策都会产生严重的后果。所以,对突发事件的处理需要灵活,要改变正常情况下的行为模式,由管理层最大限度地集中决策,使用资源,并付诸实施。

第五,循序渐进,减小风险。

在处理突发事件时,领导者固然要有冒险精神,但也要倾向于选择稳妥的阶段性控制的决策方案,以保证能控制突发事态的发展。领导者在信息有限的条件下采用反常规的决策方式,并对决策后果风险进行预测和控制时,需回避可能造成不必要波动的方案。同时,进一步决策,做到既要及时应变又要循序渐进,寻求较为可靠的路子。

在应对突发事件时,最能显示领导者的决策能力。当下属们都在为未来走向何方而莫衷一是时,你敢断然拍板,并且事后证明你的决策是多么地"英明",那你在今后将赢得下属的敬仰。特别是你的决策在当时并不被别人理解,事后你受尊敬的程度也就越加强烈。下属们在自叹不如后,一般会下定决心跟你走。

以下几点为你锻炼和加强自己的决策能力提供参考:

① 别让自信变成自负,一定要全局考虑,重视细节。

② 决策时必须全面掌握信息,必须谨慎。

③ 不要墨守成规,要敢于创新,敢于冒险。

④ 保持清醒,分出轻重缓急,避免被误导。

第二章
抓表率——身体力行是无声的领导范式

领导做事需认真

成功者和失败者的区别就在于：成功者无论做什么工作，都会用心去做，并力求达到最佳的效果，不会有丝毫的放松；成功者无论做什么职业，都不会轻率敷衍。

在美国宾夕法尼亚的奥斯汀镇发生过一件令人悲痛的事件，因为负责筑堤工程的承建者没有按照事先的设计去筑石基，结果导致堤岸崩溃，全镇都被淹没了，无数人死于非命。诸如此类的悲剧事件，总会不时地在我们的身边发生。导致这一切的原因，并不是工程的难度，或者其他技术方面的原因，而仅仅是一时的疏忽、敷衍，这其实从根本上体现了人们"认真"精神的缺乏，是在"用手"做事，而不是"用心"做事。

不管哪个人，一旦养成了不"用心"做事的恶习，做起事来往往就会不诚实。这样，人们最终必定会轻视他的工作，从而轻视他的人品。敷衍的工作，不但降低了工作的效能，而且还会使人丧失做事的才能。所以，不"用心"做事的态度，实在是摧毁理想、堕落生活、阻碍前进的拦路石。

如果你们想实现成功的目标，那唯一的方法就是在工作时，抱着非做不可的决心，抱着追求尽善尽美的态度，作为领导更应该如此。所有为人类创立新理想、新标准，有重大发明创造、为人类创造幸福的人，都是具

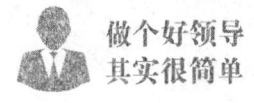
做个好领导
其实很简单

有这样素质的人。

康红波2007年毕业于内蒙古农业大学,她有着白皙的脸庞,苗条的身材,还带着点书生气。当年考录到内蒙古科右前旗科尔沁镇平安村任村党支部副书记,成为一名大学生村干部。

由于康红波生活在城市里,没有在农村生活和工作的经验。她刚到村里任职时,村民们看她的眼光不无怀疑,"这么一个娇滴滴的小姑娘能在农村待得住吗?"

康红波说:"信任也好,不信任也好,我要先为村民做件好事。"康红波利用科右前旗旗委为大学生村干部提供4.8万元上岗资金和20吨水泥修建村里"文明一条街"的机会,顶着烈日在街头巷尾给修路的村民当助手,与施工队联系协调修路的事宜。没出一个月,一条近千米长的水泥路便建在了村里以前一下雨就是烂泥地的主干道上。

为了和村民增加互相之间的了解,在随后的几个月里,康红波每天早晨5点起床,走入田间地头、农民家中,利用大学时学到的知识为农民讲解各种法律法规知识、绒山羊养殖管理办法等科技知识,发放村容村貌管理措施宣传单。

渐渐的,村民们觉得这个村干部没有女孩子的娇气,没有大学生的架子。于是打消了对她的怀疑,没事儿都喜欢和她搭话。

2007年,农村合作医疗在该旗实施。康红波独自一人承担了全村合作医疗费的收取工作。由于对这项新政策不了解,起初很多村民都拒绝交纳。为了让村民透彻地了解这项惠农政策,并从中多受益,她跑遍全村120户村民家,耐心地做讲解,细致地分析利弊。经过她的努力,平安村首批参加合作医疗率就达到了95%。两年来,全村已有7名村民受益,报销合作医疗款7376元。

平安村村民们终于改变了思想,此后,自家有个什么大事小情的,都愿意找她出出主意,过年杀猪,都不忘把她请为座上宾。康红波在村民眼中再也不是一个生活在农村里的"城市人",她淘到了当大学生村干部的"第一桶金"——村民的信任和爱戴。

2009年年初,科右前旗采用"公推直选"的方式选举村党支部书记,康红波以82%赞成票的可喜成绩过了村民信任关,在全村9名党员一致同意下当选为村党支部书记。上任不到一年的时间,康红波完成了自己当初竞选时的承诺——为村里安装了自来水。

同时,她与包村领导、帮扶部门共同制定了符合村情民情的《平安村产业三年发展规划》。制订了以大棚产业为主导,让村经济由纯农业型向城郊型转型,三年内实现"户均一个暖棚"的目标。

2009年,她通过协调贷款为村民建起了24栋蔬菜大棚,同时与帮扶部门内蒙古自治区地税局协调,新建暖棚42栋。再加上以前建的168栋冷棚,平安村的大棚总数如今已达到272栋。从此,她被人们称作办实事的好干部。

(案例来源:2010年1月 中青在线)

世界上没有卑微的工作,只有卑微的工作态度,只要全力以赴地去做,再平凡的工作也会变成最出色的工作。作为领导,必须学会认真用心地做事,为下属团队做表率,这样自己的下属才能对你心服口服,做事也会细心认真,一丝不苟。

敬业的一个最基本表现是什么呢?爱岗!只有爱岗,只有热爱并尊重自己当前的这份工作,才能把工作做好,并且做得更好。

敬业精神能让人更加细心,能让人发现工作中的很多细节,能让工作变得更加有意义,而且我们还能在敬业的过程中得到大家的认可。工作不仅是我们物质基础的保障,还让我们收获更多精神上的财富。

敬业精神是时代的呼唤,是社会竞争和发展的需要。敬业精神能够让领导具有最佳的精神状态,并将自己的潜能发挥到极致。在工作中,领导具有敬业精神,自然就会影响到下属对工作的态度。做一位认真用心做事的敬业领导吧,每个员工都会以你为榜样,时时敬业,热爱自己的工作,让敬业精神永存心中。

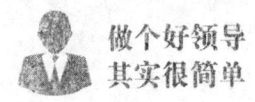

做个好领导
其实很简单

做一个乐观的领头人

就拿一个人学骑自行车来说。起初这个人是怀着成功的愿望来学骑自行车的,开始学滑行、上车,都可能很顺利,但上了座,问题就来了:"哎哟,要坏!要坏!"撞上了电线杆。一般说来,这时候骑车的技术是差一些,但更大程度上是自己内心失去了平衡,也就是头脑中已经输入了要"摔"下来的信号,在这种情况下,越怕摔,就越可能摔。

在心理学上,判断事情的好与坏,除了以客观事实为判断标准,还应该以成功、健康、幸福这几方面为判断标准。要想让自己更加快乐,就应该多注重积极的元素,形成正面思维,避免负面思维。

在现实生活中,抱着负面思维的人有很多,而且有时候这种负面的思维常常是下意识的,人们意识不到这些想法是不正确的。心理学解决这个问题的方法,主要就是把那些负面的想法纠正过来,让人们换一个角度,用正面的眼光看问题。

一提起"夏天",我们的第一反应通常就是热。夏天的确热,这并没有错,而且好多人的反应是热得难受,热到不敢出门。虽然这是正常的联想反应,但是如果我们在企业经营管理中也用这样的思考方式,就会产生消极的影响。

从心理学的角度看,每个人的大脑都是一部高级的"电子计算机",

输入什么信号,就储存什么信号,甚至也会产生相应的效果。想到夏天就想到热的人,必然会感到不愉快,毫无疑问,这是一种不愉快的感受。如果顺着这种思维方式去感受,那么他听到任何一个词时都会产生某种不愉快的联想。比如,说到"工作",可能很多人会联想到无聊、劳累、压力大、报酬低等,这样自然对工作没有兴趣,甚至对工作有厌恶情绪。如果一个企业的管理者,也总是用这样的思维方式,那整个企业的运作只会走下坡路。由此可见,假如输入消极的信号,势必压抑一个人的创造力,降低活力。

那么,作为管理者,我们平时在心中应该给自己输入什么信号呢?乐观。就是无论在什么情况下,都能保持良好的心态,也相信坏事情总会过去,相信阳光总会再来的心境。有一位智者说过:"生性乐观的人,懂得在逆境中找到光明;生性悲观的人,却常因愚蠢的叹气,而把光明给吹熄了。当你懂得生活的乐趣,就能享受生命带来的喜悦。"

哈佛大学和加州大学圣迭戈分校的研究人员进行了一项开创性的研究,用医学博士尼古拉斯·克里斯塔斯基的话说:"情绪是一种集体性的存在,而不仅仅是个体现象。"他告诉《纽约时报》记者:"你的快乐不仅仅取决于你的选择和行动,同时也取决于那些你甚至不认识的人的选择和行动。"

美国知名游泳选手麦特·毕昂迪,在1988年代表美国参加奥运会,认为极有希望继1972年马克·施皮茨之后夺得7项冠军。他在100米的比赛中一直领先,到最后1米却被第二名超了过去。各家报纸都怀疑这将影响毕昂迪后续的表现,没想到他在后面的比赛中竟连连夺冠。只有宾夕法尼亚州大学心理学教授马丁·沙里那对毕昂迪的表现不感意外,因为他在同一年稍早时曾为毕昂迪做过乐观影响实验。实验方式是在一次表演比赛后,故意请教练告诉毕昂迪他的表现不佳,接着请他稍做休息再试一次。结果他更加出色,而参与同一试验的其他队员,却因此影响了比赛成绩。

对管理人员而言,情绪就意味着他们的行动,无论是正面或负面的,

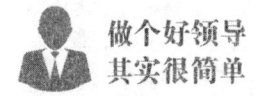

都会影响到其他人的情绪健康。传播信心是领导者的职责，乐观至关重要。尽管我们很少有人能改善经营条件，但我们可以用乐观的心态感染员工。因此，为了员工，管理者有责任尽可能保持乐观态度。乐观不是健忘的借口，而是领导者的义务。

在这个繁忙的社会里，每个人都愿意和能给自己带来快乐的人在一起，这是毋庸置疑的。所以说能带给别人欢笑的人是最受人欢迎的人，也是最有影响力的人。作为一名优秀的管理者，无论在任何危急的困境中，都要保持乐观积极的心态。你的自信，可以感染到无数你接触到的人。有没有乐观自信的态度也直接影响到一项任务的成败与否。作为管理者应该明白，自己不是一个只会告诉别人怎么干的人，还是一个要激发队伍产生一定抱负，并朝目标勇往直前的人。

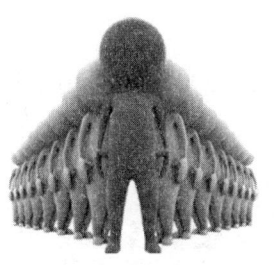

第三章

抓纪律

——无情的纪律，有情的领导

作为领导必须精于管理。因为只有这样，员工才会踏实敬业，忠于职守，竭尽全力地为企业工作。领导管人的招法有很多，比如制定铁的纪律，适当给下属施加压力，多赞美下属，做事公平公正，多给下属留面子，论功行赏，等等。这都是领导应该注意的细节问题。如果了解了这些并做得很好，那么，下属肯定会心服口服。

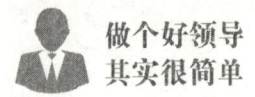

做个好领导
其实很简单

铁的纪律是必需的

俗话说"无规矩不成方圆"。作为一个公司或者一个企业，没有纪律和制度就无法生存下去。火炉是不讲情面的，谁碰它，就烫谁，一视同仁，和谁都没有私交，对谁都不讲私人感情，所以它能真正做到对事不对人。每个人都明白这个道理，因为炉火是滚烫的，任何人都会清醒地看到并认识到一旦碰触火炉就会被烫伤。如果你不去碰触它，它就会给你带来温暖，可一旦你向它伸手，等待你的绝对是被烫伤的后果。纪律就像滚烫的火炉，一旦违反就会遭到严厉的惩处。

当然，人毕竟不是火炉，不可能在感情上和所有人都等距离。不过，作为管理者，要做到公正，就必须做到根据纪律而不是根据个人感情、个人意识和人情关系来行使手中的奖罚大权。只有这样，纪律才能真正起到约束下属的作用。管理者有义务让纪律展现它冷酷的一面，即只要违反就无一例外地会遭受沉重的打击，以此来获得强大的威慑力，从而起到阻止下属触犯的目的。每个人都会犯错，而对错误的改正以及每个人的进步和成长，都离不开约束与被约束。

联想公司为了约束员工制定了这样一条规则：凡20人以上的会议，如果哪位员工迟到了就要罚站一分钟。这一分钟是很严肃的一分钟，否则，会议就没法开了。第一个被罚的是柳传志原来的老领导，罚站的时候他本人紧张得不得了，一身是汗，柳传志也一身是汗。当时，柳传志跟他说："你现在在这儿站一分钟，今天晚上我就到你家里给你站一分钟。"柳传志本人也被罚过三次，其中一次还是被困在电梯里，又找不到人帮他请假，结果还是被罚站了。

古人说：勿以善小而不为，勿以恶小而为之。很多人认为迟到只是一件很小的事，但是在纪律中又是一件很大的事。偌大的公司，如果员工经常迟到早退，没有一点儿约束性，那么，恐怕他们的工作效率也是很难提高上去的。

铁的纪律能指导管理者有效地管理下属，有了铁的纪律，如果你一旦触犯，首先就好像在触摸火炉一般，瞬间感受到灼痛，使大脑逐渐养成一种习惯。其次，你得到了充分的警告，构成警示，使你知道一旦接触火炉会发生什么问题。再次，其结果具有一致性。每一次接触火炉，都会被烫伤。同样，你也要为自己的错误付出惨重的代价。

可以用与烫炉有关的四个名词来形容纪律准则：一是预先警告原则。只有预先警告的纪律才具有足够的威慑力，才能有效遏制员工的触犯。二是即时原则。及时有效地处理违纪问题，就像火炉一样，只要敢于伸手，就迅速被烫伤；而违纪者就会被惩罚。三是一致性原则。对于违纪人员，无论性别、职位、年龄、资历，一律平等对待，没有例外。四是公正原则。处理结果一定要公正、公平，不搞特殊，让每个人都做监督者与促进者。

这四个原则需要落实到行动中，具体行动的核心是与违纪员工进行面对面的交谈。在交谈中要注意下面几个步骤。

（1）澄清事实。

明确地告诉下属，他们的违纪行为造成了什么样的后果，让他们认识到其严重性。

（2）要求下属对此做出解释。

大部分人不会痛快地承认自己的过失而会做出辩解，这有助于你进一

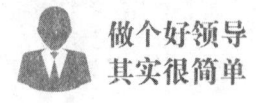

步了解情况。

（3）要求下属提出解决方案。

你可以让他站在领导者的角度上思考，然后让他提出解决意见，这样会让他更理解你。

（4）制订解决计划。

你可做一些有效的商讨，制定出一个切实可行的补救计划方案。

（5）进行惩罚。

可以采用口头警告、书面警告、公开批评等，一定重视这个环节。

（6）要求再次检查。

制订的补救计划不能就这么石沉大海，你需要知道它进行的结果到底如何。

纪律是组织的生命线，无论下属曾做过多大贡献，一旦犯错，就像是碰到了滚烫的火炉上，这也是纪律的严肃性决定的。

纪律就是用来维护公正的。无论对哪位下属进行纪律惩罚，这对于领导来说，都是不愉快的经历。出于面子上的考虑难道就可以对违纪行为不管不问吗？当然不能，如果对违纪行为视而不见，就会激起所有下属的反感。因为没有惩戒的纪律是不足以称之为纪律的，当违规者由于违反原则而获得更多的个人补偿的时候，你如何去说服一个本本分分、遵规守矩的下属坦然接受自己的损失？

虽然说遵守纪律是必须的，但对于初犯错误的下属来说，也是可以宽恕的，只要后果还不算太严重，可以口头警告的方式予以批评；对第二次违纪行为应该毫不犹豫地发出书面警告；对第三次违纪可以处以临时解雇或停职，这将是最后一次挽救他们的机会；对第四次违纪（或极其严重违纪）者，管理者也只有在万般无奈的情况下开除他们。

但是，对于一些不服从管理，我行我素的特殊者，为了维护纪律的严明，管理者绝不能迁就，无论他曾经创造的业绩多么辉煌。日本伊藤洋货行总经理岸信一雄的"被解雇"事件就是一个很好的例子。岸信一雄以自己的业绩证明自己的路线是正确无误的,始终不肯听从董事长的屡屡告诫;紧要关头,伊藤雅俊不再以业绩作为评判标准,而是果断地以纪律作为行动的最高准则。

"国有国法,家有家规",这是至理名言。大到治理一个国家,小到管理一个公司,规矩绝不能空口说说而已,要将它们具体化,变成可以看得见的、实质性的东西,这就是制度。

因此,作为一个领导,必须为本公司制定一套严格的规章制度,同时,在这些制度需要修整时,要根据实际情况进行革新,以使制度更加完善,更加人性化。可以这样说,一套好的规章制度,必然是不断发展、不断改进的。一个有经验的领导,一定要学会用规则管理下属。只有这样才能使公司秩序井然,效益倍增。

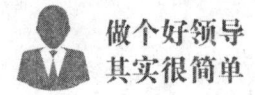
做个好领导
其实很简单

做事要公平公正

可想而知,每个员工在受到不公平待遇的时候,内心一定会很不是滋味。这样一来,下属就缺少了对工作的积极性,从而就会降低工作效率。如果领导对每个员工都是一视同仁,不夹杂私人感情,那么便会在下属心中树立起威信,也才能更好地使下属信服。

做领导的大多都会很在意自己的名声,只有拥有了好的名声,领导对下属才有感召力,才能得到下属的拥护。因此,作为领导,应当做到公平公正,以保证下属对自己品质的良好评价。只有在下属面前树立一个公平公正的形象,才能更好地树立威信,抓住人心。

领导在对下属做每一件事情时都应做到公平公正,尤其是在对下属的论功行赏上面。受下属欢迎的领导,往往在论功行赏方面做得相当完美,能够充分地调动下属的积极性,形成人人争上游的局面,给组织带来无限的生机和活力。反之,如果论功行赏做得不好的话,不仅达不到"攻心"的预期效果,反而会造成灾难性的后果。

某报业公司最近几个月的业绩蒸蒸日上,老板自然高兴万分,对员工给予表彰并加薪。但没想到的是,过了一段时间,公司的业绩反而不如以前了。他很是奇怪,经过调查,发现公司里的中高层管理人员和编辑心怀不满,而排版、校对等工作人员消极怠工。老板向专家咨询,专家向老板询问了加薪和表彰的情况，终于搞清了问题所在。原来，报业公司的业绩上升主要是中高层管理人员和编辑努力的结果，老板表彰时一概加以表扬，给中高层人员加薪额与其他人员加薪额之比为4∶3。这样一来，一些立功的人员觉得自己白干了，没有得到相应报酬；而没立功的人认为不用好好干也能涨工资，干劲自然不足了。

在日常事务中，领导也必须做到公私分明，切不可假公济私。要了解一个人的品性很容易，只要看看他使用金钱的方式就清楚了。有些领导看上去气度非凡，可是一牵涉到钱，脑子里立刻盘算如何才能假公济私，以管人的资格来说，这种人显然够不上水准。

领导在对下级关系的处理上要一视同仁，不分亲疏。不能因个人主观情绪和客观因素的影响，表现得有冷有热。当然，有的领导遇到与自己谈得来的下级时，便与其交往密切，从而冷落了其他下级，使其内心感觉不平衡。因此，领导也应试着与自己爱好不同的下级交流感情，防止形成不必要的误会，也可解决与此类下属逐渐疏远的问题。

公正评价下属也是一名优秀的领导所必备的能力之一。领导要对下属进行客观的评价，应及时观察和做笔记。俗话说："好记性不如烂笔头。"下属的表现只有通过长期的工作才能体现出来。只有长期注意记录他们的行为，才能对他们真正有所了解。在掌握这些资料之后，当你通过手头的记录去表扬某些工作干得好但又不被人注意的下属时，他会倍感欣慰，从而促使他把工作做得更好。如果是批评某些下属干得不好，虽然他会在短时期内情绪低落，但很快就会了解你公正待人的做法，同时也会重新认识自己工作中的不足，变后进为先进。

作为领导不应贪图小便宜，用公家的钱挥霍无度，这种类型的领导对组织是有百害而无一利。严格说起来，他不但没有存在的价值，甚至会对公司造成危害。因此，领导在日常事务中要公私分明，切不可因贪图小便宜而使自己的形象受损。

此外，领导在用人上也应公平公正，反之则会引起下属的不满，这是

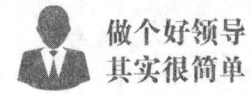

一个组织无法实现平稳发展的重要问题。如果待人失当、亲疏不一,在不知不觉中重用了某些不该得到重用的人,而冷落了一些骨干,这样做的结果是严重打击了受到不公正待遇的下属的积极性和创造性,直接影响到组织的全局发展。因此,要想成为一名受下属欢迎并具有感召力的领导,就应该对所有的下属一视同仁,这样,不仅能充分调动积极因素,一些消极因素也会转化为积极因素。深受下属欢迎的领导会以大局为重,不计个人恩怨,充分地调动下属的积极性,通过尽可能公正地使用人才来激发下属为单位做贡献的积极心理。

一个对下属公平公正的领导,一定是受下属欢迎的领导。领导如果能做到公平公正,下属也会对其死心塌地,认真工作,为公司创造更好的业绩。

第三章
抓纪律——无情的纪律，有情的领导

论功行赏，论过处罚

完善的赏罚制度，对于一个公司来说非常重要。因为赏罚是管人的重要手段之一，人们都说赏罚不明，百事不成；赏罚若明，四方可行。说得很有道理。赏罚分明，体现了褒扬贬抑，指示人们行为的方向，强化正义的进取，弱化错误的选择。

从现代管理科学的角度来讲，赏罚之所以是管理团队的有效手段，就在于它的公正性。因此，惩罚要铁面无私、六亲不认，奖励更要实事求是、论功行赏。如果失去了公平性，会让小人得志，有功者寒心，极大地损害团队的战斗力以及领导者自身的威信。

奖励和惩罚是领导激励下属的两种手段。奖励是一种激励性力量，惩罚是一种约束性力量。在奖励和惩罚之间，领导者要运用自如。

赏与罚，是管人的两把利剑，是领导者领导下属、使用人才的重要手段。古人在论述理政之道时，就把赏与罚并提。有赏就有罚，赏罚要分明。赏起激励、鼓舞、褒奖的作用；罚起禁止、威慑、惩戒的作用。赏罚兼施，德威并用，才能既引导下属做好事，又制止下属做坏事，使他们进有所得，退有所失。

在北魏时期，尚书驾部郎中辛雄为人贤明，对下属赏罚分明，处理政事公正无私。他还曾上书说："一个人所以面对战阵却能忘记自身的危险、

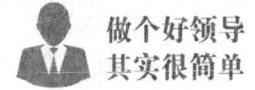

冒犯白刃而不害怕的缘故,第一是追求荣誉;第二是贪求重赏;第三是害怕刑罚;第四是逃避祸难。如果不是这几个因素,那么就算圣明的天子也无法指挥他的臣下,慈祥的父亲也无法劝勉他的儿子了。圣明的天子知道这种情况,因而有功必赏,有罪必罚,使得无论亲疏贵贱、勇怯贤愚,听到钟鼓的声音,看到旌旗的行列,无不奋发激昂,争先奔赴敌阵的,这难道是他们讨厌长久的活着而乐意快死吗?利害摆在面前,是他们欲罢不能罢了。"

古人明白这个赏罚分明的道理,作为一个现代管理者,更应该认识到奖罚分明的重要性。

古代军事家说:"善治军者,赏罚有信。赏不避小,罚不避大。"中国军事史上,宋代的岳家军、明代的戚家军,都是由于赏罚严明,才使得部队不畏强敌,勇敢善战的。

诸葛亮第一次出师北伐攻打曹魏,身受诸葛亮器重的参军马谡被派往驻守战略要地街亭。而马谡在街亭违背诸葛亮的部署不听从副将王平的劝告,主观武断在远离水源的山上安营扎寨,结果曹魏大军蜂拥而至,围困孤山,蜀军大败,马谡失魂落魄、灰头土脸地逃回大营,致使街亭失守。这就是著名的马谡失街亭的故事。结果不仅街亭失守,蜀军还差点儿全军覆灭。幸好诸葛亮唱了一出空城计才转危为安。

马谡因违反军法而导致失败,应处斩刑。但马谡是诸葛亮一生中最喜爱的部将,杀了他诸葛亮是非常不忍心的。可是,诸葛亮心里十分清楚,马谡所犯的过失已经严重到动摇蜀汉根基的地步,如果处理不当,不仅军心士气无法维持,自己也将会失去威信,无法带兵了。于是,诸葛亮痛下决心,挥泪把马谡斩首示众了。在街亭之战中,副将王平曾力谏马谡,并在马谡不听劝阻、坚持己见的情况下,率领本部人马"鸣鼓自持",使魏军疑为伏兵,不敢贸然进攻,不仅保全了部队,还主动收容了失散的蜀军兵将,从容而归。对于王平,诸葛亮则及时行赏,将他从裨将破格提升为讨寇将军,封亭侯。

作为领导，如果对下属奖罚不分明，其后果是相当糟的。

第一，会打击下属的积极性。如果一个管理者奖励了一个不该奖励的下属，而把应该奖励的下属忽略了，把优秀的人晾在一边不管不问，这会严重挫伤他们的积极性。

第二，会错失优秀人才。曹操说："明君不官无功之臣，不赏不战之士。"孙武曾把"法令孰行""赏罚分明"，作为判明胜负的两个重要条件。赏罚分明得当，是古今中外一切用人者的根本原则。赏与罚，公平与适度，都需要用心斟酌。如果惩罚得当，可以儆戒百人。

有这样一个故事：在一家糖果商店，同样的商品，一个售货员的柜台前是门庭若市，另一位售货员的柜台前则是门可罗雀。原来前者善于用加法，售货时总是先少放一些，然后再一点一点加够要卖的分量；而另一位则是惯用减法，一下子在秤盘上放上过量的糖果，然后再去一点一点减到要卖的分量。两种卖法在顾客心理产生了两种截然不同的影响，加与减的区别最终产生了多与少的错觉。

如果把这个故事外延引申到领导学中来，则是关于奖励和惩罚的艺术问题。这涉及领导学中的X理论和Y理论，即把人的本性看作向善的还是向恶的。如果认为是向善的就以奖励为主，通过奖励来达到激发下属的工作热情、提高工作效率的目的。如果认为是向恶的就以惩罚为主，通过严惩来规范、约束下属的行为，从而使其集中精力工作，提高工作效率。事实上，最合理的做法是二者并用，即做到赏罚分明，奖励和惩罚并用。

领导要想激发下属的热情，就必须做到赏罚分明。只有公平的奖惩机制，才能更好地激发下属的工作热情。具体来说，要做到以下几点：

（1）不赏私劳，不罚私怨。

不因对私人利益有功而奖赏人，不因对自己有成见或彼此有隔阂而惩罚人。

（2）有功即赏，对按时按量完成既定目标的下属进行奖励。

马戏团里的海豚每完成一个动作，就会获得一份自己喜欢的食物，这

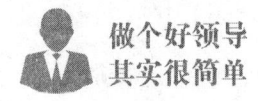

是驯兽员训练动物的诀窍所在。人也一样,如果下属完成某个目标而受到奖励,他在今后的工作中就会更加努力地重复这种行为。优秀的领导者应当想办法增加奖励的透明度,比如把每月的工资、奖金等张榜公布,或者对受嘉奖的成员进行公示。这样往往能够激励下属。

(3) 变"罚"为"奖"。

在团队中,当下属犯错误时,不只是惩罚,还可变惩罚为奖励,达到激励下属的目的,甚至可以达到单纯奖励所不能达到的效果。

(4) 赏罚分明要拔能降庸。

赏罚分明体现在职位的安排上,则是要拔能降庸。曹操就认为,将士的升迁应以战功为重,不能论资排辈,凡屡建战功而又堪当重任者,就要毫不犹豫地授予重任。公平理论认为,一个人对他的赏罚是否满意不是只看其绝对值,而要进行多方面的考虑。如果奖惩做到了公正合理,下属会感到满意或者服气,从而努力工作;否则就会感到不公平、不合理而影响工作情绪。

赏与罚的目的,都是为了调动员工的积极性,提高工作效率。奖赏是件好事,惩罚也很必要。对有功劳员工的奖赏和对犯了错误的员工惩罚是理所当然的,不能有半点儿的迟疑与含糊。赏罚的关键在于赏罚分明与赏罚公正,否则赏罚就会失去应有的效力,也就谈不上领导者的权威。

总之,领导者要正确地用人,真正调动下属的积极性,必须做到按功行赏、论过处罚,为下属提供一个公平竞争的环境,避免人为的矛盾,坚持功奖过罚,才能调动大多数人的积极性。

不同手段驾驭不同的员工

不管在哪个团队里，总有一些不好驾驭的人。当然，这些人也各有各的特点，有的夸夸其谈，有的怪话连篇，有的虚伪无信，其共同的一点是，都对管理大局有消极的影响。怎样消除这些影响呢？关键的一点是，管人者要学会以不同的手段驾驭这些不同类型的棘手员工。

（1）如何驾驭报喜瞒忧的下属。

有些爱粉饰的人，为了讨上司欢心，经常隐瞒不良情况，而极力渲染有利的事情。

比如："张总，昨天的活动已圆满结束，是空前未有的盛况，所有参加的人，都希望再有一次机会……"老板此时若不进一步追问的话，很容易被下属糊弄过去。有时，细心的老板也许会追问："是吗？有多少人出席？有没有做记录？反响如何？"

仅是这样的询问，其实还是不够的。聪明的老板，应该向其他参加的人员打听，询问他们对这次活动的感想。事后，他就会很轻松地发现是否与下属的报告相符。

即使下属的报告不是完全捏造，仍有部分属实，你也不能接受，因为这样会养成他们欺瞒上司的习惯。

（2）如何驾驭提非分要求的下属。

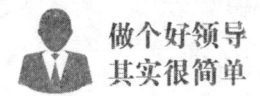

作为管理者,难免会有下属向你提出要求,大部分要求对工作的进展有帮助,可予以支持。然而也有少数人似乎喜欢提一些不太合理的要求,令人难以接受。因此,公司老总要明察秋毫,不要糊里糊涂就答应。否则到时无法兑现,难免会遭致下属的非议。

所以为了吸取教训,做上司的对已经答应的要求,就要设法实现;假使不能做到,不妨跟下属开诚布公,使他了解你的困难所在。

(3)如何驾驭夸夸其谈的下属。

相信管理者对这一类人都不陌生,甚至吃过亏。因为这种人到哪儿都能遇上。

喜好空谈的人,往往在刚开始会赢得别人的高估,以为他富于积极性;对那些沉默者,别人着实会担心:"像他那样的人,也能做事吗?"

因此,作为领导千万不要就外表的印象对下属乱下评语,这是一种不切合实际的行为。在多数情况下,领导并不需要特别会说话的人,而是需要会做事的人。虽然在有些特别的机构,确实需要善谈的人才,但那是特别的职位,而且善谈之人也得是有才之人。如果领导需要一个得力的主管去运作项目,那么除了他的嘴巴,仔细地考虑一下他的脑袋和双手吧!

(4)怎样驾驭讨好谄媚的下属。

在每一家公司领导身边,难免会有一些好献殷勤、喜欢吹牛、拍马屁的人。这些表面化的讨好,通常不难分辨。但也有一些手段高明者,往往会令你无法看清他是真正或故意讨好。对这样棘手的人物,若不提高警觉,就很容易闹出"皇帝的新衣"之类的笑话。

另外,有一种难以识破的是"应付"的讨好话语。当管理者在征求下属的意见时,他们会说些无关痛痒的好话来应付。

如果遇到这样的下属,在管理者提出问题之后,最后将得不到任何解决问题的方法,除了一肚子的空欢喜。

解决这个问题的方法其实很简单,只要老板提出这样一个要求:"请提出你们各个部门的实际可行的方案。"

(5) 学会驾驭"恶人"。

俗话说，"人过一百，形形色色"。在公司里往往也是这样，总有一些善良的人会被欺骗、陷害。这些善良的人之所以上当受骗，是因为他们的警惕性不高，总以善心待人。古代寓言中那个救了狼性命的东郭先生和暖活了冻僵的蛇的农夫，就属于这种人。

作为一个企业的领导者，你手下难免会有几个蛮横的人，这些人对你是非常危险的。他们总是像总经理一样，到处施展其权威，他发表意见并不是要帮助人，而是想驾驭你。对于这种人一定要设法让其屈服于你的权威之下。

(6) 怎样驾驭怀有不满情绪的下属。

在一个公司里，总免不了一些人抱有这样或那样的不满情绪：由于竞争者太多而无法满足他的要求，或者是有些人要求太苛刻而无法满足他。不管是什么原因只要你的下属产生了不满情绪，必然会影响到他工作的积极性。作为老板，必须给予这种有不满情绪的人以足够的重视，否则的话，很容易涣散整个集体的士气。

作为一个老板应该有思想准备，对于不同的人采取不同的对策，对这几种人任何时候都不应放弃原则。

(7) 怎样驾驭棘手的下属。

所谓棘手的下属是那些不服从管理的人。这样的人每一个单位都有，只要你是领导，到哪里你都会遇到他们，这样的人专门和管他的人作对，但对同他没有利益冲突的人还是比较友好的，因此他有他的势力和人际圈子。他们足以在有些问题上与你分庭抗礼。作为管理者，更应当明白这一点，世界上的人并非都如你所希望的那么友爱，应当心胸开阔地面对这个现实，做好思想准备，也许在无意中你就会发现个别人已经与你对立了起来。

如果管理者对这种下属采取不予理睬，或压制打击的方法，必会给自己带来无穷的后患。你不理睬他，他会给你搞对立，处处贻误你的工作，

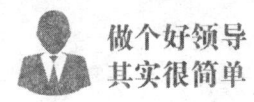

拆你的台。你若想打击压制他们，他们就像刺猬一样，一脚踢上去，恐怕要让你叫苦连天，因此管理者要学会使用这种棘手的下属。

（8）如何利用有靠山的下属。

作为管理者，当你的下属仗着他的靠山在单位里狐假虎威时，你该怎么办呢？他的亲戚正是你的上司，或他的家人在重要部门工作，你将怎样和他们相处呢？

有靠山的下属如果真有能力的话，倒是可以借助他们的威力来促进自己的工作。但管理者自己一定要掌握分寸，千万不要因此而受控于人。如果这种人没有能力的话，就不要过分地迁就他们。作为管理者，应掌握一个基本原则，那就是至少不能让他们成为其他下属的负担，一定要注意控制其不良影响。

如果他们没有工作能力，表现不突出，你却对他们亲之任之，这样必然会失去其他绝大多数下属的信任。这是管理者很容易犯的错。如果你认为这样做不会产生多大危害的话，那就错了。别的下属，一来容易效法他们形成不良之风，二来他们会看低你的领导能力，使你失掉领导权威。

所谓"棘手员工"是个宽泛的概念，并不止以上罗列的这几种类型。管理者需要把握的一个原则是：认清其真实面目和问题的严重程度，只要策略得当，一般的棘手员工是完全可以驾驭的，同时他们能为企业贡献自己的力量。

第三章
抓纪律——无情的纪律，有情的领导

软硬兼施，合理管人

软硬兼施，是在企业中管人的有效策略。在我国古代，许多为官者便懂得运用这种方法来管人，曹操就是其中一位。

东汉年间，朝政腐败，卖官鬻爵，贪污受贿，日盛一日。加上连年灾荒，粮食歉收，日子实在无法过下去，各地农民纷纷起来造反。

山东青州地区的农民军发动了起义，广泛活跃在济南、德州、吴桥等地，人称"青州兵"。他们平时耕田种地，从事农业生产。打仗时，男女老少齐上阵，最多时有上百万人。

曹操的好朋友鲍信是济北的行政长官。他见青州兵声势浩大，局面无法控制，就请曹操帮他镇压起义。曹操还没有到，鲍信就战死了。

一天晚上，忽然有个军卒说城下有人用箭射上来一封信，信中说要曹操与他们一道，对抗汉朝王室。曹操非常忠诚于汉朝王室，可曹操并未拒绝他们，而是眼前忽然一亮，心想自己为何不利用机会，将他们收编呢？于是，他就给青州军将领写了一封信，提出招降的优越条件，分化青州军。同时，调集兵力，设下埋伏，打击坚持斗争的起义军。经过软硬兼施、连拉带打的进攻策略，青州军便被瓦解了。经过整编，曹操从中选出30万人，组成了他的主力部队，号称"青州兵"。从此，曹操便有了争夺天下的资本。

俗话说："苦海无边，回头是岸。"如果在当时的情况，曹操不去招降起义军，而是凭着自己有限的人马，去和青州军死拼硬打，曹操的结局恐怕不会太令人乐观。要么是鱼死网破，你死我伤；要么是两败俱伤，胜负不定，双方谁也没有好结果。

在企业的管理中，必要的退步，有时就意味着进步；不必要的进步，有时则意味着退步。软硬兼施、机动灵活的战略战术，是取得胜利不可缺少的。

几乎所有的人都害怕惩罚，喜欢奖励。这是人的本性。因此，管理者可以运用软硬两手使用下属，让其按自己的意愿行事。奖励是正面强化手段，即对某种行为给予肯定，使之得到巩固和保持。惩罚则属于反面强化，即对某种行为给予否定，使之逐渐减退。这两种方法，都是领导者管理下属所不可缺少的。

领导者在运用这两种方法时，应该适当运用，这样才不会有不必要的问题出现。要明白两者的不同特点，一般说来，正面强化立足于正向引导，使人自觉地去行动，优越性更多些，应该多用。反面强化由于是通过威胁恐吓方式进行的，容易造成对立情绪，故要慎用，将其作为一种补充手段。

领导者在管理中强化激励，可以获得领导者所希望的结果。但并非任何一种强化激励，都能收到理想效果。从时间上来说，如果一种行为和对这种行为的激励之间间隔时间过长，就不能收到好的激励作用；因此要做到"常不逾时"。

对违反规章制度的人进行惩罚，必须照章办事，该罚一定罚，该罚多少即罚多少，来不得半点仁慈和宽厚。这是树立管理者权威的必要手段。因此软硬兼施是一种手段，每一位管理者都要铭记在心。

批评下属要注意方式

每个人都会犯错误，作为上司，如果对某名下属做的工作很不满意且必须指出来，又不便当面批评他时，领导该如何做呢？首先应低调一点，先尝试改变他的态度，以朋友的口吻去询问对方："为什么会这样？怎么回事？""发生了什么事？""我能为你做些什么？"这些委婉的话语，有助于领导者对情况的了解，以便更好地解决问题。这时你可以直接告诉他你心目中的要求，你可以说："我希望你能……""我认为你能做得更好。""这样做好像没真正发挥你的水平。"用提醒的口吻和对方说更好。谨记不要说："你们这样做根本不对！""这样做绝对不行！""你这个态度，我很不欣赏。""为什么你总那么主观，你就不能客观点儿吗？"这样说会使双方的关系尖锐对立，对解决问题非但没有帮助，还会使新的矛盾产生。

领导在批评下属时最好私下与其交换意见，在提出批评前首先要想清楚要说什么话，然后委婉地表达自己的想法，并与其摆明事实、讲清道理、分析利弊，他就会心悦诚服，真心接受你的批评和帮助。反之，如果你居高临下，盛气凌人，以上司的口吻责备，那就会引起下属的反感，批评就会失去效果。可见，批评时的角色定位很重要，它会使批评产生截然不同的效果。

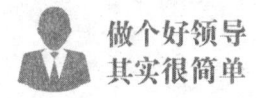
做个好领导
其实很简单

在发现下属有错误时，要掌握批评的时机。正面批评别人，对谁来说都是一件十分尴尬、为难的事。同样的，一个过错如果失去了批评的适当时机则效果减半，甚至收到反效果。

马主管的下属给他取了个"糊涂主管"的绰号，这是因为他在公司里批评下属时，总是不懂得把握适当的时机。

一天早上，丁先生做错了一件事，马主管正想去纠正他，刚好电话来了，所以就把丁先生的事忘了。中午马主管在饭厅遇到了丁先生，想起上午那件事，他马上像打雷似的加以斥责："丁先生，你办什么事嘛！认真一点好不好！"丁先生马上很不高兴地说："主管先生！吃饭时间不要大呼小叫，影响食欲。"然后推开门就走了。

马主管当众批评下属，并且是将早上的事拿到中午来说，而且态度严厉，这种方式完全不正确。不久后，马主管的上司发现了这种情形，劝诫他："你每次都没有把握适当时机，总等事发很久才提出来，那会引起下属反感的，在事情发生时即予以纠正，不是很好吗？"

听了上司的话，马主管觉得很有道理，于是决定改变自己，只要一发现错误马上纠正，甚至预测可能发生的毛病，事先予以告诫。渐渐地，该批评的事越来越少了，他的绰号也没人叫了。

因此，批评下属时一定要找到恰当的时机，立即采取行动。最好是在对方记忆尚清楚的时候给予批评，尤其是他无意间所犯下的错误，如果错过了告诫的时机，时间久了再提起时他会觉得"莫名其妙"。对方就会想："我一直都是这样做的，怎么你过去就没意见呢？"因此，在批评下属时要随时发现，随时批评，不要拖延。

但是这并不是说要不加选择地即时批评。有人认为，领导是权威的代表，在与下属谈话时只要使用肯定的语气或提高声调就行了。其实不然，作为领导，要首先考虑到对方的自尊心，不能在大庭广众之下去纠正下属的过失并且批评他。

针对不同的情况要有不同的批评方法。有的下属因为本身的原因，常常缺乏干劲，工作没有主动性。你批评他一通，想以此来调动他的主动性，是无济于事的，主动性必须靠内因来调动。这些批评只能是隐晦的，在表面上要进行激励。谈话的目的在于让对方接受，而接受则需要对症下药，采取攻心策略。

对于工作没有主动性的下属，一般言语上的批评是不会取得任何效果的。对待这样的下属就要采取攻心策略，对症下药。如果他喜欢摄影，可以将他的工作和摄影进行联系，这样就能激起下属的积极性，使他认真、热情地去工作。不仅如此，这种方法还能使下属产生一种责任感，而责任感恰恰是做好工作的前提。这样，下属必能心服口服，愉快地接受你的批评，因为他的努力得到了承认，他的积极性得到了肯定。

苏霍姆林斯基说过："语言——这是能触摸到人性最细微特点的最精致的道具。善于运用语言是一门伟大的艺术。语言可用来塑造心灵的美，也可以使心灵丑陋不堪。让我们掌握好这把刀具吧，使从我们手中出来的只有美。"批评效果如何，在很大程度上不是取决于说些什么，而是取决于一个人怎样说和在什么场合说。

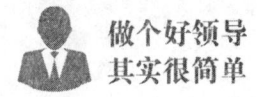
做个好领导
其实很简单

"杀"一儆百以示警觉

当一个团队陷于无序状态,管理者的命令无法产生效果时该怎么办?不妨针对整个团队进行"苏醒疗法"。方法之一便是痛斥一个特定人员。此即"牺牲个别人,拯救整体"的抓典型的做法。如果责备整个团队,将会使大家产生每个人都有错误之感而分散责任。同样地,大家也有可能认为每个人都没有错。所以,只惩戒严重过失者,可使其他人员内心庆幸"幸亏我没有做错",进而约束自己尽量不犯错误。

管理者要懂得如何处理工作中不懂规矩的员工,必要时应该拿出杀手锏,狠狠地惩戒一个下属,这样做不但可以为自己立威,还可在不影响大多数人利益的情况下,有效制止不良风气的蔓延。聪明的管理者懂得:有些时候处罚一个人,比罚一批人更有效,正所谓法不责众。

在一家百货公司里,营业部主任平时就对采购部科长太过懒散的应对态度颇为不满,但由于对方的身份是科长,因此无法当面予以指责。虽然这位主任曾经与自己的上司——营业部科长讨论过,然而由于上司是位"好好先生",因此,问题仍然无法得到解决。

就在营业部主任思索如何利用机会与对方直接谈判时,分发部的一位职员因未遵守缴交期限而发生了问题。

营业部主任便借机大声批评那位犯错的职员。他特意在采购部科长面前批评道:"不是只有今天,这种情形已经发生过许多次了。"

此时采购部科长并未表示任何意见,然而其弊病在不久之后便改善了。

有时候对于一些无法当面批评的人,若想达到批评的效果,不妨试一试"杀鸡给猴看"这一方法。那个当场被批评的人,宛如是众人的代表,并不是一个很讨好的角色。在任何团体中,皆有扮演被批评角色的人存在。领导通常会在众人面前批评他,让其他人心生警惕。

在下属犯错的时候,要根据情节的严重性对其进行批评,这就要求领导要有容人之心,但注意不得已时一定要施以适当的压力,防止犯大错误。在具体的"对阵"过程中,领导可以采取以下几种方法。

(1) 沟通法:先礼后兵。

请他改变态度和行为,强调利益捆绑和共同目标。交流时要注意不卑不亢,恩威并施。即使这样多半不会奏效,但很有必要,有礼在先,后面的动作就"师出有名"了。

(2) 打赌法:瞅准一个机会,在公共场合,当其再一次公开给领导出难题时,突然发难,反将其一军,变被动为主动,和他打赌。当然,作为领导,在选择赌的时候,自己心里一定要有必胜的把握,让他无话可说,乖乖地服从管理。

(3) 感动法:这个方法适用于讲信用、讲义气的下属,只要有机会和他成为朋友,那么他一定会对你无比忠诚,甚至赴汤蹈火,在所不辞。首先要取得他的好感,比如在其有难的时候,主动、无私地给予帮助,再找机会进一步加深了解,增进感情,第三步就可以主动约其谈心、谈工作,坦陈要协助其成长。

(4) 冷落法:在一定的时间范围(小集体可能五到十天,大集体可能稍久点)内,尤其是在工作很忙、任务很重,所有集体成员都忙得不亦乐乎的情况下,对其不闻不问,也不分派任何工作,让他自己去冷静、思过，直到他认识到自己的不足，决心悔改。

（5）树敌法：这个办法针对的人群一般属于典型的"负面"代表。在一个集体中要平衡力量，而不能是搞"一边倒"。作为领导，有必要给他们树立"正面"的表率，让二者相互较劲，领导从中调和，让平衡力量最后达成一致。必要的时候可以给"负面"代表来点下马威，但不可触犯众怒。

聪明的领导在用人时，通常会注意用宽严适度的原则去办事。因为太宽松了员工会心不在焉，不当一回事；太严厉了员工也会心惊胆战，一不小心就漏掉了一句话，但又不敢多问。因此，必须该宽则宽，该严则严，关键时刻，不要怕"杀鸡给猴看"。但在操作过程中，还需要注意以下两点：

（1）严惩首名以身试法的下属。

再严明的法纪，也经不住人们一次又一次的违反、破坏，正如这句话——"千里之堤，溃于蚁穴"。为了维护法规、制度的严肃性，管理者必须及时捕捉第一个胆敢以身试法者，坚决从严处置，教育更多的员工。这种方法又叫"枪打出头鸟"。第一个以身试法者，犹如出头之鸟，一来数量少，容易惩罚；二来影响极坏，倘若不及时打掉，后面势必跟上来一群。因此，领导者绝不能放过第一个以身试法者。

（2）重点惩罚领头人。

在单位里领导很可能同时遇到几位违法乱纪的下属，如果不分青红皂白，一律严加惩处：一来打击面过宽，起不到应有的教育、挽救作用；二来对工作也会产生一些不利影响，甚至会因此而蒙受一些不必要的损失；三来管理者树敌过多，不利于今后搞好上下级关系。为此，领导者在从严处置时，要尽可能扩大教育面，缩小打击面。领导者应从若干个违法者中，挑选出性质最恶劣、影响最坏的一个，予以重点惩罚，同时对其他几个违法情节较轻，认识态度也较好的下属，给予适当的批评教育。这样做，既能教育大多数，又能使受到严惩的员工陷于孤立的境地，从而切实收到惩一儆百的良好效果。

"劝一伯夷，而千万人立清风矣。"同样的道理，对众多不听话的下属，你不可能全部惩罚，抓住一个典型开一开"杀戒"，必可使千万人为之警觉畏惧。

领导者对有过失的下属，也要在不丧失原则的前提下，关心他们的实际生活，为其排忧解难，让其充分感受到领导的关怀。人情味要讲，原则性更要讲。讲人情要在坚持原则的前提下，只有坚持了原则，人情味才能更有效，更具有教育性和感召力。

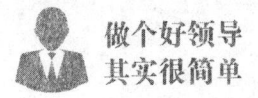
做个好领导
其实很简单

面子是互相留的

俗话说得好："给人留一线，日后好相见。"领导在与员工交谈的过程中，一定要避免当面指责对方，尤其是在公共场合，这会让人很难堪，就是领导本身也有失风度。这就是给人留一线，等到有机会再委婉地表达自己的意见要比当面指责效果好很多。

每个人都是要面子的，尤其是在大庭广众之下。有一些管理者总喜欢不分场合地对下属指手画脚，当众呵斥，动辄发脾气，把下属置于难堪的境地。他以为这样做会激发下属发挥更大的能动性，以为只有这样才能体现自己的威严。这样做虽然对下属一时会奏效，却不能长久下去，因为它会造成人为的心理紧张，对人的自尊心是一种极大的伤害。

日本松下公司的创始人松下幸之助以其管理方法先进，被商界奉为"经营之神"。他就善于给别人留有余地。后藤清一原是三洋公司的副董事长，慕名而来，投奔到松下的公司，担任厂长。他本想大有作为，不料，由于他的失误，一场大火将工厂烧成一片废墟，给公司造成了巨大的损失。后藤清一十分惶恐，认为这样一来不仅厂长的职务保不住，还很可能被追究刑事责任，这辈子就完了。他知道松下幸之助从不姑息部下的过错，有时为了一点小事也会发火。但这一次让后藤清一感到欣慰的是，松下连问也不问，只在他的报告后批示了四个字："好好干吧！"松下的做法深深地打动了后藤清一的心，由于这次火灾发生后没有受到惩罚，他心怀愧疚，对松下更加忠心效命，并以加倍的工作来回报松下。

领导给下属留面子的做法，并不会使领导在下属面前没有权威，反而会让下属内心觉得这样的上司平易近人。人都有求生存求发展的本能，如果有百条生存之路可行，在竞争中给他断去九十九条，留一条余地给他，他也不会跟你拼命。倘若连他最后一条路也断了，那么，他一定会揭竿而起，拼命反抗。想一想，工作之中，何必劈头盖脸地批评，不留一点情面呢？给别人留面子，本质上也是给自己留余地。断尽别人的路径，自己的路径亦危；敲碎别人的饭碗，自己的饭碗也危。

在办公室里有时候下属由于心情不畅，或者其他原因，耷拉着脑袋，手上不停地拨弄着一叠资料，懊丧无奈地站在桌前。有的领导看到这种局面，会一脸怒气，看得出他正在为了某件事而大发雷霆呢。"你是怎么搞的，跟我快三年了，做单子还出错？还要我亲自验算一遍，眼看交货期到了，明天我还要出差，你说怎么办啊！"

在这样的情况下，即使下属当时被迫接受了管理者的责备，内心深处却留下一个阴影。不断地被斥责，阴影会越来越大，终于会有一天爆发出来，使管理者与下属之间矛盾激化。更有可能的是，下属产生的自卑心理会越来越强，意志会日益消沉，尤其是年轻人，还会自暴自弃。这对用人、激励人是没有任何好处的。管理者对下属发火是很正常的事情，但绝不能过分，不管你怎样发火，前提是绝不能伤害下属的自尊。

每个组织平时都会发生这样那样的问题，一些棘手的问题有时真的很令人烦恼，这时作为领导应该如何去面对呢？难道要把责任统统都怪罪到下属身上吗？这样做只能影响自己和下属之间的关系。其实，下属犯错并不一定就全是下属的过错，做领导的有时也有责任。比如：

①战略错了，方向已经模糊了，下属一定瞎忙，瞎忙必然多出错。

②凡事都由自己说了算，下属肯定养成唯唯诺诺、唯命是从的习惯，做起事来束手束脚，遇到难题捉襟见肘。

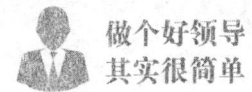

③犯错难免，平凡的人如此，优秀的人也如此。每个人都是在犯错误和解决问题的过程中成长起来的。危险的是，如果当下属一旦犯了错，迎来的总是管理者一脸的怒气及呵斥，下属便不敢再做事，也就不会有创新的思维，而一个没有创新活力的组织绝不会生存得太久。

④往往为了一件小事，就大动肝火。殊不知，这样一来足以影响下属们整整一天的工作情绪。

作为领导，在下属面前一定要给其留面子。如果一个员工没有尽其责，工作出现失误，领导批评他是应该的。但要选择正确的方式，目的是不让他再犯同样的错误，而领导如果在他人面前呵斥下属，找差错，挑毛病，很少考虑下属的自尊心，就会让他保不住面子，挫伤他的自尊心。保全他人面子的办法是给他人留下面子，留下退路，让他人体面地退却。当领导者要纠正下属错误时，最好的办法是为他找一个合理的理由，这个理由不使他丢面子，又可使他全面地改变自己的观点和态度。

一个懂得教导下属的领导，会在批评下属时，给对方留下面子，从而达到激励的目的。

用情感留住人才

留得人才在,企业才能基业长青,这是现代企业对人才价值的体悟。领导者需要竭尽所能,让人才安心留下来为自己做事。如何留住人才已成为企业领导者最为关注和头疼的问题。不管是事业留人、待遇留人,还是文化留人,说到底都是人心留人。高明的领导者都懂得用自己的情感去留住人才的心。

在一年当中,几乎所有的企业都会有跳槽的员工,那么这些下属到底为什么会跳槽?究其原因有很多,但主要有两个因素:其一,对自己的待遇不满意;其二,对自己的工作环境不满意。不管是哪种情况,都归结为一个原因:心动了。如果一个领导者能够及时地了解下属的心理需要,并且在合理的范围内加以满足,哪个员工愿意冒着重新开始的风险跳来跳去呢?俗话说:"浇树要浇根,留人要留心。"领导者想留住人才,就得使用攻心术。社会充满人情,感情留人是非常有效的。充分沟通,增强员工对团队的感情,是挽留员工的有效方式。

在一个企业里,只有部下忠心耿耿,领导指挥起来才得心应手,队伍才有战斗力。领导者想让下属做到"不离不弃",就要抓住他们的心。想做到这一点,领导者就得让部下时时刻刻感受到上司跟自己是一条绳上的蚂蚱。

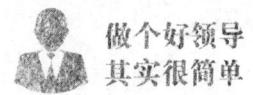

**做个好领导
其实很简单**

战国时期的名将吴起，行军打仗的时候与普通士兵一样，背着粮袋，徒步行走，还把自己的坐骑让给体弱的士兵骑。吃饭的时候，吴起也不吃"小灶"，而是与士兵们坐在一起，围着大锅，喝大碗汤、吃大碗饭，有说有笑，俨然一名普通的士兵。吴起穿得也很朴素，有赏赐的时候，他全部拿出来分给部下。跟着这样的统帅，士兵打起仗来连命都不要。吴起指挥这支强大的军队，连战连胜，所向无敌，立下了赫赫战功。

历史经验告诉我们：在一个团队中，同患难易，共享乐难。许多团队在创业阶段往往能保持一致，艰苦奋斗。取得胜利后，领导者却脱离普通成员，这种人心的离散很快就会导致失败。李自成的功败垂成就是一个典型例子。没进北京前，李自成头戴斗笠，粗布衣裳，和士兵一口锅里吃饭，那真是有盐同咸，没盐同淡。可一旦进了金銮殿，他就忙着当皇帝，封后妃。其他主要将领也天天灯红酒绿，腐化堕落，严重脱离群众、脱离士兵。结果在清兵面前不堪一击，仅40天就丢掉了政权，教训十分惨痛。

任正非是华为的老总，他活学活用这些军事将领的带兵策略，以此来管理自己的企业。一位普通员工这样评价他："穿着发皱的衬衣，身上可能还有墨迹，一大清早就在深南大道上锻炼，不认识他的人绝对不会想到这位就是大名鼎鼎的华为总裁。"由于任正非穿着平常，因此常常被人误认为是老工人，他曾经好长时间都用10万元的处理车，后来还是其他领导劝他买一辆好一点的，出车祸的话可以抗一下。他身为老总，除了职位跟员工不同，其他没有什么不一样的地方。他以身作则，与员工之间不分级别，在华为建立了一种"新同事文化"。在这种文化的感召下，所有员工都觉得是"华为一家人"，觉得自己跟领导是荣辱与共、休戚相关，没有谁舍得离开，真正做到了"不抛弃，不放弃"。

人才，在一个团队、一个企业里是最重要的。因为人才是企业成功的基础，也是保障。一个企业如果没有一群团结在领导周围、为了共同目标奋斗的员工，那么它是不可能取得成功的。若想员工团结在自己的周围，领导就要想方设法让他们相信：自己跟他们是一条绳上的蚂蚱！

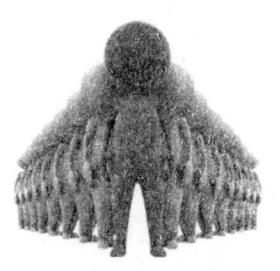

第四章

抓人才

——知人善任是领导者的基本功

人才是企业的命脉和希望,是最有竞争性的资源。企业要想在竞争中脱颖而出,就必须懂得如何挖掘人才。这就需要领导者更新用人观念,创新用人机制,以实际行动,大胆、广泛、不拘一格地选拔和使用人才。合理安排工作岗位,让人尽其才,形成一个团结、协作、进取的"人和"局面,努力工作,共创佳绩。

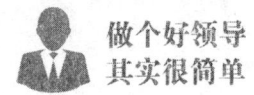
做个好领导
其实很简单

要有一双识人的慧眼

有一批能力超凡的人才,是领导者最期盼的,但如何才能招揽一批有能力的人才呢?这就需要领导者有一双识人的慧眼,能识别哪一颗才是真正的宝珠。

俗话说:"千里马常有,而伯乐不常有。"千里马固然十分重要,然而假如没有能够识别它们的伯乐,恐怕也就只能骈死于槽枥之间了。从这个意义上说,周文王的留心求才、慧眼辨才,应该是更值得我们称道的。

商周时期,周文王是一个很有作为的人。在他的兴国策略中,有迁都、改革等很多方面,但最为后人称道的便是他礼贤下士,广罗人才,拜姜子牙为军师。

军师姜子牙,又称姜太公、姜望。他是商周之际一位杰出的军事家和政治家。然而在发迹之前,姜太公过着穷困潦倒、颠沛流离的生活,在商朝国都朝歌以宰牛为生,怀才不遇,默默无闻。他天天拿着钓鱼竿到渭水之滨,以垂钓来修养心志、磨炼毅力。奇怪的是,他钓鱼而不用鱼饵,正所谓"太公钓鱼,愿者上钩"。其实,姜子牙是想考查一下周文王是否识才,能否放下架子来求才,进而决定自己是否要为他效力。

有一次,周文王出去打猎,在渭水之滨遇见了姜子牙,被他那一番富有哲理的话语所深深折服。

姜子牙说:"凡是源头渊远的河流,河水就必然能够奔流不息,于是才会有鱼群栖息；树大根深者必定是枝繁叶茂，于是才能果实丰硕。同理，只有人与人之间能够相互理解，心灵相通，才有可能发展伟大的事业。在溪边垂钓的时候，水中的小鱼总是盯着小饵，于是就对若有若无的钓线放松了警惕；而稍大些的鱼对于那些块儿大味香的饵料，即使钓线就在身边，为了得到一顿香甜的美食，它往往也会冒险一搏。所以，要想钓到大鱼，就必须放上大块儿的饵料，使用粗壮结实的钓线，否则就会与之失之交臂，落得鱼饵两空。鱼一旦吞下了钓钩，就要用钓线牢牢地牵住它。用人也一样，人才一旦接受了相应的待遇，便会尽心竭力地服务于施恩者。如果用网捕鱼，还可能会有漏网的；但若用饵钓鱼，却可以把水中的鱼陆续地钓尽。同理，如果能够提供相应的待遇，就能够逐渐地把天下的人才都招揽来。治国平天下与悬纶垂钓，虽然事情有大小之别，目标也有高低之分，其中的道理却有相通之处。钓鱼有三大要领：判断钓点、设计饵料和提竿遛鱼；而治国平天下也有三大法宝：提供优厚的待遇让为你做事的人贡献其聪明才智；提倡视死如归的精神让士兵们英勇善战；设立高官厚禄让贤臣良将们助君王成就大业。"

  姜子牙的这番话对周文王触动很大，这深入浅出的分析的确很有道理。从这位头顶斗笠、身披蓑衣的老者身上，周文王看到了智慧的灵光，意识到姜子牙是一位满腹韬略、高瞻远瞩的栋梁之才。于是，周文王拱手相待，竭诚相邀，与之同车回京，委以社稷之重任。结果，周文王在姜子牙的协助下得以宏图大展，开创了西周王朝数百年的基业。

  在遥远的古代，人们便懂得如何识人用人。在如今构建市场经济大厦的时代，人们倍感人才的奇缺，而历史的经验却是可以让我们引以为鉴。姜子牙的精妙比喻以及他的"取鱼三诀"，至今仍被人们推崇有加，周文王慧眼识人也成就了一段佳话。

  在不同的工作岗位上，都有着拥有才能的人才。作为领导，能正确识别人才，挖掘人才，善用人才是非常重要的。那么，究竟应该如何识别人才呢？首先要做到以下几点。

（1）要全面地看人才。

"盲人摸象"，把局部当成了整体，犯了片面性的错误。识别人才切不可像"盲人"一样，以偏概全。看才识才要顾及德、才、学、识各个方面，而各个方面都要坚持一分为二。

（2）要客观地看人才。

识才最忌主观成见，戴"有色眼镜"。"疑邻偷斧"使无辜者遭嫌，而"情人眼里"的"西施"并非肯定是绝代佳人。浓厚的主观色彩往往造成情感上的误差，遮掩或扭曲人才的真实形象。

（3）要从本质上看人才。

识别人才不仅要用眼和耳，重要的是要用脑，透过表面现象，认真分析，去伪存真，才能识别"庐山真面目"，对"疑似之迹，不可不察"。

（4）要从大节上看人才。

孔子主张"赦小过，举贤才"，就是说要从大的方面识才。人才的优劣，要看大德，看在大是大非面前的态度，要坚持以德率才。

（5）要发展地看人才。

"真理是时间的女儿"。人才总是在变化，特别是正在成长发育的青年人才，可塑性强，变化潜能大，更不能一看到底。路遥知马力，日久见人心。大诗人白居易将其概括为"试玉要烧三日满，辨材须待七年期"，体会更深。

（6）要历史地看人才。

世上没有常胜将军，智者千虑，必有一失。不能凭一时一事定终身。现在犯了错误，要看过去的一贯表现；过去犯过错误，更要重视现在的表现。

（7）要从长处看人才。

"金无足赤，人无完人。"每个人才都有优点和缺点，而优点和缺点又具有"共向性"，二者往往相伴而行。峰高谷深，峰谷并存，勇于开创往往"自尊自负"，好学深思往往"孤僻离群"。

识别人才不能单单从一个方面去考虑，应该从多方面看，尤其要抓住人的长处。然后，根据每个人才的长处来安排适合他们的工作，以发挥他们的专长，从而为公司带来收益。

第四章
抓人才——知人善任是领导者的基本功

以貌取人不可取

外貌对于一个人来说的确很重要，但领导万万不可以貌取人，因为单从外貌并不能评定一个人的能力。对于工作而言，有能力才是最主要的。如果领导者一味地凭印象取才，那么就犯了低级错误，也就是所谓的首因效应：凭第一印象，如容貌、资历、言谈取人，导致"一叶障目，不见泰山"。识别人才不仅要用眼和耳，重要的是要用脑，透过表面现象，认真分析，去伪存真，才能识别"庐山真面目"。凭一人之见来做结论常常有片面性。一个下属的优劣，既需要通过长期工作实践来检验，也要靠众多的人来鉴别。光靠管理者一个人来观察了解显然是不够的，只有依靠下属的力量、团体的力量，才能了解得更全面、更深刻。

商鞅，本名公叔鞅，战国时期曾为秦国变法的大人物，却差点被"以出身论人才"的偏见所埋没和扼杀。

魏惠王在战国诸雄中，希望能够成就自己的一番大业，因此广招天下贤才。但魏惠王常被人的表象所蒙蔽，始终没有物色到真正的贤能之人。魏惠王曾重用嫉妒贤才的庞涓，不分青皂白地将贤才孙膑关入大牢，并将其处以"膑刑"。后来，孙膑效力齐国，并施计围魏救赵，在桂陵道设下了埋伏，歼灭魏军，致使庞涓损失兵将十多万；后又以增兵减灶之计诱魏军进入马陵道并围而歼之，庞涓自己也葬身于乱箭之中。

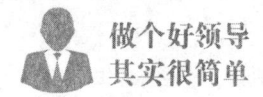
做个好领导
其实很简单

后来,在魏国宰相公叔痤病危之时,魏惠王请其推荐后继者。公叔痤便乘机向魏惠王举荐了自己的家臣公叔鞅,希望魏惠王能"以国事听之",重用公叔鞅。然而,魏惠王认为公叔鞅仅是一名家臣而已,就看不起他,也不认为他是一个有才能的人,只当是公叔痤病重时的胡言乱语。见魏王不以为然,公叔痤又建议魏惠王,如果不起用公叔鞅就把他杀掉,不能让公叔鞅出走他国。一会儿说任用,一会儿又说杀掉,让魏惠王越来越不解,认为公叔痤的确是老糊涂了,对这件事就没再过问。

公叔痤死后,魏惠王不但没有任用公叔鞅,反而又听信了许多嫉妒贤能的人所进的谗言,想要杀害他。公叔鞅听说后只好连夜逃命,投奔了秦国。公叔鞅到了秦国后,将其霸道之说献策于秦孝公。当时,秦孝公也正图计称霸天下,公叔鞅的计策正合其意,所以对公叔鞅大为赏识,任其为宰相,让他掌军政大权,实行变法。

在魏惠王眼里,公叔鞅只是一个无足轻重的小人物,而秦孝公却起用他掌管朝政,使他成为一个能让秦国大展宏图的"大人物"。结果也证实了公叔鞅的能力,他实行的两次变法,让秦国发生了翻天覆地的根本性变化,为秦国的富强与统一天下奠定了基础。此外,公叔鞅还通过谋略和军事手段有力地打击了魏国,迫使魏国割地求和,魏惠王这时方才追悔莫及。

从公叔鞅的经历故事中可以看出,他的个人价值前后截然不同,以至于形成鲜明对比,缘于魏惠王和秦孝公对公叔鞅的出身有着截然不同的态度。一个善于发掘人才的领导,不会把局部当成整体,而犯片面性的错误。识别人才切不可"盲人摸象",以偏概全。识才要顾及德、才、识各个方面,而各个方面都要坚持一分为二。

在古代有九方皋相马的故事,也能说明这个问题。在秦穆公看来,九方皋连马的颜色和公母都分不清,哪能懂得相马呢?伯乐却说九方皋相马的本领比他强千万倍,因为九方皋相马是看它的本质,是否具有千里马的特征,至于什么颜色,是公是母,他没有必要注意。相马要把握马的本质特征，相人也应如此。聪明的领导者都是从人才的本质特征去考察，而不为其表面现象如貌好、口才好等迷惑。

"相马失之瘦，相士失之贫"，这句中国古话的意思是说，很多人在相马时，看到瘦小的马就认为此马不可能是千里马；相人的时候，知道他处于贫穷状态，就往往误以为他不是人才。一个好的相马师不会因为一匹马表面的瘦弱就错认为它是一匹劣马；一位拥有大智慧的领导也不会因为一个人的其貌不扬就认为他没有真才实学。

因此，一个领导者，只有理智地分析人才，深入了解，才有可能知人善任，获得一大批贤士的相助，给自己的事业提供强大的动力。

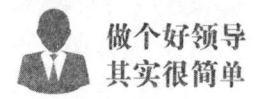
做个好领导
其实很简单

人才具备的十个优点

人才是社会发展最宝贵的资源,现代社会的竞争实际上就是人才的竞争。所以,是否拥有大量优秀的人才已经成为一个集体生存与发展的决定性因素。

管理学家汤姆·彼得斯曾说过:"企业唯一的真正资源是人,管理就是充分开发人力资源以做好工作。"在社会竞争日益激烈的今天,用人艺术已经成为领导者磨炼内功,改善经营,不断增强内部活力和外部竞争力的重要课题。每个管理者都应知道,仅仅依靠运气或缘分是无助于选拔出优秀的人才的。有时甚至出现领导求贤若渴,面对应聘者却又无所适从的情形。其实并不是没有人才而是没有找到适合用的人才。许多管理者都在选人上下了大功夫。

一个重视选人的公司,其公司的效益大多会很好。美国西南航空公司是行业中唯一一家持续赢利的公司,公司曾连续获得美国交通部颁发的最佳顾客服务奖、最佳准点航班和最佳行李搬运奖。之所以能取得这一系列的成绩,原因之一就在于公司的管理者选对了人,用对了人,让最优秀的人才为自己工作。

西南航空公司的总经理非常重视选人工作,他常常提醒公司的管理层,哪怕是只有一个分公司要招一个人,也要把它作为事关整个公司发展前途的大事来抓。他坚信:"我们要雇用素质最好的人,教他们所需要的一切技能。只有这样,整个公司才能由最好的人组成,做出最出色的成就。"

该公司有一次在阿马利罗小镇上招聘客机代理商,陆续面试的34个人都没有被选中,人事部经理有点着急了,他找到总经理,抱怨为这34个人的面试花了不少钱,可总经理告诉他,为了找到合适的人选,即使面试340个人也不要紧。因为在他看来,企业需要的合适人才所创造的价值足以回报这些在选人上花费的财力。

其实,总经理的这个观念是正确的。正是这种用最优秀的人才的理念,才使美国西南航空公司在激烈的竞争中取得了一系列成绩。正是这些优秀人才间的相互配合,才使公司形成了一种最佳的企业整体经济效应。

在选拔人才前,确定一个明确的标准就成了管理者的重要预备工作。一般情况下,一个优秀人才至少要具备以下十项优点。

(1) 身体健康。

身体健康的人做起事来才精神焕发,充满活力,他们对前途乐观进取,对工作认真负责,并能肩负起较重的工作担子,不致因体力不济而功败垂成。

(2) 反应敏捷。

反应敏捷是优秀人才的一个必备要素,一个优秀人才必须反应敏捷。因为,处理工作中的问题往往需要洞察先机,要取得竞争优势就必须快人一步,如此才能促使事业成功,否则时机一旦丧失,事态就无法挽回。

(3) 敬业精神。

成功人士的特质就是对工作的高度敬业,面对工作他们总是保持乐观开朗、积极进取的精神状态,他们有热情,有毅力,有恒心,在面对困境时更是百折不挠。

(4) 领导艺术。

这一点尤其适用于选拔管理者的情况,虽然组织需要各种不同的人才,但在选择管理人才时,必备的素质就是领导组织能力。

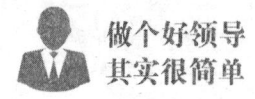

(5) 善于合作。

善于与人合作的下属,他们不一意孤行,总是以团体利益为重,愿意经过不断地与他人协调、沟通来处理问题,并做出为大多数人所接受的决定。

(6) 品德高尚。

除了专业能力,管理者还要对人才的道德品质有深入的了解,一个人再有学识、再有能力,倘若在品行操守上不能把持分寸,反倒不如一位才能平庸的人给集体创造的价值。

(7) 求知欲强。

管理者选拔人才要注重其是否具有旺盛的求知欲,当下的竞争就如逆水行舟,不进则退。只有愿意不断充实自己、力求突破的人才才能了解更新、更现代化的知识,才能为组织进一步拓展贡献力量。

(8) 习惯良好。

管理者通过一个人的生活习惯,可以初步了解其个人未来的发展走向,因为成功的人往往脚踏实地,正常而规律的生活习惯正是他们应有的表现。

(9) 创新、冒险精神。

固守现状是无法使组织获得发展的,集体的成长和发展在于不断地创新。优秀的人才必须赶得上日新月异的科技进步,维持现状就是落伍,是无法适应商场瞬息万变的竞争的。

(10) 和睦相处。

管理者还必须要注意人才的适应能力、人际交往能力等。避免选用个性太强的人,一般来说,这样的人很难与人和睦相处,会为管理造成障碍。

选拔人才对集体的前景发展具有至关重要的作用。杰克·韦尔奇说过:GE成功的最重要的原因是能找到最好的人!的确,只要找到最优秀的人才,了解、信任他们,放手让他们工作,他们就一定能为集体的发展做出成绩。

从细节入手了解人才

选人用人要从细节入手,不能单凭外貌和其他某个方面考量一个人。生活上有些司空见惯的细节往往很少引起人们的注意和思考,牛顿却能敏锐地从苹果坠地发现万有引力,瓦特能从开水壶冒汽制造出蒸汽机。在领导活动中也是如此,高明的领导者可以从对方的一个动作、一种习性中窥察人的本质,识辨人才。

行为举止对于一个人来说是非常重要的,可以说是一种无声的语言。虽然无声,但能反映一个人的心灵,反映一个人的为人之本和道德品貌,体现一个人的素质修养、精神气质。尤其是人的下意识的行为举止所透露出来的信息,要比加工后的言语更能够直接、真实地表现一个人的心理活动和真实思想。这就为领导发现人才提供了一条重要的途径。

领导者要学会从细节之处考察人才。因为在企业里,日常做得最多的还是些细节性的小事,惊天动地的大事毕竟只是少数。因此,领导者在选人用人时,最应该注意员工平时在日常工作当中的细节问题。这就是所谓的"见微知著,因小见大"。

日本著名企业家永守重信利用人们进餐的细小动作鉴别人才,准确率可达95%以上。他认为人吃饭的时候,最能反映一个人的性格,"再高贵的人在吃饭时,也会显露出他的人品来"。如他用吃饭的机会分辨聚会的经

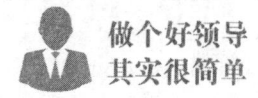

理是第一代经理还是第二代经理。作为一般的区分方法,是因为创业性经理都经历了相当的劳苦,上的菜多是一点不剩都吃光了,而且吃得也快。总的说,吃饭时会刀叉乱碰,喝汤时会吱吱作响,不太讲究宴席上的礼节。可是一到了第二代经理,就爱挑剔,剩菜也多,总是先挑爱吃的动手。

从生活细节上观察人识别人带有很大的经验性,是有一定规律可循的,所以一些有心人在实践中总结出用生活细节法识别人的三条规律:一是从常见表情上识别人。好经常皱眉的人,一般都心思较重,心事较多,总想这样或那样的问题;经常用眼角看人的人,一般都心底狭窄,心怀叵测,内心深处总有一种恐惧感;经常用手挠头的人,一般都心情烦躁,心神不宁。二是从常见动作上识别人。总好掰手指节的人,一般工于心计,总在动脑筋;坐下就跷起二郎腿的人,一般都自命不凡,高人一等;走路总是驼背低头的人,一般都心事较重;没事就两眼发直的人,一般都思想迟钝。三是从常见言词上识别人。说话总是好加上"我认为""我感到""我想"等字眼的人,一般都自以为是,刚愎自用;说话总加上"可以吗""行不行"等字眼的人,一般都自信心不强,拿不了大主意;说话总是模棱两可、含含糊糊的人,一般都是老奸巨猾,老于世故;说话总好夸大其词、声张作势的人,一般都好吹嘘、好夸张。

汉景帝有一名重臣,名叫周亚夫,他曾为汉朝立下赫赫战功,以后又官至丞相,为汉景帝献计献策。可是,汉景帝在选择辅佐少主的辅政大臣的时候,还是把他抛弃了,个中原因,就是一个小细节。

汉景帝是位聪明的皇帝,一天,他命膳房主管给周亚夫准备了一大块肉,但是没有切开,也没有给他准备筷子。周亚夫看了,很不高兴,就回头向主管宴席的人员要筷子。汉景帝笑着说:"丞相,我给你这么一大块肉,你还不满足啊,还要筷子,真讲究。"

听到汉景帝这么一说,周亚夫赶紧摘下帽子,向皇帝谢罪。汉景帝说:"起来吧,既然丞相不习惯这样吃,就算了,今天的宴席就到此为止了。"周亚夫听了,便向皇帝告退,快步出了宫门。汉景帝目送他离开,心里已经把他从辅佐太子人选的名单中划掉了。因为辅佐少主的大臣一定要稳重平和、任劳任怨,不能有什么骄气。少主年轻气盛,万一有什么做得过分的地方,只有具有长者风范的人才能包容这些过失,一心一意,忠诚尽责。从周亚夫的表现来看,连老皇帝对他不礼貌的举动他都不能忍受,满脸不高兴,以后怎么能包容少主的过失呢?

汉景帝从一个小小的细节中,就看懂了周亚夫不适合辅佐太子,因为他没有包容心。领导也可通过平日里与下属的接触,详细了解下属是什么样的性格、人品,看其是否可以胜任某个职位。

曹操晚年曾让长史王必总督御林军马,司马懿提醒他说:"王必嗜酒性宽,恐不堪任此职。"曹操反驳说:"王必是孤披荆棘历艰难时相随之人,忠而且勤,心如铁石,最是相当。"不久,王必便被耿纪等叛将蒙骗利用,发生了正月十五元宵节许都城中的大骚乱,几乎导致曹氏家族的垮台。司马懿从王必嗜酒这一习性而预见此人日后将铸大错,以一斑而窥全豹。曹操在任用王必上一叶障目,成为鲜明对比。

领导识人需要有敏锐的眼力,从细节入手,发现别人不容易发现的特点,能在转眼即逝的言行中发现某个人的隐蔽特征。只要在日常生活中注意锻炼自己观察细节识人的能力,就不难找出每个人的长处和短处,从而用慧眼挖掘人才,并知人善任,为公司谋取更大的效益。

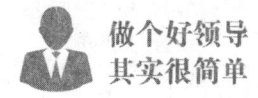
做个好领导
其实很简单

透过现象看本质

某公司招聘人才，招人的代表一大早就匆匆去了招聘会。但来个面试的人走后他便说"看形象就不是什么人才"，"走路那么快，一看就对工作不认真"，"穿得如此花哨，不是个好的员工"……就这样，一直到了招聘会结束，他却一个人才也没有招聘到。其实，这种招聘人才的做法是很片面的，虽然第一印象很重要，但只凭第一印象就把某个人给否定掉，也许会失去真正可以为公司效力的人才。

正确地来说，第一印象往往具有一些欺骗性，领导者应舍得花时间测试每位应聘者，尽力找出他们擅长什么、他们是否真正适合企业的工作、他们具有的工作技能，以及你是否容易训练和改变他们。

在招聘时，不要完全指望第一次面试就能全面了解一个应聘者。研究一下他们的应聘材料，了解一下他们有关的背景，充分进行接触才能更有效地避免被表象迷惑。你可以带上你所挑中的候选人员去参观考察，了解他们的兴趣程度，询问他们一些问题，让他们讲述一下自己所做的事情，并表述一下自己的想法。这样，才有利于发现最合适的人。

郦生是个很有才智的儒士，他能从大处看人，善于知主。《史记·郦食其传》记载：郦食其，陈留高阳（今河南省杞县南）人。他好读书，家庭贫穷，无以为业，只好在里中当看门人。因其人性情与一般人有异，人们都称他"狂生"。秦末，陈胜、吴广起义，天下响应，各路将领为掠地经过高阳的有数十人之多，郦生观察起义众将，察其言行，都不能成气候，没有一个值得为之效力，于是深自藏匿。他后来主动要求人传话，希望能投在刘邦的麾下，主要是因刘邦平易近人、能采纳计谋。能平易近人，则能团结人，可以与之相处；能采纳计谋，则自己的智慧才能得到发挥，尽可辅佐他以成大事。郦生并没有看错刘邦，尽管一见面，刘邦傲态毕露，又破口骂他是竖儒，可是当他批评其错误后，刘邦能知错改错，向他道歉，以礼相待，虚心请教六国合纵抗秦之策。

善于知人者，都是从人才的本质特征中去考察，而不为其表面现象所迷惑。凡识人上的失误，都是只注意人才的一些表面现象，对于其人的德才却没有深加考察。人才的内涵，主要是德、才二者，而德是人才的灵魂。一个大有作为的人才，其才必须是建立在良好的德行的基础上；如果德行败坏，就不能更好发挥作用，甚至可能走上邪道，害国、害民、害己。

作为领导者，一定要能够做到慧眼识人。能够慧眼识人的领导首先应该克服以下几点错误倾向：

①亲情效应：任人唯亲，搞小团体、小宗派，排挤异己。

②首因效应：凭第一印象，如容貌、资历、言谈取人，所谓"一叶障目，不见泰山"。

③近因效应：因某人突然做了一件好事或犯了一次错，就对一贯表现不好的人刮目相看或把一贯表现好的人打入另册。

④远因效应：戴着"有色眼镜"看人，而不是用辩证的、持续的、发展的眼光。

⑤逆反效应：盲目肯定善于阿谀奉承的人，轻易否定直言进谏的人。

⑥标尺效应：对才华在自己之上的人嫉妒诋毁，对才华不如自己的人

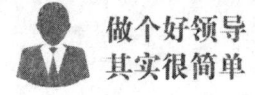

求全责备。

⑦晕轮效应：因某人某项优点突出而忽视了其不足之处，因某人成就较大而忽视了他周围人的功劳。

领导者一定要时刻持有爱才、聚才的思想，运用慧眼识人的才能，透过表面现象洞察人物本质，广揽贤才为自己做事，并在用人过程中挖掘其潜能，才有可能在事业上取得卓越的成绩。

第四章
抓人才——知人善任是领导者的基本功

用"时间"来看人

现代社会的复杂性，人所共知。从外观相貌测出一个人的内心世界，对于哪个人来讲，都不是件容易的事。所以，作为领导在选人时，需要通过长时间与其接触，并留心观察，在观察清楚其真实面目之后，才能得知这个人是否是个人才。

看人是一门高深的学问，用时间来观察人、认识人，是最好的方法。尤其在现代社会中，有些人善于伪装自己，更令他人难以一眼看出。我们每天都要和许多不同性情的人共事、交往、合作，对"看人"没有一点学问还真是不行！

领导在选拔人才的时候，有时总会根据外表来看人、选人，其实这样做并不正确。在如今的社会，为了生活和利益，很多人善于伪装，总是戴着一副假面具，你看到的只是他为你而演的角色，如果你根据这些来判断一个人的好坏，并由此决定和他交往的程度，那就很可能吃亏上当了。那么一般情况下，我们应如何看人呢？用"时间"来看人，这是最好的办法！

所谓用"时间"来看人，是指对一个人要长期观察，不要一见面就对一个人的好坏做出结论，因为结论下得太快，会因你个人的好恶而发生偏差，影响你们的交往。用"时间"来看人，就是在初次见面后，不管你和

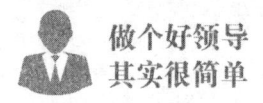

他是"一见如故"还是"话不投机",都要保留一些空间,而且不掺杂主观好恶的感情因素,然后冷静地观察对方的所作所为。

一般来说,一个人再怎么隐藏自己的本性,终究要露出真面目,因为面具戴得久了自己也觉得很累,于是在不知不觉中会摘下假面具,就像演员一到后台便把面具卸下来一样。面具一拿,其真相就露出来了,但他绝对想不到你在一旁观察他!

如果某个人本身就是一个道德不端正的人,不管这个人在你身边表现得有多好,只要时间长了,都会"现出原形"!你不必去揭下他的假面具,等到一定的时间,他自然会自己揭下来,那时就呈现出其真面目了!

"路遥知马力,日久见人心"这句话,说得一点不错。不管这个人品行如何,是不是人才,时间可以看出一个人的本性。经过时间的检验,至少可以看出以下几种人。

(1) 谎话连篇之人。

这种人常常要用更大的谎去圆前面所说的谎,而谎言说多说久了,就会前后露出破绽,而"时间"正是检测这些谎言的利器!

(2) 虚情假意之人。

这样的人由于内心不诚,所以会先热后冷,先亲密后疏远,而时间稍长,你就可以看出这种变化,内心不诚的人是难以有耐心的。

(3) 言行不一之人。

这种人说的和做的是两回事,但经过一段时间,便可发现他的言行不一!

时间对每个人都是公平的,不仅可以检测出品行不端之人,也可以识别品德高尚之人。也许刚开始你对某人心存偏见,但时间久了,你便可以看出他的一片真心。事实上,时间大师可以看出任何类型的人,包括小人和君子,因为这是对方不自觉的"检验师",最为有效!

因此领导在选人才时,千万别一时头脑发热,宁可后退几步,冷却头脑,给自己一些时间来观察,这样才能挖掘到更好的人才。

第四章
抓人才——知人善任是领导者的基本功

从言行识别被埋没的人才

领导者识别人才，不仅要听其言，最重要的还要观其行。因为有些人总是会用语言将事情表述得天花乱坠，却从来没有实际的行动，这样的人根本谈不上是人才。

一代明君汉文帝与后来的汉景帝开创了西汉的"文景之治"。

皇家园林珍奇异兽应有尽有。汉文帝平时比较喜欢打猎，有一次，随从们跟随汉文帝到皇家园林上林苑去打猎游玩。汉文帝看到此景心里非常高兴。来到老虎园时，上林苑的主管官员急忙前来拜见。

汉文帝浏览一番之后，便向这里的官员询问上林苑的面积以及动物的种类。谁知汉文帝这随口一问，竟把那主管官员给难住了，他支支吾吾地回答不出来。于是汉文帝很生气。

旁边的一个老虎管理人员见状便自告奋勇地站出来，准确、详细、流利地回答了汉文帝的问题。汉文帝听了十分高兴，就想将那个主管官员撤掉，改用这位老虎管理人员。汉武帝刚要下令，却被大臣张释之拦住了。

张释之迂回地问道："陛下觉得绛侯周勃这个人怎么样啊？"

汉文帝回答说："周勃堪称长者。"

张释之又问："那东阳侯张相如呢？"

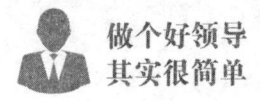

汉文帝又回答说:"也是长者。虽然这两个人都是汉初重臣,但都有些木讷,不怎么会说话。"

张释之便顺水推舟地说:"既然如此,绛侯周勃、东阳侯张相如都曾有些事说不清楚,哪里像这个管理人员这么伶牙俐齿啊!"

接着,张释之阐述了自己的主要顾虑:"秦朝的国君就是因注重嘴上的功夫,结果朝廷的官员们都越来越会耍嘴皮子,文过饰非,导致最终亡国。对于今天这件事,陛下是不是应该再考虑一下呢?"

听完张释之的话后,汉文帝即刻便明白了张释之所说的意思。今天如果提拔了这个老虎管理人员,的确有可能获得一个比较好的上林苑主管官员,但这就让很多大臣认为,这是耍嘴皮子的结果。如果人人都闻风而动,以耍嘴皮子为能事,必会造成巨大的社会危害。

汉文帝权衡利弊之后,决定放弃提拔那位老虎管理人员的想法,只是撤了那个主管官员,警示官员们玩忽职守是必须受到惩罚的。自此,汉文帝在用人上就尤其注意"听其言,观其行",形成了良好的官场作风。汉文帝的统治也因此而得以巩固,后来出现了我国历史上有名的"文景之治"的盛世局面。

世上并不是缺少人才,只是缺少发现人才的伯乐,许多人才被埋没在芸芸众生之中。被埋没的人才有如待琢之玉,似尘土中的黄金,没有得到公众的承认,没有显露出自己的价值。若不是独具慧眼的识人者是难以发现的,因此,沙里淘金需心细,否则金子很容易从你的指间漏出。

(1) 根据行为识别才华。

有潜力的人才虽处于成长发展阶段,有的甚至处在成才的初始时期,但既是人才,就必然具有人才的先天素质,或有初生牛犊不怕虎的胆略,或有出淤泥而不染的可贵品格,或有"三年不鸣,一鸣惊人"之举,或有"雏凤清于老凤声"的过人之处。总之,既是人才,就必然有不同常人之处,否则就称不上人才。一位善识人才的"伯乐",正是要在"千里马"无处施展腿脚之时识别出它与一般马匹的不同,若是"千里马"已在驰骋腾跃之中显出英姿,何用"伯乐"识别。

(2) 从行为观察本领。

一个人的行为,体现着一个人的追求。一个善于请客送礼的人,所追求的是吃小亏占大便宜;一个讲究吃喝打扮的人,所追求的是口舌之福和衣着之丽;一个干工作粗心大意,对领导却十分周到殷勤的人,所追求的是个人私利。任何一个人,一旦进入了自己希望的角色,就会为了保住角色而多多少少地带点儿"装扮相"。只有那些处在一般人中的人才,他们既无失去角色的担心,又不刻意寻觅表现自己的机会,所以,他们一切言行都比较质朴自然。领导若能在一个人才毫无装扮的情况下透视出他的"真迹",而且这种"真迹"又包含和表现出某种可贵之处,那么大胆起用这种人才,十有八九是可靠的。

(3) 从言语中识其心志。

刘邦和项羽在未成名之前,见到秦始皇威风凛凛地巡行,各说了一句话。刘邦说:"嗟乎!大丈夫当如此!"项羽则说:"彼可取而代之!"两个都有称王称霸的雄心,却表现出两种性格。刘邦贪婪多欲,项羽强悍爽直。短短一句话,刘、项二人的志向表露得清清楚楚。

尚未被挖掘出的人才往往尚未得志,他们在公开场合说官话、假话的机会极少,他们的话绝大多数是在自由场合下直抒胸臆的肺腑之言,是不带"颜色"的本质之言,因而就能更真实地反映和表达他们的思想感情。

(4) 听赞誉而后观用之。

一个善于识人的领导,一定会时刻保持清醒的头脑,有自己的独到见解,不受他人言语所左右。

领导者在面对受众人赞誉的"人才"时,不应跟在吹捧赞扬者的后面唱赞歌,而应多听一听反对意见;对于未成名的普通人所受到的赞誉,则应留心在意。这是因为,人们大多有"马太效应"心理,人云亦云者居

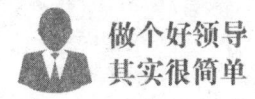

多,大家说好,说好的人越发多起来,大家说不好,就会有很多人说不好。当人才处在潜伏阶段,"马太效应"与他毫不相干。再者,人们对他吹捧没有好处可得。所以,人们对潜在的人才的称赞是发自内心的,是心口一致的。用人者如果听到大家对一位普通人进行赞扬时,一定要引起注意。

　　古往今来,诸多人才都是用人者听到别人的赞誉而得知的。刘备就是听到人们对诸葛亮的赞誉而"三顾茅庐"请得贤才,周文王也是在百姓的赞誉声中得到渭水边的贤才姜太公的。潜在的人才多出身卑微,而出身卑微的人一旦受到人们的赞誉,就是其价值得到了"民间"的承认,用人者就要大胆起用。

第四章
抓人才——知人善任是领导者的基本功

德才兼备的人是首选

《资治通鉴》中司马光评论说:"才与德是不同的两回事,而世俗之人往往分不清,一概而论之贤明,于是就看错了人。所谓'才',是指聪明、明察、坚强、果毅;所谓'德',是指正直、公道、平和待人。才是德的辅助,德是才的统帅。"

俗话说:亲其师,信其道。信其道的前提是"亲",这里的"亲"就是亲近,当然重要的就是人格魅力的影响。人格影响对人来说至关重要,有时意义深远。人的本能会愿意追随那些有巨大人格魅力的人,为其倾倒。所以人格具有独特的魅力,能够影响人、团结人。人格的魅力,应该说是一个优秀员工重要的内在因素。然而,一般人往往看重员工的知识和技能,而忽视他们的人格。其实,作为一名优秀的员工,不仅要凭借自己的知识和技能去解决某一具体的技术问题,而且还要善于团结、帮助别人,并且具有忠诚的品质、乐于奉献的精神,与其他员工能凝聚在一起,形成巨大的工作热情和创造力。

一个令下属及上级信服的领导,通常都是德才兼备的人。一直以来,德才兼备的人最为人们所喜爱、尊敬、推崇,这样的人对下既能办事又能处理好关系;对上是忠心耿耿、不谋私利,叫人放心。德才兼备的人古今中外都会得到上级的重用,他们尽职尽责,在自己的工作岗位上做出了很

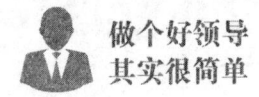

大的贡献。

唐太宗坚持的就是德才兼备的用人标准。贞观元年,他对杜正伦说:"朕命令举行能之人,非朕独私于行能者,以其能行为百姓也。"贞观十三年,他又指出:"能安天下者,唯在用得贤才。"可见唐太宗的纳才一向严守唯贤唯德的原则。"贞观之治"从某种意义上说,就是求贤政治,把贤德之人都纳入朝廷中,并委以重用,以励精图治,既树立良好的朝廷风气,同时废除不良的陈规陋习。唐太宗可谓对症下药,通过纳贤能之才整肃了朝廷风气。

可见,任用德才兼备的人才是领导者事业有成的法宝。领导在识别选拔人才时,必须先正确处理好德与才的关系。摆正位置,理顺关系,还要从以下几个方面来考虑。

(1) 是否具有美好的品德。

孔子早在三千多年前就把人才的素质概括为"德、智、体"三个方面,并且把德提高到首要的地位。一个品德不好的人,即使他的能力再强,也只能成为国家和社会的祸害,就像第二次世界大战的罪魁祸首希特勒,他无论是从口才上、判断上、毅力上还是军事才能的天分上都远远高于普通人,但是因为他邪恶的本性,他的才华并没有给世界带来什么美好的东西,相反却是无数伤痛的回忆和令人发指的罪行。可见,品行对一个人来说是多么的重要。思想品德包括一个人的爱国精神、责任感、正义感等不同的性格特点,所以评价一个人时,德是必须优先考虑的。一个没有品德的人,是绝对不会在他的企业面临危难之际与其他员工共患难的。

(2) 是否具有创造能力。

企业的成长和发展主要在于不断地创新,科技的进步日新月异,商场的竞争更是瞬息万变,"逆水行舟,不进则退"。人的新观念是克敌制胜之道,新观念和新思潮才能促成进一步的发展。

(3) 是否有良好的表达能力。

现代企业管理人员最显著的一个特点,就是敢于走出办公室,谈吐自如地与人交往。这乍看起来似乎没有什么，但是这种交流实际上是个人能力和才华的最直接的展示。口才是展示一个人的最有效的工具。许多优秀的大学生甚至在陌生人面前连一句完整的话都说不出来，更别说与人交往了。这是领导者必须注意的一个方面。

（4）是否具有敬业、乐观的精神。

一名员工应具有敬业、乐观的精神。敬业表示他对事业的执着，是一种高度负责的工作态度；乐观表示他永远对目标充满希望，对眼前的困难不屑一顾，总是充满信心地微笑着迎接工作中的挑战。想想看，在现在这个"商场如战场"的时代，是否也需要这种精神呢？回答是肯定的。

（5）是否具有良好的人际关系。

这是一项很重要的能力，有着良好的人际关系的人，往往成功的机会也就更大。有一些人能自由地为自己建立良好的人际关系。这些人就具有这种先天的资质。良好的人际关系并不是一个圆滑的"墙头草"所能得到的，必须以信任诚恳作为纽带，别人才会向你敞开心扉。

（6）是否具有很强的适应能力。

通常一个善于与人交际、工作能力强、有责任心、热情帮助别人、做事坚决有恒心并时刻保持乐观精神的人，很快就能适应各种突变的环境。

拿破仑曾提出"人才是不可替代的"这一观点。在某一领域中可以称得上人才的可能只有一人，或极少的几个人；而在某一阶层中，具备领导者才能的，可能有很多人；在高新技术产业中，人才尤其是顶尖人才，起着不可替代的决定性作用。可以说人才是特定时期、特定岗位不可替代的人。要确立人才是第一资源、是不可替代资本的观念。

"才德全尽谓之圣人，才德兼亡谓之愚人，德胜才谓之君子，才胜德谓之小人。"司马光老先生如是说。选人用人要德才兼备这个道理，很多人都明白。但"德"与"才"的区别，很多人其实并不明白。从古到今，观察一个人有没有"德"，主要看孝廉。评价一个人有没有"才"，主要看贤能。

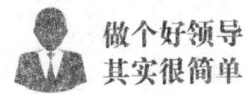
**做个好领导
其实很简单**

回顾历史，大凡取天下者，唯才是举；大凡守天下者，以德为先。道理很简单，在多方逐鹿的紧急状态中，有了人才就有了实力，哪怕是鸡鸣狗盗之徒，只要运用得当，也能发挥关键作用。但是，守天下就不一样了，你要选准人，优中选优。人人都说诸葛亮用人太过求全责备，但他不这样做能行吗？要守住蜀汉那微薄的基业，没有一流的品质、绝对可靠的忠诚，他能放心吗？曹魏用人偏爱才而疏于德，结果还不是让司马氏篡了位。

真正的俊才必定德才兼备，既贤又能：能办事、会谋事、善成事、不出事。"贤"指的是明事理、有德行；"能"主要是能力强、素质高，有一流的工作态度、工作能力和工作成效。

古代用人讲求唯才是举，哪怕是"鸡鸣狗盗"之徒，也要挖掘他的潜能。还有人这么说，用人以德，唯德是举，只要品德高尚就可重用；也有人说，没有才能，等于"废物"。这两种认识都是片面的，缺乏辩证思考。选人关键要有品德，但德与才缺一不可，对于任何事业，德才兼有的人才方为栋梁之材。

"不怕不识货,就怕货比货"

人们在对某个事物进行选择的时候,最常见的一种方法就是先进行比较,然后再决定选择哪个。因此,比较作为人们认识各种事物最基本、最常见的一种方法,是揭示事物差别、认识事物本质的一种重要思维形式和逻辑方法。用比较法识人,指把两个或两个以上的同类人才放在一起进行考查,鉴别其个体素质的共同点和差异点,加深对考察对象的认识,从而了解和掌握某一个或某一类人才的基本情况。

比较鉴别法的主要类型有横向比较、纵向比较、正反比较和思维比较。领导在选择人才的时候,也可以运用这样的方法。

横向比较法,即从空间上去看一个人与另一个人的区别,在左右的对比中鉴别优劣。

纵向比较法,就是从时间上去看一个人的变化,在前后的对比中认识优劣。因为任何人都随着时间的推移,在不断发展变化,这种变化的客观性就决定了识人的客观性,绝不能凭印象看人,这是实事求是的思想路线的体现。

正反比较法,就是对考察一个人的正面意见和反面意见相比较,在求同存异中鉴别优劣,不要匆忙下定论。

思维比较法,就是把一个人的思维方式与其他人的思维方式进行比

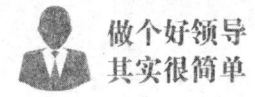

较,以便确定其所适合的工作岗位。实践证明,在外部条件基本相同的情况下,一个人的思维方式如何,对其所担当的工作影响很大,在考查人才时,要比较哪个思维方式科学性强一些,适合这项工作,做全面综合的比较。还要注意:条件不同,基础不同,比较的方法也应不同。

比较法在对人才的选择中具有重要的作用,可以帮助领导了解下属的优点在哪里,缺点在哪里。但在运用比较法时还需注意一定要以科学的方法,科学的态度,选拔出我们需要的真正适合的人才。俗话说,真人不露相,有真才实学者,多信奉"达则兼济天下,穷则独善其身"的主张,他们不愿在人前卖弄斯文,而是将满腹经纶化为谨慎谦恭。

(1) 领导者怎样识别潜质式的人才。

千里马之所以能在穷乡僻壤、山路泥泞之中、盐车重载之下被发现,是因为幸遇善于相马的伯乐。许多具有潜质的人都是被"伯乐"相中,又为其提供了一个发展成长、施展才华的机会,才获得成功的。

(2) 领导者如何识别默默耕耘式人才。

工作中有一种人最伟大、最坚强,他们有坚忍不拔的毅力,不沽名钓誉,像黄牛一样耕耘劳作,一步不停地朝着目标迈进。这样的人,在群体中是正义的支持者和庇护者,是正确方向的坚持者和引导者;把自己投身到群体中去,为群体奉献、牺牲,不计得失,只求协作,不计恩怨,只求公正。

(3) 领导者如何识别精英式人物。

精英式人物,他们不但胸怀奇谋,智慧超群,更可贵的是他们有敢于行动的勇气和策略,能够机敏灵活地应对各种突变,而不会惊慌失措。

新颖的见解表现在创新、探索上,是可贵的创造性品质。不因循守旧,不墨守成规是他们最富有魅力的一面。这类人到新的环境,会努力开拓视野,以适应现代社会的不断变化。

这类人具有挑战精神,不怕挫折和失败,做人处世不卑不亢、不急不躁。他们还有强烈的主体意识和主人翁精神,不安于在指令下做一些不需承担风险和责任的工作；有独立思考能力，能独当一面，并有总揽全局的设想。

当你发现下属中有这类人物时，应立刻善加运用，注意做到下面几点：

①鼓励他在公开场合阐明自己的观点和建议，增加他对你的信任，以及对集体的归宿感。适时地赞美他的表现，表现你的真诚。

②视他为管理工作上的一项挑战，因为在优秀人才眼中，你只是代表一个职位、一个虚衔，并不表示你的才干胜过所有的人，要他们全听你的，并不是一件很容易的事。

③给他明确的目标和富有挑战性的工作，他定能感到被看重而满怀工作激情。

④对他突出的贡献给予特别的奖励，在你还没有给他更高的报酬时，一些特别的奖励是必要的。

⑤推荐一些对他有帮助的书籍，"学如逆水行舟，不进则退"。卓越的人也不是万能的，他也有不懂的事物，要留出时间让他学习新事物。

（4）领导者如何识别将相式人才。

俗语有"千军易得，一将难求"的感叹，从这句话中可以深切地感受到能够统领大局的人才，太难得了。将才在领导者与基层执行者之间起着纽带和桥梁作用。识别将才有以下五个标准。

①薄名利。过分追求功名利禄的将才，必然不会很好地控制个人的欲望，当自己的晋升不能如愿时，就会怨气冲天。这样的将才再有才能，他也会影响到下属为蝇头小利而自伤和气。

②公、明、勤。不公则人心不服，没有凝聚力的集体是不会有战斗力的；不明则是非不清，没有明确的意图，会使人无所适从；不勤则军纪弛废，事务得不到认真及时的处理。所以，将才只有自身做到公、明、勤，才能带出一支过硬的队伍。

③身先士卒。将才首先要有一种身先士卒、敢于冲锋陷阵的精神，才

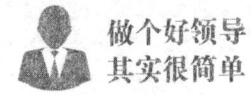
**做个好领导
其实很简单**

能激发下属"甘抛头颅，愿洒热血"，愈险愈勇；其次，要有献身事业、以身作则的意识，只有把身心全部投入到事业中去，才有资格向自己的部下提出更高的要求。

④义胆忠肝。因为将才有高下之分，也各有所长，有的人多谋善断，有的人沉着勇敢，有的人胸怀韬略，有的人身藏绝技，各自会发挥不同的作用。但无论何种人才，若没有起码的义胆忠肝、血气良心，最终是无法使人信赖和依靠的。

⑤领导者应该多注意那些少言寡语的人，要知道他们的声音往往更有参考价值。千万不要被那些天花乱坠的言语所迷惑，这种鉴别力是一个成功领导者所应该具有的。领导者应用长远而宏大的计划指引这些干实事的人，对他们的工作表现出真诚的支持，让他们感受到自己的努力与组织之间的内在关系，他们才会有工作动力，才会认可其同事对他的帮助，才会自信地去处理那些棘手的难题。

第四章
抓人才——知人善任是领导者的基本功

后起之秀不一定比"老将"差

长久以来,人们都有一种这样的思维定势:"姜是老的辣","老将出马,一个顶俩"。这样的想法有着复杂的社会背景和深刻的历史根源。

在现代社会中,仍有许多管理者受着论资排辈观念的影响,在识人用人的过程中往往只重视人的名分、资历、声望和社会地位,不重视人的实际品行和才能,把徒有其表的资格和辈分看得很重要,而不重视实实在在的业绩。论资排辈的管理思想带有严重的保守性和封闭性,突出的表现就是瞧不起年轻人,压制后起之秀,排斥无名之辈。其实,这样的做法是非常不对的。

有些管理者看不到年轻人身上那种十分可贵的开拓精神,看不到他们对新鲜事物的敏感和接受能力,也看不到他们显示出来的优异才能,只看到他们的幼稚和不成熟。殊不知,中国有句古话叫做"长江后浪推前浪",事物总是不断发展的,人才的发展也是这样,拥有一代更比一代强的趋势。再出色的演员也会老去,再出色的产品也终究会有被新产品取代的那一天,现代社会日新月异,需要的是不断地创新和发展,而一些年轻的人才正好拥有所需的创造力,他们大胆,敢于动手,给企业添加新的思路和血液,带来新的发展,这就需要管理者合理地利用好这种资源,给予重用。

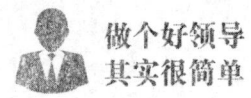
做个好领导
其实很简单

年轻人精力旺盛，工作有激情，是企业发展的中坚力量，领导者如果能把握年轻员工的特点，善于引导和培养他们，可以引发其无穷的创造力，使企业获得长足发展。

其实，在古代也有许多任用年轻人的事例，这些年轻人并没有让任用者失望。在历史上留下赫赫功绩的汉武帝就是其中的一位。

汉武帝开创了西汉王朝鼎盛繁荣的时期，那一时期亦是中国封建王朝第一个发展高峰。他的雄才大略、文治武功，使汉朝成为当时世界上最强大的国家，他也因此成为中国历史上伟大的皇帝之一。汉武帝的文治武功，离不开他对于年轻人的重用，其中最典型的就是重用年轻人霍去病。

霍去病是我国古代著名的军事家。十七岁时就被汉武帝任为骠姚校尉，随卫青击匈奴于漠南（今蒙古高原大沙漠以南），俘获匈奴的相国和当户，勇冠三军，受封冠军侯。

霍去病的骁勇善战，让汉武帝刮目相看。十九岁的霍去病被汉武帝任命为骠骑将军。于春、夏两次率兵出击占据河西（今河西走廊及湟水流域）地区的匈奴部，俘虏匈奴王及王母、单于阏氏、王子、相国等人，降服匈奴浑邪王及部众几万人，全部占领河西走廊。匈奴为此悲歌："失我祁连山，使我六畜不蕃息；失我焉支山，使我嫁妇无颜色。"同年秋，奉命迎接率众降汉的匈奴浑邪王，在部分降众变乱的紧急关头，率部驰入匈奴军中，斩杀变乱者，稳定了局势。从此，汉朝控制了河西地区，打通了西域道路。

元狩四年（前119年）春，汉武帝命卫青、霍去病（22岁）各率骑兵5万分别出定襄和代郡，深入漠北，寻歼匈奴主力。霍去病率军北进两千多里，越过离侯山，渡过弓闾河，与匈奴左贤王部接战，歼敌七万多人，俘虏匈奴屯头王、韩王及相国、当户等，乘胜追杀至狼居胥山（今蒙古境内），在狼居胥山举行了祭天封礼，在姑衍山举行了祭地禅礼，兵锋一直逼至瀚海（今贝加尔湖）。经此一战，"匈奴远遁，而漠南无王庭"。

霍去病用兵灵活，注重方略，不拘古法，勇猛果断，每战皆胜，深得武帝信任。他留下了"匈奴未灭,何以家为"的千古名句。

汉武帝作为古代帝王,还能在封建专制体制下,打破论资排辈的陋习,敢于重用年轻的霍去病。现在企业中的管理者,也应该拿出魄力来,大胆起用年轻人,可以使管理者获得更多更好的优秀青年人才,这些优秀人才对于管理者来说将是一笔财富。树立一个正确的用人观念,管理者就会获得一批更具朝气和活力的人才,这些优秀人才的创造力和挑战力将大大提高整个集体的效率。

王石是万科集团董事会主席,他在华中科技大学演讲时强调"一定要用年轻人",对于年轻的大学生,王石寄予了厚望。他反对一些企业不重视年轻人的做法,王石说:"一些企业家对我说,年轻人总是爱犯错误,我就反驳他们,难道你创业的时候就没犯错误?就只准你犯错误,不允许别人犯错误?""还有一些企业家事必躬亲,不肯下放权力,以为企业离不开他。其实并不是企业离不开他,而是他离不开企业。"自1984年组建"现代科教仪器展销中心",到1999年2月辞去总经理职务,王石自行结束了他"亲力亲为"的创业15年,把位子让给了年轻人。他还说:"我知道总有一天要离开的,不如想清楚了早点离开。'80后''90后'与我们这些'50后'之间有很深的代沟,人家想什么你根本不知道,你怎么敢领导他们?企业一定要敢用年轻人,否则是很危险的。"

"企业一定要敢用年轻人",王石的说法是很有道理的。现在的一些管理者总是不重视年轻人,看不到年轻人身上那种十分可贵的开拓精神,看不到他们对新鲜事物的敏感和接受能力,也看不到他们显示出来的优异才能,只看到他们的幼稚和不成熟,这种看法,本身就是一种不成熟,无疑会让年轻人富有想象力的创意受到压制,压抑和埋没大批的优秀人才,也给所领导的事业造成重大损失。

作为管理者,不妨多给年轻人一些"重担",以此来增强企业的竞争力。年轻下属的成功就是管理者的成功,让年轻下属挑重担也是管理者知人善任、因人制宜的体现。这样能给企业做出更大的贡献,管理者也会获得管理和事业上的成功。

企业管理者在识人、用人时，应当以才干为重。能否大胆起用新人，是管理者的思维定势与识人的能力问题，每一位渴求人才的管理者都应认真对此进行思索。让年轻下属担当重任，并不意味着自己的责任减轻，反而会增加心里的负担与责任；但也不能为了怕有心理负担或麻烦，而放弃这项教育下属的义务，这样，是不够资格当领导的。

第四章
抓人才——知人善任是领导者的基本功

有潜质的人才不可丢

如果问一百个企业领导者，阻碍企业发展的最大障碍是什么？得到的答案将惊人地一致：优秀的人才。问题是，如何来建立人才库呢？首先，不应忽略的一点是要学会挖掘有潜质的人才。

价值千金的玉璧，如果没有善于鉴别的玉工，就会被混没于荒山乱石之中；日行千里的良马，如果没有善于驾驭的马夫，就会被牵去与驴骡一同拉车。真正的人才如果从来得不到他人的赏识，那么就会被埋没。这充分说明识别人才至关重要。

很多时候，事情虽然还没真正发生，迹象其实已经显露。如果不能从初期的迹象去掌握即将发生的事实，这是非常危险的。有智慧的人则不然，只要见到一点迹象，就能判断出事情未来的发展，而采取适宜的行动。

单单从外部的表现，并不能真正认识某个人的才能。因为人的性灵品质不一样，加上个人修养和环境等因素的影响，外部表现并不十分明显，特别是人在失意落魄、沮丧颓废的时候，正如人们常说的"落草的凤凰不如鸡"。君子有落难而窘迫的时候，小人也有得意猖狂的那天，一般人是难对此一目了然的，需要用经验和感觉去判断。许多人都有这种能力，一看某人就知道他聪不聪明，道理就在于此。

才华外露的人如同上林之花,锦绣灿烂,人人赞赏,人人注目,都欲得而用之。社会上把这类现象称为"马太效应"。

具有潜质的人则似蒙土的黄金,有如待琢之玉,没有引起世人的重视,没有得到公众的承认。这需要有独具慧眼的识玉者来发现。

因此,在企业中,领导者一旦发现下属中有这类人物时,应当立刻善加培养运用,不得有片刻的犹豫。此外,不可因妒忌而把他等同于平庸者看待,这样做公司将由此遭受损失而最终走向下坡路。

找到组织中的有潜质的人才,是人才培养工程中异常关键的一个部分。只有找到了正确的方向,企业才可能在事关未来成败的人才工程上迈出坚实的一步。

第四章
抓人才——知人善任是领导者的基本功

能力比学历更重要

如今,越来越多的企业把学历看得非常重要,招聘时首先强调学历,其次才关注其他的条件。学历虽然重要,但学历并不能完全代表一个人的能力,许多有能力的人或许学历并不高,却可以为企业带来诸多的收益。

古人在用才时善于取其所长。春秋时期的首位霸主齐桓公成就霸业的一个不可忽视的因素,就是起用了一大批各有所长、尽忠职守的贤才,最具代表性的就是"桓管五杰"。

齐桓公向管仲问策时,管仲推荐了五位人才,并说道:"建成大厦,绝不能单凭一根木材;汇成大海,也绝不能仅靠几条涓涓细流。君欲成就大业,必须任用五杰:举动讲规范、进退合礼节、言辞刚柔相济,我不如隰朋,请任命他为大司马,负责外交;开荒建城、垦地蓄粮、增加人口,我不如宁戚,请任命他为大司马,掌管农业生产;在广阔的原野上使战车不乱、兵士不退,擂鼓指挥将士而视死如归,我不如王子成父,请任命他为大司马,统帅三军;能够断案合理公道,不杀无辜者、不诬无罪者,我不如宾须无,请任命他为大司理,负责司法刑律;敢于犯颜直谏,不避死亡、不图富贵,我不如东郭牙,请任命他为大谏之臣,主管监察谏议。想要富国强兵有这五位就足够了。想要成就霸王之业,还要有我管仲在这里。"齐桓公听从了管仲的建议,令这五人各掌其事,并拜管仲为相,终

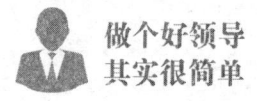

于组成了强有力的领导集团，成就了一代霸业。

正是有了一批各有所长、尽忠职守的出色人才，忠实地、创造性地执行桓公、管仲的决策，桓公的霸业才最后走向了成功。

学历并不是衡量一个人是否真正有才的唯一标准。作为领导者，千万不要被学历遮住了选拔人才、使用人才的视野。

许多国家在选拔人才时都存在着对学历的盲目信任的观念。但是索尼公司的领导人盛田昭夫在他所写的《让学历见鬼去吧》一书中，旗帜鲜明地批驳了这种观点。

盛田昭夫说："我想把索尼公司所有的人事档案全部烧毁，以便在公司里杜绝学历上的任何歧视。"他斥责了日本当时流行的以名牌大学出身来评价人才的观点和做法。他是这样说的，也是这样做的，不久之后他就将其付诸实施，并促使了一大批优秀的人才脱颖而出。正是他的魄力和独到的见解引起了极大轰动，他也因此博得了"勇于打破传统框框"的赞誉，使索尼在众多竞争者中胜出，成为著名的电子企业。

此外，索尼公司还特别重视选拔具有高度创新精神的经理。在选拔高级管理人员这个问题上，盛田昭夫有自己的实施方法。他们从不雇用仅仅胜任于某一个职位的人，而是乐于使用那些有不同的经历、喜欢标新立异的闯将。有一次，索尼公司聘用了一名高级职员，完全是因为这个人刚刚出版了一本英文诗集。索尼公司也从来不把能人固定在一个岗位上干到老，而是坚持人才的合理流动，为他们能够最大限度地发挥个人的聪明才智提供机会。正是在这样的一种人才管理制度之下，索尼公司的员工都特别乐于承担富有挑战性的工作，从积极进取到奋勇争先，整个企业始终充满了生机和活力。

从盛田昭夫的例子中可知：唯才是举，对于人才主要考察他们的能力，而不是他们拥有什么文凭。这是因为学历、资历并不是衡量一个人能力高低的唯一标准，文凭也许能说明一些问题，但是绝对无法显示一个人能力的高低、水平的优劣。如果管理者迷信人的学历、资历，只会给集体带来损失。

管理者用人的一个重要标准就是要任人唯贤，要唯才是举，而不能任人唯亲。这就要求管理者要尽可能使用那些有道德、有才能的人，这是知人善任的进一步深化，也是管理者必须具备的重要素质。

1946年，乔治·蓬皮杜成为戴高乐为残疾儿童设置的慈善信用基金——"安娜·戴高乐基金"委员会的司库。他办事精明果敢，深得戴高乐夫妇赏识。1947年4月，戴高乐组织法兰西人民联盟，让蓬皮杜担任办公室主任。从此，蓬皮杜成为戴高乐的得力助手。

1958年6月1日，戴高乐出任法国总理，蓬皮杜被任命为内阁办公厅主任。12月，戴高乐被选为共和国总统，陪同新总统前往总统府的还有名气不大的蓬皮杜。1962年4月9日，既非议员，也非前任部长，更非重要人物的蓬皮杜，却被戴高乐授命组阁。

在这个例子中，蓬皮杜原本只是一个中学教师，却被戴高乐委以重任，从一介平民而成为总统的红人。戴高乐不计出身的做法，不仅赢得了蓬皮杜的好感，更重要的是为法兰西第五共和国选到了一个合适的接班人。在后来的日子里，蓬皮杜带领法国人民走向了辉煌。

认为高学历、高资历是人才的象征，这是管理者的一种认识误区。很多有这种想法的管理者，他们在招聘人才时往往相信高学历。然而高学历并不能代表高能力，管理者在选拔和任用人才的时候一定要拨开学历的迷雾，重视能力而不是学历。

学历在选拔人才中的确起着重要的作用，我们也不能否定这一说法。但是也要认识到，当今的学历教育所培养的人才在很大程度上是无法满足现实需要的。所以，领导者在擦亮眼睛选人才时，不要只看重文凭，最主要的是要重视下属的实际能力，并为其找到一个合适的位置，让他尽情施展自己的才能。这样，对企业来说才是最大的收获。

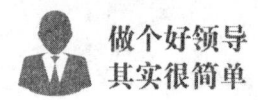

做个好领导
其实很简单

默默耕耘的人来之不易

有这样一个故事。说从前有一个农夫,依靠一头老黄牛耕种几亩地来维持生活。这头老黄牛自从被农夫主人买回家,就想:我一定要帮助主人把地耕好、犁好,来年让庄稼长得好一些,让主人有一个好收成。每当它在田埂上看到主人的庄稼长势喜人,心里就十分高兴,因为它觉得这里面也有自己的一份功劳。可是有一天,主人却因为老黄牛多吃了稻草而打了它一顿。老黄牛很伤心,可是它相信自己的主人。直到一天晚上,主人养的猫告诉老黄牛:主人说你现在老了,没有力气了,没什么用了,打算明年把你卖给屠宰场。"这个时候,老黄牛彻底失望了。

在企业中,有很多像老黄牛一样的默默耕耘者,许多管理者也会像故事中的主人一样,对这样的下属只当成是赚钱的工具,而不去考虑他们的内心感受。其实这样的做法是很不正确的。这样的管理者,可以说是一个失败的管理者,最后也会像故事中那样,落个人财两空的结局。

"老黄牛"式的员工,虽然可能管理者并没有太注意,他们可能也没有太突出的业绩,但企业同样离不开他们。如果作为管理者因为他们的低调,就理所当然地忽略他们的成绩和存在,那这个管理者就犯了一个大错误。因为,一个企业的发展是要靠企业中所有人的相互配合、共同努力才能实现的。其实,一个企业需要那些富有创意的人才,同样也少不了那

第四章
抓人才——知人善任是领导者的基本功

些"老黄牛"式的员工,管理者应该一视同仁,像对待那些为企业做出突出贡献的员工一样用心对待他们。

"老黄牛"式的员工虽然平时一声不吭,但他们的心里同样有想法,有对上级不同的看法,有对企业发展的建议等等,平时这些问题不可能充分展开,大多数是上级占尽上风。但管理者有必要抽出时间,有时只需带着耳朵,耐心听完他们的叙述,甚至不必做出什么回答,对方的不平心理就已经得到舒展。也许一些管理者会这样认为:他们也没什么突出表现,有什么好说的。其实,此时讲不讲那么多道理并不重要,重要的是你得懂这类员工的心理。

管理者总是工作很忙,那些不事张扬的员工,平时做的好事和成绩未必都能得到及时的表扬。年终的时候,上级如果不给予奖励,甚至连句肯定的话也不说,员工肯定认为上级并不在意他们的功劳,岂不让人心凉?如果上级此时脱口而出,哪怕只是对他们点点头,他们便会以此为荣,鼓励作用可能比奖金更可贵。

每个员工的自我预期都不同。容易出毛病的是管理者想当然的归类。这样的想当然,不但无助于工作的开展,还会挫伤"老黄牛"式的员工的积极性。比如,你将他们归类于那些创意型的员工中,会让他们对自己失去信心,产生挫败感,进而对上级失去信任。

相对其他员工来说,"老黄牛"式的员工不是没有需求,只是他们很容易得到心理满足而已。因此,作为管理者只需要把"饼"画得清楚就行了,也许并不需要对这类员工进行特别的动员和嘉奖,只需要对企业的未来有一个长远、清晰的规划,就可以拴住他们的心,就可以激励他们为企业继续任劳任怨。

对"老黄牛"式的员工来说,对他们要讲理,更要顾情。企业毕竟不是辩论台,很多限制使员工未必能尽展其才,这就要求管理者能感悟员工的情绪,让员工心理不平衡时也能说出来。

"老黄牛"式的员工总是任劳任怨,不管上级交给他们的是不是适

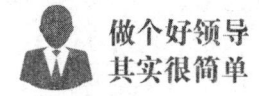

合自己的工作，也不管是不是适合自己的职务，他们都会抱着"上级安排的，就应该努力干好"的心理，而不会主动向上级提出来。这时就需要管理者用心观察他们的工作情况，如果发现目前的职务对他们并不适合，有时不妨直接告诉他们。这是上下级之间的关心行为。即使他们以后离去，那既不是老板炒员工，更不是员工炒老板了。

因此，对于管理者来说，针对"老黄牛"式的员工要区别对待，要用心解读他们的心理，而不仅仅是引导、利用，这样才能抓住他们的心理，从而做到更好地管理他们。

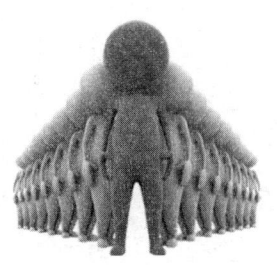

第五章

抓激励

——确保每个员工干劲儿冲天

不管哪个人,谁都喜欢受到奖赏,不喜欢受到惩罚,这是人的本能反应。如果在"大棒"和"胡萝卜"中任选一样,没有人喜欢挨棒子。在企业管理中,多奖励,少批评,奖罚分明,是鼓舞士气、激励下属的最好方法。因此,管理者必须善于以物质奖励激励下属,建立一套有效的激励制度。

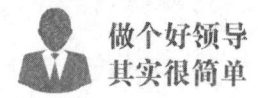
做个好领导
其实很简单

有激励才有动力

任何一个人都希望得到别人的肯定，尤其是上级的认可。

美国著名的企业管理顾问史密斯指出，一个员工再不显眼的好表现，若能得到领导的认可，都能对他产生激励作用。

英国诗人乔吉特·勒布朗说："人类所有的仁慈、善良、魅力和尽善尽美，只属于那些懂得鉴赏他们的人。"

但是，现实工作中有很多员工竭尽全力地把工作做得很出色，却从未得到过哪怕是一声"谢谢"。绝大多数的管理者想当然地认为，将事情做得出色是员工应该完成的。

韩国某大型公司的一名清洁工，本来是一个最被人忽视、最被人看不起的角色。但就是这样一个人，在公司保险箱被窃时，与小偷进行了殊死搏斗。事后，有人为他请功并问他的动机时，答案却出人意料。他说："当公司的总经理从我身旁经过时，总会时不时地赞美我'你扫的地真干净，谢谢了'。"就这么一句简简单单的话，却使这个员工受到了感动，并"以身相许"。

人们都希望自己的工作被领导认可，最希望得到的精神奖励是"谢谢你"。我们可以从欣赏、致谢、表扬等一些简单的语言和传达"我关心你和你在做的事情"的手势开始，不管形式是一句简单的"谢谢你"还是精

第五章
抓激励——确保每个员工干劲儿冲天

心准备的庆祝,激励就是反馈——正反馈,是传递"你选对道路了""你确实做得很好""谢谢你"的信息。管理者拒绝给予员工正反馈,就是拒绝更多成功的机会。

保罗·莫任在他的管理职业生涯中曾经一度就是这样认为的。他解释说:"过去,我常常忽略了对团队成员的成就(以及我自己的成就)予以表扬,因为我个人对于这方面从来没有重视过,所以,我就往往忘记了对别人的成就给予表扬。相反,我认为他们所取得的成就只不过是他们规定工作中的一部分,而规定的工作是不需要特别认可的。"

但是,当莫任到太平洋贝尔公司工作之后,他对给予他人认可及对成功给予表扬的重要性有了新的认识。他发现,事实上,这对于其他人来讲是很重要的,因此,他决定改变自己的领导习惯。为了提醒自己公开认可的重要性,他编制了一张认可他人的优先性列表。每当他的团队取得一个关键的成就时,他都会亲自走到项目组的每个人面前,和对方握手。他会挑选出几个重要的团队成员,带他们出去吃午饭,会亲自打电话给每一个团队成员,感谢他们在项目中付出的努力。他也常邀请大家共同参加一个小型的办公室聚会,一起享用蛋糕和咖啡。

在实际开始采用这些富有激励性的领导方法之后,很快地,莫任就看到生产率上升了,缺勤率降低了,同事之间正在形成更紧密的人际纽带。而且由于和他一起工作的人员有了更大的主动性,他自己的工作变得简单了。更加合作的工作氛围带来了更好的沟通,员工之间的冲突减少了。

著名的管理专家鲍勃·纳尔逊表示:"在恰当的时间从恰当的人口中道出一声真诚的谢意,对员工而言比加薪、正式的奖励或众多的资格证书及勋章都更有意义。这样的奖赏之所以有力,部分是因为经理人在第一时间注意到相关员工取得了成就,并及时地亲自表示嘉奖。"

某王爷手下有个著名的厨师,他的拿手好菜是烤鸭,深受王府里的人喜爱,尤其是王爷,更是倍加赏识。不过这个王爷从来没有给予过厨师任何鼓励,使得厨师整天闷闷不乐。

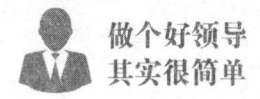
做个好领导
其实很简单

有一天，王爷有客从远方来，在家设宴招待贵宾，点了数道菜，其中一道是贵宾最喜爱吃的烤鸭。厨师奉命行事。然而，当王爷挟了一条鸭腿给客人时，却找不到另一条鸭腿，他便问身后的厨师："另一条腿到哪里去了？"

厨师说："禀王爷，我们府里养的鸭子都只有一条腿！"王爷感到诧异，但碍于客人在场，不便问个究竟。

饭后，王爷便跟着厨师到鸭笼去查个究竟。时值夜晚，鸭子正在睡觉。每只鸭子都只露出一条腿。

厨师指着鸭子说："王爷你看，我们府里的鸭子不都是只有一条腿吗？"

王爷听后，便大声拍掌，鸭子当场被惊醒，都伸出两条腿站了起来。

王爷说："鸭子不全是两条腿吗？"

厨师说："对！对！不过，只有鼓掌拍手，它才会有两条腿呀！"

激励胜于管理，激励使员工激情高涨，激励使团队更加精诚团结。善于激励员工的管理者更能赢得员工的信任和尊重。

在一项针对员工流动的调查中发现，人们选择离开的最主要的原因就是他们只得到了"很有限的表扬和认可"。当问到他们认为他们的管理者应该发展哪项技能以使管理工作更加有效的时候，员工将"对他人的贡献给予认可和感谢的能力"放在了首位。

国外一位著名的企业家说过这样一句话："如果我看到了一位员工杰出的工作，我会很兴奋，我会冲进大厅，让其他所有的员工都看到这个人的成果，并且告诉他们这件工作的杰出所在。"

很多管理者以为，只有巨大的成就和功劳才值得赞扬。好像赞扬就一定要用"很好""不错"之类的话。在现实中还有不少的管理者显得很矜持，心里觉得其实他做得很好，但总是开不了口来赞扬员工。或是在工作中管理者过度追求完美，对员工处理事情时一点小的差错都会揪住不放，批评都避免不了，更别提表扬了。

其实只要用心，表扬要比批评更加容易。因为任何事情都要一分为二地分析，好的方面总是比需要批评的地方多一些。因此，管理者们不妨热情一些，不要吝啬自己的表扬。发自内心的、真诚的赞美会感动对方的心！

美国企业家老托马斯·沃森对公司巡回管理时，每每见到下属们有创新和成就时，就当场开出支票进行鼓励，并立即贴出告示公开予以表扬。

作为管理者，在适当的时候一定要懂得为员工鼓掌。鼓励和奖赏是非常重要的，它能使你的员工感悟到工作的意义，得到尊重感的满足。管理者的鼓励并不需要太多，可以是一句肯定的话、一句真诚的赞美，也可以是一个善意的微笑、一束期待的目光，只要是发自管理者的内心，员工一定会干劲十足。

每个员工都渴望被认可，他们需要精神激励，当管理者真诚地表扬和感谢员工的时候，会发现自己的精神也被鼓舞了、振奋了。员工则更会感到受到欣赏后的满足，得到了应该得到的荣誉。

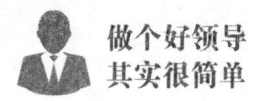
做个好领导
其实很简单

奖励是最好的奋斗剂

在必要的时候给员工一些或大或小的奖励，是鼓舞员工士气的一个好的办法。"重赏之下，必有勇夫"，实际上也是如此。

领导在对下属进行奖励的时候，要分轻重。比如有些下属做出了突出的贡献，那么重重奖赏是应该的。但在日常工作中，也要多给下属点奖励。领导给下属奖励是个技术活，奖励什么，怎样奖励，都需要有方法，这样的奖励才能起到激励作用。

奖励不一定都是现金，可以根据员工的需要送一些实质性的东西。比如对谈恋爱的下属可以送几张电影票，对喜欢运动的下属送一张时尚健身卡，对刚当爸爸的员工送一张婴儿摄影券，等等。这些不同于现金的奖励，带有一定的人情味，可以给下属的心带来温暖，激励下属更好地工作。

在一个私营企业里，员工小赵由于长时间处于繁重的工作压力下，产生了厌职情绪。他有了换工作的想法，在工作中经常烦躁不安。老板看出了他的心思，正当他处于苦苦挣扎时，老板把他叫到办公室，对他近期的工作进行了一番赞赏，然后给予他奖金奖励。小赵心里美滋滋的："原来自己的努力没有白费，工作成绩受到了领导的认可。"小赵离开老板的办公室，心情一下子就好多了。从此以后，便更加努力地工作，也打消了换工

第五章
抓激励——确保每个员工干劲儿冲天

作的念头。

员工在得到领导的认可时,会觉得自己的辛苦工作终于得到了肯定,并会更加努力地工作。作为一位领导,如果你的员工工作勤恳,十分卖力,长期默默地为你工作,使你的公司蒸蒸日上;如果你的员工经常给你提出一些合理化建议,使你深受启发;如果你的员工具有良好的表现,给公司带来收益,为公司做出贡献,那么你作为管理者,要不失时机地奖励他们。这会让员工感觉到自己的努力没有白费,多流出一滴汗水就会多一分收获。

在对员工进行奖励的时候,有的领导会使用与众不同的方法,张岚就是其中的一位。

张岚作为一家IT公司的女老板,起初一个人又管策划又管销售,经过努力手下已经有30多名下属了,公司经营范围也涉及软件、广告、策划等多个项目。在社会中摸爬打滚惯了的张岚做事与众不同,"笼络"下属的手法也特别具有"技术含量"。办公桌的抽屉里,张岚随时都放着一些"红包"。"红包"里的东西,可不是红红的钞票,而是五花八门的各种票据:自助餐券、充值卡、电影票、游乐场通票等。在张岚眼中,这些薄薄的小卡片可都是一块块敲门砖——用来敲开下属心扉的敲门砖。

有了这些小小的卡片,每隔几天,张岚就会借机找一个"幸运下属"到自己的办公室进行恳谈。一开始她会让对方谈谈工作近况,然后要求对方对工作提些个人建议。当然,话题与形式都很轻松,下属并不会觉得有压力。张岚通常是选择接近下班的时间,谈话过程也不会超过15分钟。谈话结束后,她就会从抽屉里取出一个小"红包",很诚恳地说:"工作不错,继续努力,给你一个小小的奖励,希望你能喜欢。"接过"红包"的下属往往心中满怀期待,等打开"红包"却意外收获一份惊喜:拿到充值卡的下属以后再也不好找理由拒接公司的电话了;恋爱中的下属拿到自助餐券,正好约上恋人共进晚餐;结了婚的下属拿到电影票,挽着爱人去看一场电影,回顾一下浪漫过往;有小孩的下属拿到游乐场的通票,一家

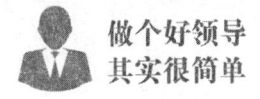

人其乐融融地度过一个愉快的周末。

张岚不仅照顾下属的情绪，连他们的家人也一同照顾到了，真可谓是皆大欢喜。当然，聪明的张岚，可不会只奖励优秀的下属，她也会用此招来鼓励落后分子。谁能肯定，落后下属受到激励后，不会"痛改前非"呢？事实上，女老板张岚这个做法很简单，收到的效果却十分明显。

张岚的做法别出心裁，不仅钱花得不多，还起到了激励下属的作用。其实这种"少花钱多办事"的做法，也是领导管理中的一个好的办法。虽然张岚给员工的奖励并不一定能登上"大雅之堂"，但员工意外得到的惊喜，却收到了管理奇效。

给员工奖励一定要懂得把握他们的心理，正确适当地进行奖励。有的领导虽然也给了员工奖励，却没有让员工舒心，这就与其奖励不当有关了。

一位经理平时对下属很不好，从来不会拿出一些东西奖励下属。但在一位下属生日的时候，他突然送来一束鲜花。其实，经理并没有什么功利的目的，只是因为他刚刚出去进修，学习了一些新的管理理念。大家对于内情都很了解，所以这位下属并不领情。经理刚一转身，还没走出办公室的门，他就把鲜花扔进了垃圾桶。弄得经理很尴尬，只得窝着火，装作没看见，快步离开了办公室。下属扔花的理由很简单，他认为经理平时对下属很苛刻，根本不把他们当人看，突然来个180度的大转弯，演戏的水平也太低劣了。

不会把握下属的心理的领导，即便给员工送去了奖励，员工也不能理解领导的心。因此，一个领导一定要学会奖励这门艺术。如果你认为你的员工做得不错，不妨送给他一个富于人情味的奖励，相信你也会得到下属的丰厚回报。

第五章
抓激励——确保每个员工干劲儿冲天

该给的功劳就给他

下属有功劳，这是值得庆贺的事情。作为领导，自然会获得知人善任的美名。然而，一些心胸狭隘的领导会觉得下属的功劳会对自己构成威胁，担心"功高盖主"而想方设法进行压制，其实这种做法是很愚蠢的。

不管在哪个企业，也不管是哪位下属，在做出成绩时最希望的是得到上司的肯定和表扬。作为一个企业领导，如果对下属的功劳视而不见，并且做出抢下属功劳的事情，绝对是令人无法容忍的。因为这等于抹杀了下属为此做出的全部努力，让他们付出的时间、精力和心血都白费了。

一些精明干练的领导通常有一个共同的缺点，就是喜欢打头阵、做指挥。他们对工作是相当卖力，而且负起全责，甚至每一个细微的部分他们都要插上一手。在上级领导面前，也从不错过任何表现的机会。但这样做难免会导致一个结果，那就是将下属的功劳占为己有。他们不相信下属的能力，对下属的要求相当严厉，丝毫不具同情心，有时下属要休假，他们就会表现出极端的不悦。

他们向上邀功，想得到上一级领导的褒奖，这种行为及其动机谁都可以理解。但前提必须是，所邀的功劳实实在在是你本人的，不是你瞒着下属或者从下属那里强抢硬夺来的，否则，会令下属十分不齿。通常一个喜欢抢夺下属功劳的领导是不可能成功的，这样的领导往往得到了眼前的

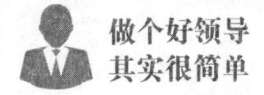

利,却忽视了长远的利,会让员工失去对他的信任,从而威信扫地。

有一部分领导,在下属们做出好成绩后向上邀功的时候,置下属于不顾,夸大自己的作用,好像成绩都是他一个人做出来的,跟自己的下属没有一点儿关系一样,结果功劳全让他一个人独占了去。这样的结果会激起下属的愤怒,就好像本是属于自己的东西被人抢去了一样。而抢走自己东西的人正是顶头领导,作为下属敢怒不敢言。从某种意义上说,这种领导的行为与巧取豪夺无异!换句话讲,这样长期下去,领导本人会身败名裂,真是损人而不利己。

要令下属心甘情愿地工作,就要懂得将功劳归于他们,肯定他们的表现,否则实在很难令他们专心投入工作。下属心里会想:"我做得多么好,也只是你的功劳,让你在高层会议中出风头,我的待遇不会变,犯不着呀!"一旦有了这种心态,下属做事就会得过且过。

王磊由于工作表现突出,被某公司提拔为物流组长。刚刚上任的他是个很民主的领导,常听取下属的意见:"这看法不错,你将它写下来,这星期内提交给我。"下属们听了这话会很高兴,踊跃地做各种企划,争着献计献策。当然,其中的大部分意见和想法,也都为王磊所采用了。然而,每一次业绩考核时,物流组的功劳却都归于组长王磊一人。一年后,王磊完全被下属疏远和孤立了。

团队精神是现代企业非常注重的一个问题。每个人的力量是有限的,有的工作靠一个人的力量是很难完成的。好领导即使是对一些微不足道的协助,也要表示由衷的感激,绝不可抹杀下属的功劳。抹杀下属的功劳,就好比在下属的心上割了一刀,作为领导你如何忍心?因此,应杜绝这种贪婪行为!

领导要想获得管理上的成功,需要做到不抢下属的功劳,充分肯定下属的成绩。对于有些领导,不滥夺下属功劳似乎很难办得到。"这项工作由计划到指派,都是我的主意。""他的工作这么有成果,难道不是因为我从旁协助的吗?"他们认为下属的表现良好,全是自己的功劳,其实这是错误的。下属的表现突出,领导有一定的功劳,但下属个人的努力才是主要因素。经常将成绩据为己有,出现问题就由下属自己去承担,这是最不得人心的领导的做法。

作为领导,要认识到,下属取得的成绩其实也是自己的一份光荣,应该心甘情愿地把功劳让给下属,并且对其表达感谢之意。换言之,由于你身在一个可以使你发挥才干的公司,并且拥有值得你将功劳相让的下属,你才能尝到满足的滋味,这一切都是值得感恩的。领导者如果能拥有这种心态,相信所得到的喜悦将是不可限量的。下属也必定会将此恩惠牢记在心,在未来的工作中尽全力拼搏。

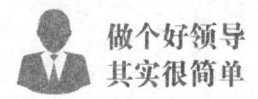
做个好领导
其实很简单

使用他就要信任他

有位大企业的老总在谈到用人时说:"信任是我用人的第一标准。"这句话很有见地。

用人之道,在于信任。宁可选人时多费功夫,也不能任用人而不信任。对员工的不信任,直接挫伤的是员工的自尊心和归属感,间接的后果是会加大企业离心力。如果我们的领导者能进行换位思考,与员工建立起彼此信任的关系,在企业搭建起一个上下信任的平台,无疑会增加员工的责任感与使命感,激发员工内在的潜能。

IBM公司认为,责任和权力是一对不可分离的孪生兄弟。要让员工对工作认真负责,就应该给他相应的权力,这是对人才的尊重和信任。因此,在IBM,各级都有责有权,上司从不对下属的工作横加干涉。

作为一名成功的管理者,如果想在市场竞争日益加剧的今天立于不败之地,必须懂得授权,而人才潜能的发挥程度就取决于管理者的授权能力。一个企业要想快速发展,就必须让人才的才能得以发挥;而要想让人才的才能得以充分发挥,就必须给他一定的发挥空间。

现在许多管理者也在企业内授权,但他们大都表现出一种非常拙劣的授权技巧。对工作的情况、员工的情况完全不了解,常常把工作分派给不适当的人去做,等到浪费了很多时间未见成效后,他们又卷起袖子亲自去做。这样一来不仅浪费了时间和金钱，而且打击了下属员工的积极性。还有一些管理者为了显示自己在经营管理活动中的能力和威望，凡事都不授权，这样下去，这个领导的精力都耗费在那些细小的琐事上，不能达到预期的效果和目的。

日本松下电器公司的创始人松下幸之助被称为"用人魔鬼"。之所以给他如此的盛誉，是因为他在用人方面很有方法。

松下幸之助作为一位经营者，有个非常重要的观点是"用人不疑，疑人不用"。他深刻地相信，对待任何人，首要的是信赖。

在松下幸之助还只是个20岁的小伙子时，对人的理解就已经达到了相当高的水准。当时日本流行一种用沥青、石棉和石灰等混合成的烧制材料。为了维护各自的利益，一般的企业都把这种烧制材料的制作配方作为企业的秘密严加保护，除了亲属绝不外泄。

但是，年轻的松下幸之助没有这么做，他不仅不对自己的得力员工保守秘密，还毫不犹豫地将技术传授给刚招进厂的新员工。有些人很为他担心，松下幸之助却不以为然地说："只要说明原委，新员工是不会轻易背信弃义随便向外泄露秘密的。重要的是相互信任，否则不仅事业得不到发展，也无法造就出人才。"结果，他的工厂不仅没有发生泄密的事情，而且收到了良好的效果，员工因受到信赖而心情舒畅，生产热情十分高涨。

或许正是因为这件事情让松下幸之助初次尝到了用人不疑的甜头。后来他为了扩大市场，需要在西海岸的金泽市开办一家营业所，推销产品，为此必须派出一名主任领导这项工作。有能力去主持这个新营业所的主管，为数不少。但是，这些老资格的人必须留在总公司工作，以免影响总公司的业务。

在这个关键时刻，松下想起了一位年轻的业务员，他刚满20岁。松下认为这位业务员不会因为年轻就做不好。

按大多数领导的观点，这位年轻人难负如此重任。但松下一反常态，

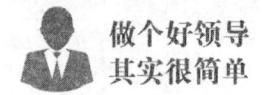
做个好领导
其实很简单

决定派这个年轻的业务员担任金泽市营业所的负责人。松下把他找来,对他说:"公司决定,在金泽设立一个营业所,我希望你去主持。现在你就立刻去金泽,找个合适的地方,租下房子,设立一个营业所。资金我已准备好了,你去开展这项工作好了。"

这位年轻的业务员听了松下这番话后,大吃一惊。他惊讶地说:"这么重要的职务,我恐怕不能胜任。我进入公司还不到两年,只是个新进的小职员。年纪也是20出头,又没有什么经验……"他脸上的表情有些不安。

松下立即以几乎命令的口吻对他说:"你没有做不到的事,你一定能够做到的。放心,你可以做到的。"

这个员工一到金泽,立即开展工作。他每天都把进展情况一一写信告诉松下。没多久,筹备工作就绪。于是松下又从大阪派去两三个职员,成功开设了营业所。

松下幸之助的话颇耐人寻味:"授权可以让未来规模更大的企业仍然保持小企业的活力;同时也可以为公司培养出发展所必需的大批出色的经营管理人才。有了这些人才,企业的发展就会如虎添翼,就会取得更大的成功。"

企业中的领导者,应该像松下幸之助一样,做到用人不疑,既然信任他,就让他独当一面。如果觉得他可以,哪怕出了一些失误,也不要怀疑他的忠诚和能力而急于换将,相反,应给予更多的支持。

公司在用人时,要用而不疑,充分信任下属,要相信他们对事业的忠诚,放手让他们工作,使其敢于负责,大胆工作。

在信任下属这方面,首先,领导者对下级必须了解,清楚下级的成长历史和各种现实表现。既知晓思想觉悟水平,又了解实际工作能力,这是信任的前提条件。

其次,领导者给下属任命什么职务,就应授予相应的权力,使下属的职责和权力统一起来,有职又有权。凡是下属职权内的事,不要随便干涉。有的领导名义上授权，实际上包办代替，越权指挥，对下属表现出不信任，这些都会挫伤下属的自尊心和积极性。

《福布斯》是全世界著名的财经杂志。《福布斯》总裁布鲁斯·福布斯和马孔·福布斯在用人方面就能做到放手授权。他们很少对下属的工作指指点点，而是完全交给下属，让下属放手去干，他们关注的是成果。

雷·耶夫纳对此感触颇深。他刚到福布斯工作时，公司就给了他很高的薪水，工作条件也十分优越。当时，雷·耶夫纳的任务就是对《福布斯》的附属机构进行调整，使该机构所出的《IAJ》周报重振雄风。布鲁斯·福布斯给他的唯一指示是："一切由你全权处理。不过，事后要向我报告工作结果。"

雷·耶夫纳每天早上到《福布斯》对面的餐厅喝咖啡，在那里和《福布斯》各部门主管轮流会谈，了解各部门的进展状况，决定安排哪些主管和布鲁斯·福布斯面谈。

雷·耶夫纳说："这是我第一次感到手中握有无限大权。"精神抖擞的他对《IAI》采取的第一步行动是扩大版面，并且加大行间距离，以便于读者阅读。此外，他让手下有事直接向他汇报，不必像以前那样层层报告。6个月内，《IAI》果然重振往日雄风。雷·耶夫纳从此声名鹊起，各界纷纷邀请他演讲，担任顾问。这一切和布鲁斯·福布斯的充分信任及充分授权是分不开的。

现代社会，用人不疑，充分发挥人才的聪明才智，是每一位领导者成就一番事业的重要保证。企业在用人方面有许多做法，但要使人才充分发挥自己的聪明才智，信任是最为重要的。

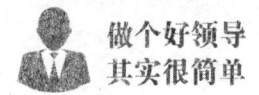

做个好领导
其实很简单

一有机会就赞美你的下属

有这样一个故事：一只小鹰在鹰妈妈出外觅食时不慎从窝里掉出来，刚巧鸡妈妈看到，便拉回去和一群小鸡放在一起喂养。随着时光流逝，小鹰一天天长大了，也习惯了鸡的生活，并且鸡们也全把它看成自己的同类。它也和它们一样出外用脚爪刨着寻食，从来也没试过要飞向高空。

一天，在小鹰出外觅食时，忽然碰到了鹰妈妈。鹰妈妈见到了小鹰惊喜极了，对它说："小鹰，你怎么在这里？随我一起去飞向高空吧！"小鹰说："我不是小鹰，我是小鸡呀。我不会飞，天那么高，怎么飞得上去呀？"鹰妈妈对小鹰有些生气，但她还是大声地鼓励它说："小鹰，你不是小鸡，你是一只搏击蓝天的雄鹰呀！不信，咱们到悬崖边，我教你高飞。"于是，小鹰将信将疑地随鹰妈妈来到了悬崖边，紧张得浑身发抖。鹰妈妈耐心地说："孩子，不要怕，你看我怎么飞，学我的样子。"小鹰战战兢兢，在鹰妈妈的带领下，终于展翅高飞，成为了一只真正的雄鹰。

这个故事虽然简单，却有着深刻的道理。在企业管理中，领导要想发掘人才的潜力，就需要多给下属以赞美。有才能的人才不是不能"飞"，而是没有人鼓励他、关心他、赞美他。假如他得到了领导的赞美，激发了内心的潜力，对于自身是一种能力的升华，对于企业是一种无形的贡献，对于领导是一种管理的成功。

第五章
抓激励——确保每个员工干劲儿冲天

不断地赞美员工是激励的有效办法之一，也是最高效的激励法则。每一个员工都希望得到赞美。常言道："十句好话能成事，一句坏话事不成。"恭维话人人都爱听，这是人们的共同心理。恰如其分地给予肯定，会让人精神愉悦，赢得员工的信任和好感，使员工有使命感，更能起到激励员工的作用。由此可见，时常巧妙赞美一下员工，也是很有必要的。懂得赞美技巧才是一个成功的领导者，一个高效的激励者。

中国人往往不习惯赞美别人，总是把对别人的赞美埋在心底，总是通过批评别人来"帮助其成长"。其实这个想法是错误的。赞美比批评带给别人的进步更大。因为肯定、赞扬对方，能够制造友好的气氛，可以使对方情绪安稳、内心平静，受到鼓励。所以不妨使用赞美来激励员工，使员工高高兴兴上班，勤勤奋奋工作。

玫琳·凯所经营的美容、化妆品公司在全世界都享有盛誉。在她所提倡的以人为本的管理方式中，就提到过"拍马屁"的艺术。有一次，一个新跳槽过来的业务员在营销屡遭失败后，对自己的营销技能几乎丧失了信心。玫琳·凯得知此事后，找到这位业务员并对他说："听你前任老板提起你，说你是很有闯劲的小伙子。他认为把你放走是他们公司的一个不小损失呢……"这一番话，把小伙子心头那快熄灭的希望之火又重新点燃了。果然，这位小伙子在对市场进行了冷静的研究分析后，终于给自己的营销工作打开了一个缺口，获得了成功，给企业带来了非常可观的效益。

把赞扬送给员工，即使是片言只语，也会在他精神上产生神奇的效应，令他心情愉快、神经兴奋。这时，也最容易表现出领导的宽宏大度、平易随和。这位业务员便是在得到玫琳·凯的赞扬与鼓励后，才重新点燃对工作的热情，从而取得了成功的。

心理学家认为：情绪是人类社会生活和人际交往中不可缺少的一个重要环节。情绪的好坏，与对方言语表达很有关系。因此，又可以说：语言是情绪的操纵棒。

我国古代著名军事家曹操善用赞美奖赏笼络人才，部下只要有功，必

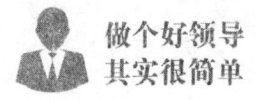

给赞美奖赏,而且针对不同的人、不同情况给予不同的奖励。

曹操在庆贺铜雀台建成时,进行比武活动。为了增加喜庆气氛,竟设法搞了一次人人获胜、人人有份的物质奖励。在与李傕交战中,许褚连斩二将。曹操即手抚许褚之背,把他比作项羽手下的猛将,激动地称赞说:"子其吾之樊哙也!"当荀彧弃袁投曹后,曹操见其才华出众,当即把他比作刘邦手下的谋士张良,高度赞誉说:"此吾之子房也!"一次,在与关羽交战中,徐晃孤军深入重围,不仅获胜,且军容整齐而归,秩序井然。曹操当即把他比作汉朝的名将,大加赞赏地说:"徐将军真有周亚夫之风矣!"曹操引用历史上杰出人物作比,对部下及时给予高度评价。这种精神鼓励,实际上超过了任何物质奖励。

"要想把飞虫逮住,就要多用蜜,不用醋"。曹操善于用赞美来笼络下属,体现了他卓越的领导能力和管理才能。美国一所大学的行为科学研究结果表明,肯定他人要比否定他人效果好。常常鼓励、多多赞美是更为有效的管理下属的手段。当然,在万不得已时,采用惩罚措施也是必要的,但这只是下策。千方百计去发现下属值得鼓励的行为,谁都愿意在你的领导下工作。

实验心理学在经过研究后发现,人在受到赞扬后的行为,要比受了训斥后的行为更为合理、更为有效,且赞扬能释放出人的某种能量来。领导者如果通过真诚的赞扬来激励下属,他们会自然地显示出友好与合作的态度。赞扬之于人心,如阳光之于万物。下属经常听到真诚的赞美,感到自身的价值获得了领导的肯定,有助于增强自尊心、自信心。

马克·吐温说:"得到一次赞美,我可以多活两个月。"人人喜欢被赞美,不喜欢被批评。戴尔·卡耐基曾这样说过:"当我们想改变别人时,为什么不用赞美来代替责备呢?纵然下属只有一点点进步,我们也应该赞美他。因为,那才能激励下属不断地改进自己。"

如果有一项任务是管理者和其他任何员工所不能完成的,要做成此事,只有一位员工有可能。那么,做管理者的就应该积极主动地走过去,对这位员工多加鼓励。身为管理者,若是能恰到好处地给员工拍拍"马屁",戴一戴"高帽",不仅能改善与员工之间的关系,而且能赢得员工的好感和信任。更重要的是,它还能给那些不太自信的员工以极大的激励,让他们精神抖擞,自信地去完成你交给他们的任务。赞美要有诚意,要体现出赞美的价值,要"赞"有所值。

某报社的老张是一名编辑,他总是勤勤恳恳地工作。在他生日时,全部门人员为他庆祝,编辑部主任在祝词中是这样说的:"老张多年来勤勤恳恳地工作,甘于奉献,从不争荣誉、邀功劳。在您生日之际,我代表全室人员向您表示祝贺!"主任的一番话令老张很感动,他认为这是领导对自己的肯定,从此工作更加认真了。

用赞美鼓舞一个人的热情,是领导管理下属的一种方式,也是领导抓住人心的手段之一。常言道:"恭维不蚀本,舌头打个滚。"要抓住下属的心,适当的赞美是一件轻巧实用的"武器",又用不着你掏腰包,何乐而不为呢?

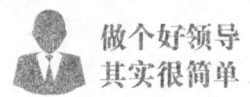

做个好领导
其实很简单

公共场合表扬员工

表扬一个人并不难，但在实际生活与工作中，却很少有领导在下属做得好的时候提出表扬，更别说在公共场合表扬下属。生活在这个世界上的每个人都喜欢受到表扬，作为一个精明的领导应当知道，公开表扬自己的下属，能够让他们更快地释放自己的潜能，同时也是在告诉下属，他们的行为值得被所有的人关注和赞许。这种做法会给其他人树立一个好的榜样，鞭策其他下属努力工作，做出成绩。这样一举两得的事情，多做做又何妨呢？

学生的成绩好不好，在一定程度上取决于老师的表扬与否。王老师是一名小学教师，她的班内有几个基础很差的学生。经过仔细观察，王老师发现他们中的小蒙很守纪律，尊敬师长，只是比较懒，不爱学习。于是，王老师便经常在班上对很有礼貌的学生进行表扬，其中就有小蒙。过了一段时间，小蒙竟然能按时交作业了，他还写过一篇日记："今天，王老师又表扬我了。自从爸爸去世后，妈妈另嫁，好久没有人关心我了。王老师，我多想叫您一声妈妈啊！王老师，以后我都听您的话，一定勤奋刻苦学习！"小蒙三年级语文期末考试成绩是39分，等到了四年级时，小蒙的语文成绩是89分。小蒙的日记给王老师带来了启发。她经常当众表扬自己的学生，不论是优等生还是差生。慢慢地，班级里的差生一个个都变好了，就

第五章
抓激励——确保每个员工干劲儿冲天

连从不做作业、专做"坏事"的东东也被表扬得心花怒放,他不但天天做作业,认真学习,遵守纪律,还把走廊的地板打扫得干干净净。表扬对于优等生而言是锦上添花,而对差生来讲是雪中送炭,王老师的教育方式是成功的。

老师管理学生的道理,与企业领导管理下属是一样的。如果领导总说下属这儿不对、那儿不好,他们就会没有自信,产生消极的情绪。如果在下属做得好的时候,便给予他们名副其实的、公开的表扬,就会激发他们对工作的热情,他们就会非常努力地做好自己的工作。

领导在对下属进行表扬时,不能盲目地表扬,而是应该尊重事实。如果领导公开表扬的下属没任何成绩和优点,甚至好吃懒做、劣迹斑斑,就有可能引起其他人的不满,不仅对被表扬的下属造成负面的影响,还会损害领导的威信和形象,激化企业的内部矛盾。

总的来说,领导在公开表扬下属时,应该注意以下几个方面。

(1) 公开表扬下属要有理有据。

"有理"就是要求领导的话有道理,无可挑剔;"有据"就是要有事实根据,确凿无疑,让谁也说不出个"不"字来。公开表扬一位下属要有根据,这样才能使其他人心服口服,不能不顾实际而夸大事实。必须将"有理"和"有据"结合起来,才能起到教育和激励的作用。

罗云天性格内向,在学校是一个后进生,为此,他总是特别自卑。他渴望得到别人的尊重,无奈自己各方面都不如别人,只能一个人独来独往。新来的班主任陈老师得知他的情况后,并没有不理不顾,而是主动与他沟通。当他在学习上取得了进步,她便以欣赏的口吻对他加以称赞:"你这次考试比上次提高了五分呢,如果能继续努力,一定会有更大的收获!"当罗云天主动去帮助同学打扫卫生时,老师便当着大家的面欣赏有加地称赞道:"罗云天真是个热心肠,谁不愿意跟他这样的人交往呢?"就这样,罗云天的自尊心得到了维护,自信心也有所增强,不但成绩提高了,性格也开朗了许多。现在,一提起陈老师,罗云天总是说:"她真是个受人尊重

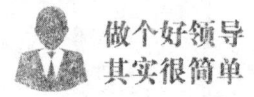

和爱戴的好老师啊!"

面对性格内向、有自卑心理的罗云天,陈老师在公开表扬他时有理有据,没有夸大事实。这样的公开表扬,别的同学也说不出一个"不"字,不仅激励了罗云天,让他找回了自信与快乐,也鼓舞了班里的其他同学,激发了他们的斗志。

(2) 公开表扬下属要有诚意。

富兰克林有句名言:"诚实是最好的政策。"聪明的领导在公开表扬下属时,一定要真诚。有的领导在表扬下属时,只想着树立自己个人的威信,收买人心,实际上并没有表现出欣赏的诚意,无论是被表扬者,还是其他人,都像被当猴耍了一般,这样做的结果根本不可能使领导如愿。所以,领导表扬下属,首先必须表示出诚意。

北魏时太武帝很赏识崔浩,聘他为顾问,并鼓励他集思广益、勇于进谏。太武帝还命令歌舞乐人用歌舞歌颂有功之臣,说:"智如崔浩,廉如道生。"在一次数百人参加的酒宴上,太武帝指着旁边的崔浩,发自内心地赞扬道:"你们看,这个人纤瘦懦弱,手不能弯弓持矛,但他胸中所怀的却远远超过甲兵之能。朕开始时虽有征讨之意,但思虑犹豫不能决断。前后克敌获捷,都是这个人在左右引导我的缘故。"话中尽显诚意。

(3) 切忌褒此贬彼。

领导在当众肯定和表扬有成绩的某个下属,不可避免地会造成其他下属的心理失衡。作为领导不可借贬低他人而表扬下属,领导更应避免采取褒此贬彼的方式。如果对某个下属的长处极度赞誉,而对其他不具备此种长处的人倍加贬损,那将会严重地损伤他人的自尊心和领导的亲和力。这样表扬下属不但收不到预期效果,相反却会酿成领导、被表扬的下属以及被贬损的下属之间产生不应有的疏离感。

(4) 避免其他人产生忌妒心理。

领导在众人面前表扬一个人时,要切忌过于热情,避免使其他人感到不快,或使被表扬的人感到拘束不安,甚至让一些人产生忌妒心理。表扬越多、越重,其他下属产生忌妒心理的可能性就越大。如果你的表扬言过其实,下属们甚至会鄙夷你,怀疑你的话是否真实。因此,在公开表扬下属时要注意把握分寸,尤其是要控制其他人的忌妒心理。

在这方面,秦始皇有一次就吃了亏。秦始皇早就听说韩非有旷世之才,很想得到他,辅佐自己成就大业。有一天机会终于来了,韩王派韩非为特使到秦国,实际上是做了秦国的俘虏。韩非来到秦国,受到秦始皇的高度礼遇。秦始皇赞韩非道:"公子真知灼见,旷世未有。"韩非口吃,脸涨得通红,半天才吐出了一句话,他支吾道:"陛下非欲诚笃自见。"之后就沉默不语了。秦始皇觉得很遗憾。于是,他又问李斯、姚贾等:"韩非才深学博,朕览其书,知其人泱泱风范,深明举国之理,治民之法。朕赏其才,不知卿等意为如何?"李斯、姚贾见秦王如此赞赏韩非,心里忌妒得要命,生怕秦始皇起用韩非,恨不能找个坑把韩非活埋了。于是群起攻击韩非,结果秦始皇的计划没有实现。

秦始皇没有把大臣们的忌妒心理控制住,结果反而导致了韩非之死,教训深重。由此可见,控制好下属的忌妒心理,并不是说完全杜绝忌妒心理的产生。其实,当众表扬一位下属,让其他人心生一点忌妒和羡慕是正常的,这样可以让他们在今后的工作中更加努力。关键在于领导是否能把握好表扬的时机,把这种忌妒和羡慕心理朝着有利于工作和团结的方向引导。

因此,作为领导在表扬下属时,一定要恰到好处,尤其是在公共场合,要针对他们的特长,实事求是、有所选择地进行表扬,这样才能够更好地管理下属,让他们忠心耿耿地工作。

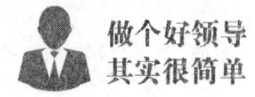

做个好领导
其实很简单

制造竞争，激发员工魄力

现代社会竞争激烈，可以说是一个竞争的社会。没有竞争就不能"淘"出好的人才，也不能形成良好的工作状态，更不利于提高下属的技能和工作效率。作为一名领导，要认识竞争上岗的重要性，在公平的竞争中选择优秀的人才，这既是组织发展的需要，也是激励下属积极性的需要。

松下电器公司非常注重对人的培养，其薪资福利制度也是围绕把每一个员工都培养成优秀人才而制定的。作为松下公司的一个管理者，除做好本职工作以外，更重要的工作是对员工的培养。基于上述培养人才的目的，薪资福利制度也按"年功序列"的方式制定。

松下电器（中国）有限公司引进竞争机制后，员工薪资水平的调整仍然是以对员工的考核评价为依据。但根据评价结果能够提高工资的员工范围却发生了极大的变化。评价结果为"一般"的员工，既不能提高工资也不降低工资；评价结果低于"一般"水平的员工要降低工资；评价结果为"差"的员工，要提前解除劳动合同。只有评价结果高于"一般"水平的员工才可以提升工资。其中优秀的员工可以得到更多的工资。薪资制度的改变是以公司制度的形式，将竞争机制引入到公司管理工作中，必然会使员工产生危机感，促进员工自觉地努力工作，以适应环境变化对员工水平的高要求。这种竞争机制不但适用于"一般"员工，同样也适用于管理者。这种新型的薪资制度取得了良好的效果。

虽然说竞争对于人的成长和人尽其才非常重要，但是在用人当中引入竞争机制却没有那么容易。有些管理者简单地认为，只要通过物质利益来刺激下属，就算是引入了竞争机制。其实远没有那么简单。

在用人实践中，管理者必须根据竞争的特点及人和事的具体情况，采取恰当的措施，加以正确启发和引导，这样才能真正引入竞争机制。为此，管理者应当从以下几个方面入手。

第一，激发下属表现自己的欲望。

在企业中总是不乏一些有能力的下属，但由于每个人的性格不同，有的下属时刻找寻可以表现自己的机会，希望能够一试身手；而有的下属即便有着旁人不可及的能力，却由于种种原因不想展现自己的才华，表现出一种"怀才不遇"的状态。这就需要管理者用竞争的方式来激发下属"逞能"的欲望。

第二，强化下属的荣辱意识。

有荣辱意识的下属通常都勇于参与竞争，但是每个人的荣辱意识各不相同。有的人荣辱感非常强烈，而有的人荣辱意识比较弱，甚至还有的人几乎不知荣辱。荣辱意识比较弱的下属往往对竞争没有积极性，因此，领导者在启动竞争用人的方法时，必须强化下属的荣辱意识。

此外，强化荣辱意识还必须使其在工作过程中具体地表现出来。应当让他们看到：进者荣，退者辱；先者荣，后者辱；正者荣，邪者辱。这样，下属们的荣辱意识必然得到增强，其进取之心也必然得到强化。

第三，把充分的竞争机会给予每个下属。

引入竞争机制，是为了做到人尽其才。因此，管理者为下属提供各种竞争的条件是非常有必要的，尤其是要给予每个人以充分的竞争机会。这些机会主要包括人尽其用的机会、将功补过的机会、培训的机会以及获得提拔的机会等。

在给予这些机会时，管理者必须注意以下三个方面。

（1）机会面前人人平等。

这就是说，不仅在竞争面前人人平等，而且在提供竞争的条件上也应当人人平等。这些条件通常是指物质条件、选择的权利等。

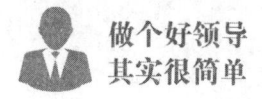

(2) 因事设人。

在一个团队里，由于受到事业发展的约束，竞争的机会只能根据事业发展的需要而定。管理者虽然应当为员工取得进步铺平道路，但是这种进步的方向是确定的，即团队事业的发展和成功。

(3) 保持连续性。

机会要在工作过程中不断地给予下属，使其在努力完成一个目标之后，接着又有新的目标。不能把机会当成是"定量供应"，也不能是"平等供应"和"按期供应"。换言之，就是让下属在任何时候都能获得通过竞争以实现进步的机会和条件。

竞争机制的引入是用人中一个非常重要的问题。没有什么比超越竞争对手、以更高的标准迎接挑战更能激励下属奋进了，而这种奋进定能帮助整体获得更大的发展。

在企业管理中，领导应充分让竞争机制发挥作用，让每个人都感到一种压力。对于个人而言，作为"工作人"，我们必须竞争。唯有竞争，我们才能利用所获得的资源，去追求更好的工作、更高的收入，争取更多的机会实现自我价值，掌握个人命运。

为了使下属有更多的发展机会，使他们不断地自我学习、自我提高，领导在择人、用人方面应充分挖掘内部人员的潜力。管理者增强下属的竞争意识，能让他们从根本上认识到自己真正的潜能，进而发挥出来，也能让下属从根本上认识到自己的差距，进而弥补充实。

在选拔人才时，一方面要对参与竞争者进行全面的了解；另一方面，要防止"拉关系、走后门"等不良现象。在实施过程中，应把握公平竞争的原则，使每位下属都有晋升的机会，以促进内部人员的合理流动。因此，在用人方面引入竞争机制，可以成为一种有效的激励手段。与其他激励手段不同的是，竞争给下属施加的影响是内在的，因为它能够激起人的荣辱感、进取心，也能给下属带来对比的压力、奋斗的动力和力争上游的决心。

因此，正确的管理观念和做法，可以增加下属个人的竞争意识。竞争机制的引入，有利于人才潜能的发挥，有利于集体的发展。因此，管理者一定要引入适当的竞争机制。

第五章
抓激励——确保每个员工干劲儿冲天

"头衔"是激励员工的利器

在企业里,对于一些荣誉感强的人来说,"头衔"在他们心里占据着很重的位置,也是他们追求和向往的东西。对于这些人,领导不能忘了在适当时给其一个"头衔",让这块"糖"甜到他们的心里,从而激励他们更加努力地工作,并赢得他们的长久忠心。

要说对头衔价值的了解,没有几个领袖能比拿破仑更清楚了,也没有几个人能比他更清楚人类对于这种极具诱惑力的东西的渴望是多么的迫切。拿破仑为了巩固自己的地位,毫不吝啬地创立并封赐了许多崇高的头衔和荣誉。他创制了一种荣誉勋章,并将1500个以上的十字勋章授予了他的臣民。他还重新起用了法兰西上将的官衔,并赐予了18位高级将领。同时给表现优异的士兵授予"大军"的光荣头衔。

尽管头衔是虚的,但它们具有非常特殊的功效。30个不同行业的工会的倡导者、美国劳工协会的缔造者塞缪尔·龚帕斯就非常了解头衔的重要作用。在他刚刚开展工作的时候,他既没有钱,又得不到足够的外界帮助。一天,他灵机一动想出了一个计划:他自己创设了一个民间委任状,主旨就是授予那些愿意组织工会的人一个荣誉称号。而以这种方式,在一年间就有80多人被他委任了头衔,美国劳工协会的数目也从此开始激增。

施瓦布创立了"伯利恒钢铁公司锚石十字勋章",并将它们分别授给

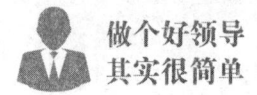

那些有功于公司的助理。这就像威廉大帝赐予德军将领铁十字勋章一样，是一种无上的光荣。在伯利恒钢铁公司里，差不多有100多人接受过这种勋章，这被公认为是一种业绩优异的标准，是公司成员梦寐以求的东西，而那些获得者更是以此为荣。

可见头衔的激励作用是巨大的，很多实业界的巨头们，都为他们那些最得力的员工设立了许多头衔和荣誉称号。

在一定程度上来讲，尽管"头衔"不过是个有名无实的东西，但千万不要小看它，因为"头衔"可以给员工带来很大的动力，其在工作中产生的作用是不可小视的。

第五章
抓激励——确保每个员工干劲儿冲天

用掌声鼓励失意的员工

每个人在自己的人生旅途中都不免遇到坎坷。在下属失意的时候,上司给予的掌声,就如保护一株风雨中的幼苗,守护黑暗中的一星烛光,呵护绝望时的一线生机。没有掌声的世界是可怕的。

福特是美国石油大王洛克菲勒的好朋友。有一次,洛克菲勒与福特合资经商,因福特过于冒进而惨遭失败,损失巨大。这使福特心里很过意不去,甚至在街上看见洛克菲勒时都觉得没脸打招呼。福特曾主动解释说:"太对不起了,那实在是一次极大的损失,我们损失了大约……"想不到洛克菲勒若无其事地回答道:"啊,我们能做到那样已经难能可贵了,这全靠你处理得当,使我们保存了剩余的60%,这完全出乎我的意料,我应该为你鼓掌才是!"

要知道,世上没有人生来就高人一等,既然如此,那又有谁在成功的道路上会一帆风顺呢?

每个人都难免会遭遇暂时的困境,下属也会有挫折、伤痛、懊恼、泪水等,一切都是在所难免。如果下属由于某件事跌倒了,管理者要想办法鼓励他爬起来。这说起来很简单,但做起来却非常不容易,尤其是当周围是一片冷嘲热讽的时候,谁又能够依然潇洒地爬起来?但倘若这时耳边响起了管理者的掌声,即使这声音是那么的单薄,下属也会勇敢地去面对

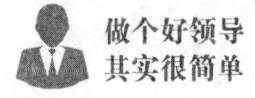

失败。

世上本就没有人生来就是天才。爱因斯坦在学生时代,曾被某个老师评为"弱智",但他的母亲一直以来给了他无数的掌声和鼓励,让他能重拾信心,使得他后来带着"相对论"登上了科学的殿堂。试想,如果离开了母亲的掌声鼓励,或许"相对论"还只是个在未来时空飘浮的名词,也还只是个无法破译的密码。

每个人在自己的职场道路上都会遇到很多的坎坷,也有太多的崎岖。当别人在黑暗的包裹中泪流满面时,旁观者一定要用掌声告诉他:有一个希望就在你的手中。

有一个得不到别人赏识的艺人,沦落在街头卖艺,不少过路人纷纷将零钱扔到其脚下,然后匆匆走过。只有一人停下了脚步,没有给钱,静听一曲终了,然后缓缓地鼓掌,艺人不禁流下了眼泪。后来这个艺人成为了一代大师。

有些管理者在工作中往往只能看到那些做出突出贡献的下属,并对他们大加赞美,把自己所能想到的赞美之词全部赠送给了他们。但是对那些同样辛勤工作的普通员工,管理者却视而不见。这样的做法是不对的。对于这些普通的下属,管理者更应该加以重视,并给他们一些鼓励的掌声。

在第二次世界大战即将结束时,日本国将要签署投降书。太平洋上的美军"密苏里"号战舰上,人们翘首以待,大家都想目睹这一历史性的时刻。上午9时,盟军最高司令官道格拉斯·麦克阿瑟将军出现在甲板上,预示着这个令世界为之瞩目和激动的伟大时刻到来了。随后,日方代表登上军舰,仪式开始了。

人们都在注视着这位五星上将麦克阿瑟的一举一动,但他的签字动作突然停止了。现场数百名的记者和摄影师对此大感不解,他们谁也不知道麦克阿瑟想要干什么。将军转过身,招呼陆军少将乔纳森·温斯特和陆军中校亚瑟·帕西瓦尔,请他们走过来站在自己的身后。

在这个本属于那些战功显赫的常胜将军的位置上,麦克阿瑟竟然分配

第五章
抓激励——确保每个员工干劲儿冲天

给了两个在战争初期就当了俘虏的人，这是为什么呢？麦克阿瑟的这一举动，再次让现场的人们既惊讶，又嫉妒。其实很简单，麦克阿瑟是在鼓励乔纳森·温斯特和陆军中校亚瑟·帕西瓦尔。

麦克阿瑟明白，失意者更需要他人的鼓励。成功者是因为他们付出的汗水和心血比别人要多，理应得到鲜花和掌声，无可非议。但是，那些失败之人呢？有谁曾想到过他们？

在日常工作中，并不是每个下属勤勤恳恳地工作都会取得好的效果，有时他们的付出可能会适得其反。这时，管理者一定要给予下属必要的鼓励，及时送上你的掌声，有时你仅是给下属一点真诚的掌声，那份善意的作用就会远远大于金钱和任何物质的奖励。

虽然失意者做的事没有得到好的结果，但失意者也一样曾为了某个目标而艰辛地跋涉着，只不过条件所限，没有成功。他们付出的并不比别人少，甚至比成功者还要多，但总是因为这样或那样不可预知的原因，屡屡与成功失之交臂，那么他们的付出，难道就不该得到鼓励吗？

"世上岂无千里马，人中难得九方皋"。管理者或许不是"伯乐"，相不出一匹千里马，但只要你善于给下属一点儿掌声，相信天公必会重抖擞，不拘一格降人才。聪明的管理者，定会给失意下属一点儿掌声，这种掌声虽然不能像太阳那样耀眼，但它却像一滴甘露，让百花绽放，给人以温暖和鼓励。

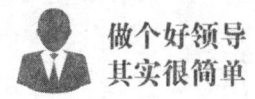
做个好领导
其实很简单

不妨试试激将法

何为激将法?

所谓激将,就是在一定的环境和条件下,有些人遭受了挫折或者犯了错误,自尊心受到了伤害。这时为了使之接受管理者的意见和意图,故意使用贬低他的语言刺激他,从而激发起他强烈的自尊心。

三国时期的诸葛亮就十分善于运用激将法。在马超率兵来犯时,张飞请令出战,诸葛亮却故意说:"马超世代簪缨,勇猛无比,在渭水把曹操杀得大败,看来只有调回关羽来才行。"这一下激恼了张飞,他立下军令状,出战马超,最终使马超投降。诸葛亮的激将法起了重要的作用。

激将法运用得当,可以取得意想不到的效果。

一位姓赵的成功人士,在回忆自己的成长经历时,感慨地说:"如果没有老师当年讲的话,可能就没有我的今天。"听到这里好多人都猜想:赵先生的这位老师讲的话肯定是很深情的,也是很有鼓动性的,否则赵先生怎么会一直记忆在心呢? 得知实情后大家都觉得很意外。

原来,赵先生从小调皮捣蛋,无心学习,整天打架,可以说是劣习成性,学校的老师没有哪个能把他驯服。后来赵先生提到的这位老师当了他的班主任。在一次他把邻班同学的头打破以后,老师怒气冲冲地对他说:"我看你确实是扶不起来的阿斗,没有什么出息了。如果你以后能有点出息，那真是太阳从西边出来了。我把手指头剁了也不相信你能干出点什么……"

这位老师的话对年少的他刺激很大，他没想到老师会认为他没有出息，从心底里瞧不起他。于是，他下定决心改掉所有的劣习，好好学习。他终于成功了。成功后他才明白老师话中真正的含义。

这种抓住被激励者心理采取的激将法，通常都会起到一定的激励作用。这位老师狠狠地对学生时期的赵先生泼了一盆冷水，打击了他的情绪，这样他会在愤怒之下迸发出更多的力量，起到了激励的作用。

管理者在与员工接触的时候，其实很容易看到某位员工的表现。有时，你会发现某位工作杰出的员工，因为多次出色地完成任务而沾沾自喜，甚至有点飘飘然了，无论对上司，还是对同事都不甚礼貌。这时，你就应该适当地"激"他一下，对他说："我觉得和你一块工作的小李挺出色的，上次你完成的工作也有他一份功劳吧。你可得加紧努力啊……"

这时，这位沾沾自喜的员工定会感觉到压力，因为他意识到身边的小李很可能超过他，从而收敛自己的得意情绪，并且会更加投入地工作。

当然，"激将法"并不是对每个员工都适用，管理者一定要区分对象，根据性格特征因人施法，避免由于用法不当，而造成适得其反的后果。此外，使用"激将法"还要视员工的态度和他的心理承受能力而定。否则，如果员工的心理承受能力较差，你的激将法不但无法收到预期的效果，甚至会让他一蹶不振。

那么，怎样把握"激将法"的语言技巧呢？不妨注意下面几点。

（1）对待自卑感的员工。

企业中总是会有一些有才华的员工，但他们不自信，有自卑感，总怕自己干不好。这时用狠话打击他，会让他更加怀疑自己的能力。所以你采取行动时不要太鲁莽，可以讲究点方法。

"唱双簧"的方式对待这种员工很有效果。找个人配合，一个唱黑脸，一个唱白脸，一搭一唱，效果会很好。

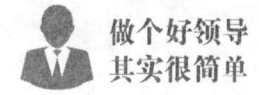

比如：自己企业中的一名年轻员工总是很自卑，你唱的是黑脸，那么你应该对员工强悍一点、严厉一些，然后由你的助理——"白脸"上场，也就是在你对这位员工训斥后，让助理找他谈话，扮演一个和善的角色，告诉他："其实领导是想用'激将法'激励你。说实在的，他一直以来都挺欣赏你的，希望你……"

这样谈完之后，他就不会因为你的话而感到不高兴，反而会感觉到领导对他有着很大的期望，心里定会有点高兴，同时也感觉到自己的压力，所以会很认真地更加自信地工作，其效果自然就很好了。

但要注意的是，在运用这种方法的时候，一定要确定唱"白脸"的主角是可靠的，事先告知他绝对不能夸大其词、信口开河，避免他在下属面前说你的坏话，否则后果是难以想象的。适当地对你的下属使用"激将法"，你会发现他们的工作效果会更好。

（2）对待不思进取的员工。

对一些精力充沛、没有压力、很容易满足现状、不思进取的员工，管理者应该经常用话语激激他。

管理者可以把某项重要的工作交给他，并这样和他对话："这项工作只能交给你了，我知道你平时工作记录不是很出色，但是没办法，公司现在实在没人手，我希望你能尽心尽力地完成它。"

听完这话后，这个员工肯定会不舒服，甚至会有不服气的感觉，心里会想：凭什么说我工作不出色？我要让你看看！这样，他会把怒气转化为工作的力量，全心全意地去工作。

最后的结果是，他不仅用他的过剩精力提高了工作效率，而且也让他在出色完成工作后有种成就感，从而更加热爱自己的工作。这也是评价员工工作的一种技巧。

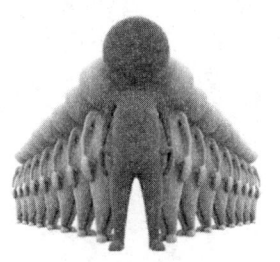

第六章

抓沟通

——突破交流障碍,提升团队效能

人与人之间不可能没有沟通。在生活中,如果没有沟通,就无法了解彼此的内心想法,就没有关系的和谐;在企业里也一样,如果没有沟通,领导者就无法了解下属的工作进度,就得不到工作上的协作,组织工作也无法进行。因此,作为领导者,一定要时刻与自己的下属进行有效的沟通,提高工作效率。

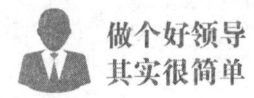
做个好领导
其实很简单

工作中离不开沟通

沟通是一种极其普通又普遍的行为，沟通永无止境。有句名言："企业管理过去是沟通，现在是沟通，未来还是沟通。"

企业成功源于沟通。美国沃尔玛公司总裁萨姆·沃尔顿说："如果你必须将沃尔玛管理体制浓缩成一种思想，那可能就是沟通。因为它是我们成功的关键。"沟通就是为了达成共识，而实现沟通的前提就是让所有员工一起面对现实，共同参与，让大家都知道事情的真相。这样才能统一思想认识，从而解决问题。

有一把坚实的大锁挂在铁门上，一根铁棍费了九牛二虎之力，还是无法将它撬开。这时钥匙来了，只见它瘦小的身子钻进锁孔，只轻轻一转，那大锁就啪的一声打开了。铁棍奇怪地问："为什么我费了那么大力气也打不开，而你却轻而易举地就把它打开了呢？"钥匙说："因为，我最了解它的心。"

那么，横在领导者和员工心中的那把锁是什么呢？应该怎么去解决形形色色的问题和矛盾呢？要想找到打开职工心锁的钥匙，只有沟通。因为沟通才是解决团队内部矛盾和问题的最好方法。

具体地说，沟通在领导中的重要作用体现在以下几个方面。

①良好的组织沟通，尤其是畅通无阻的上下沟通，对于一个企业来说是非常重要的。因为沟通可以起到很好的振奋员工士气、提高工作效率的作用。如今，随着社会的发展，许多人都不再单纯地只注重高薪资、高

福利等物质上的待遇，他们开始由"经济人"向"社会人"和"文化人"的角色转换，更注重在企业中的创造性实践，满足自我实现的需求。良好的沟通，能使员工自由地和其他人、尤其是管理人员谈论自己的看法和主张，使他们的参与感得到满足，从而激发他们的工作积极性和创造性。

②在有效的人际沟通中，沟通者互相讨论、启发，一同思考、探索，往往能迸发出创意的火花。员工们对于本企业有着深刻的理解，他们往往能最先发现问题并找到症结所在。比如，惠普公司要求工程师们将手中的工作显示在台式机上，供别人来品评，以便大家一起出谋划策，共同解决困难。由此可见，有效的沟通机制使企业各个阶层能分享信息，并考虑付诸实施的可能性。这是企业创新的重要来源之一。

③信息沟通是每个企业与外部环境发生相互作用的开放系统。领导者通过信息沟通，可以了解到客户的需要、供应商的供应能力、股东的要求及其他外部环境信息。在环境日趋复杂、瞬息万变的情况下，与外界保持良好的沟通状态，及时捕捉商机，避免危机发生，是企业领导者的一项关键职能，也是关系到企业兴衰的重要方面。

④交流信息是沟通的一个重要职能。企业要想将顾客需求信息、制造工艺信息、财务信息等准确而有效地传达给相关部门和人员，各部门、人员之间必须进行有效的沟通，以获得其所需要的信息。所以，如果制造部门不能及时获得研发部门和市场部门的信息，我们无法想象会造成什么样的后果。企业出台任何决策，都需要凭借书面的或是口头的、正式的或是非正式的沟通方式和渠道传达给适宜的对象。

沟通是管理的核心和灵魂，这是无可厚非的事实。没有沟通，管理就是空中楼阁；没有沟通，就没有管理上的创新，就没有良好的人际关系。沟通是维持团队良好状态、保证团队正常运行的关键过程与行为。

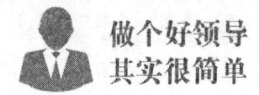
做个好领导
其实很简单

沟通前要做好充分准备

领导者在与员工进行沟通的时候，如果没有心理准备，漫无目的地沟通，这样有时不仅会使沟通中出现诸多的不利因素，还会出现沟通无效的情况。因此，在与员工进行沟通时，领导者一定要提前作好心理准备，这样才能让沟通畅通无阻。

罗伯尔特先生在一家房地产公司担任部门领导职务，他颇有才干，为公司做出了很大贡献。一天，他忽然间辞职走了。芭克塔斯总经理经过了解，得知他被聘到一家酒店做经理了。于是，芭克塔斯作好了充分的思想准备，亲自找到那家酒店，准备和罗伯尔特先生进行一次推心置腹的沟通，希望能为企业挽回人才损失。原公司老板主动上门来，这使得那位刚辞职的罗伯尔特先生深感意外，但他想躲开已经来不及了，只好笑脸相迎，请芭克塔斯总经理喝酒。

两个人在酒桌上细饮慢说，芭克塔斯总经理笑容可掬，情绪不错。他与这位过去的部下说起一些一起创业、过关斩将的往事，讲得眉飞色舞。随后，才谈到罗伯尔特的近况。他兴致勃勃地问道："很好吧？是不是干得很顺手？"罗伯尔特当然要把现状好好描绘一番：他很受老板的赏识，当上经理以后，手下人协作也不错，初步估算，在年内可以拿到15万美元。一边说一边觉得很是畅快。芭克塔斯总经理淡然一笑说："15万美元吗？我认为太少了。""就这么个小小的酒店，一年赚这么多已经很不错了。"罗伯尔特小声地辩解道。

芭克塔斯总经理一本正经地说道："照我看，你的才能一年应该赚几十万美元，你太不自信了，这么个小地方藏不下你这条巨龙，所以我看你在这儿是大材小用啊！还是回去跟我干吧，你看怎么样？"芭克塔斯总经理又帮罗伯尔特分析了几点：一是他学的专业与酒店管理根本不搭界，等于荒废了以前的学业；二是他从事房地产业务已经多年，半途改道，多年积累的经验、资格、关系网络算是毁于一旦；三是房地产行业潜力巨大，以后的发展将是无量的；四是罗伯尔特刚进入酒店行业，短时期内不可能有大的业绩；五是罗伯尔特放弃了自己的长处。

"芭克塔斯总经理，你不是开玩笑吧？我刚出来，你还要我回去？"罗伯尔特非常意外地说。芭克塔斯总经理看到罗伯尔特的反应，心里就已经有底了，相信自己的努力不会付诸东流的。他继续慢悠悠地说："我想问题和做事向来都是认真的。"

罗伯尔特为难地苦笑道："我连公司的房子都退了，回去还有位置吗？"芭克塔斯总经理立刻回答道："你错了，我们公司的一贯做法是人走了房子留给他。你在小酒店里太屈才，我留下这句话：你愿不愿来，我都等着你。"

罗伯尔特和芭克塔斯总经理交谈后，果然返回公司。一年后，经过东拼西杀，为公司获利几百万美元。

芭克塔斯总经理的做法非常明智，他明白像罗伯尔特是不可多得的人才，如果失去他，公司将要有很大的亏损。于是，在与罗伯尔特谈话之前，他便做好了充分的心理准备，想好以怎样的方式能让这位人才回到自己的公司。因此在与罗伯尔特交谈时他用法得当，游刃有余，为公司挽回了人才。

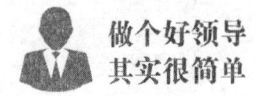

通过上面的故事可以明白,作为一个领导者,在与员工沟通时,一定要做好充分的思想准备。通过对优秀员工的知识背景、家庭出身、社会经历及当时所处的生活环境等方面的充分了解,企业的领导者有必要和他们进行一次有准备、有策略的沟通,使员工在无形之中接受并认可领导者的观点和主张。当领导者面对员工提出的异议时,按照事先想好的回答方式,将自己的观点一点一点地渗透给员工。这样才可以使工作正常、高效地开展下去。

沟通要活学活用

曾在一家全国知名企业工作过的张先生,任华东地区某营销总部的经理。他说:"我和同事一直保持着良好的团队精神。我重视他们的感受,并保持与他们沟通,听取他们的观点,让每个人的长处能够充分地发挥。上班时他们叫我张总,下班后他们就叫我张哥。这样的关系让我们的工作效率超越了其他部门。"这就是我们常说的平民化沟通,也就是让沟通的双方没有距离,而且要活学活用。

沟通是人与人之间、人与群体之间思想与感情的传递和反馈的过程,也是管理的最高境界,目的是思想达成一致、保持感情的通畅。在价值取向多元化和性格气质个性化的今天,沟通更需要科学的技巧和正确的方法。对一个领导来说,与员工进行沟通是非常重要的,因为管理者要做出决策就必须从员工那里得到相关的信息,而信息只能通过与员工之间的沟通才能获得。而要想从员工那里获得真实的信息,你的沟通方法就必须正确科学,富有技巧,否则,再好的想法,再有创见的建议,再完善的计划,也都是无法实现的空中楼阁。

那么,管理者如何才能与员工进行有效的沟通呢?

(1)注意语言的运用。

领导在与下属沟通时,沟通语言要因人而异。在同一个组织中的众多

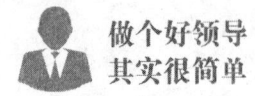

成员中，往往分不同的年龄、教育和文化背景，这就可能使他们对相同的话产生不同的理解。另外，由于专业化分工不断深化，不同的员工有不同的"行话"和技术用语，而管理者往往注意不到这种差别，以为自己说的话都能被其他人恰当地理解，从而给沟通造成了障碍。由于语言可能会造成沟通障碍，因此管理者应该选择员工易于理解的词汇，使信息更加清楚明确。在传达重要信息的时候，为了消除语言障碍带来的负面影响，可以先把信息告诉不熟悉相关内容的人。比如，在正式分配任务之前，让有可能产生误解的员工阅读书面讲话稿，对他们不明白的地方先做出解答。

（2）沟通后的反馈情况。

沟通的最大障碍在于员工误解或者对管理者的意图理解得不准确，因此，要让员工对沟通行为及时做出反馈。比如，当你向员工布置了一项任务之后，你可以接着向员工询问："你明白了我的意思了吗？"同时要求员工把任务复述一遍。如果复述的内容与管理者的意图相一致，说明沟通是有效的。如果员工对管理者的意图的领会出现了差错，要及时进行纠正。或者，你可以观察他们的眼睛和其他体态举动，了解他们是否正在接收你的信息。

（3）注意保持理性，避免情绪化行为。

在接受信息的时候，接受者的情绪会影响到他们对信息的理解。情绪使我们无法进行客观的和理性的思维活动，而代之以情绪化的判断。管理者在与员工进行沟通时，应该尽量保持理性和克制。如果情绪出现失控，则应当暂停进一步沟通，直至恢复平静。

（4）领导者要学会倾听员工的发言。

沟通并非单方面的，要使沟通有效，双方都应当积极投入交流。当员工发表自己的见解时，管理者不能不管不顾，而应当认真地倾听。当别人说话时，我们在听，但是很多时候都是被动地听，而没有主动地对信息进行搜寻和理解。积极的倾听要求管理者把自己置于员工的角色上，以便于正确理解他们的意图而不是你想理解的意思。同时，倾听的时候应当客观地听取员工的发言而不做出判断。当管理者听到与自己不同的观点时，不要急于表达自己的意见。因为这样会使你漏掉余下的信息。积极的倾听应当是接受他人所言，而把自己的意见推迟到说话人说完之后。

（5）沟通要减少层级。

与要传递信息的人正面交谈，可以将信息快速传递和快速反馈。在这个过程中，信息可以在最短的时间内被传递，并得到对方回复。但是，当信息经过多人传送时，口头沟通的缺点就显示出来了。在此过程中卷入的人越多，信息失真的可能性就越大。每个人都以自己的方式理解信息，当信息到达终点时，其内容常常与开始的时候大相径庭。因此，管理者在与员工进行沟通的时候，应当尽量减少沟通的层级。越是高层的管理者越要与员工直接沟通。

（6）肢体语言是沟通的好搭档。

研究表明，在面对面的沟通中，一半以上的信息不是通过词汇来传达的，而是通过肢体语言来传达的。要使沟通富有成效，管理者必须注意自己的肢体语言与自己所说的话的一致性。因此，在倾听他人的发言时，还应当注意通过非语言信号来表示你对对方的话的关注。比如，不要看表、翻阅文件、拿着笔乱画乱写。要有赞许性的点头，恰当的面部表情，积极的目光配合。如果员工认为你对他的话很关注，他就乐意向你提供更多的信息。否则员工有可能把自己知道的信息守口如瓶。比如，你告诉员工你很想知道他们在执行任务中遇到了哪些困难，并乐意提供帮助，但同时你又在浏览别的东西。这便是一个"言行不一"的信号。员工会怀疑你是否真正地想帮助他。

总之，与员工沟通时，管理者要注意许多细节。例如，要力求避免采取自鸣得意、命令、训斥的口吻说话，而是要放下架子，以平易近人的方式对待下级。注意不到这些细节问题，管理者与员工之间极易造成沟通障碍，使沟通难以进行，甚至还会伤害彼此的感情，影响工作的进展。

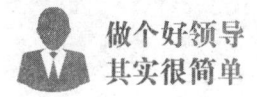
做个好领导
其实很简单

给员工创造沟通的环境

美国微软公司联合创始人比尔·盖茨鼓励员工们畅所欲言，对公司在发展中存在的问题，甚至上司的缺点，员工都可以毫无保留地提出批评、建议或提案。他说："如果人人都能提出建议，就说明人人都在关心公司，公司才会有前途。"由此可见，企业员工的真话无价，但是真话难得。

员工的"真心话"不一定是真知灼见，但一定是肺腑之言。今天这个员工的建议也许不可取，明天另一个想法也不可行。但有一天，也许让你头疼的事情，会因为某个员工的某一句话而得到解决。所以，一个成功的管理者，懂得营造一个和谐的畅所欲言的工作氛围，让员工说出他们的"真心话"。因为，只有这样，企业的各项管理才能做到有的放矢，才能避免因主观武断而导致决策的失误。相信，如果在一个公司，员工只知遵令行事，即使公司再大，人才再多，也不会有好的发展。

何先生是一家民营制药企业的老总，别人为员工"不听话"发愁，他则为员工"太听话、不说话"发愁。每次工作会议，讨论新议题时，几乎都是何总"一言堂"。无论是部门经理向他汇报工作，还是员工向部门经理汇报工作，几乎听不到建议，该公司还为此吃过苦头。前些时候由于公司财务管理有漏洞，各分公司经理纷纷私设"小金库"，公司总部入不敷出，幸亏一位同行及时提醒，才得以转危为安。让何总不明白的是，公司那么多的部门经理，为什么就没有一个站出来说"真话"呢？

社会心理学家斯坦奈指出，管理者要"创造一种气氛，使掌握正确答案的少数人愿意或甚至感到必须说出答案并加以解释"。为创造畅所欲言、敞露心怀的环境，作为企业"主角"的管理者，在研究探讨问题时切忌两点：一忌"先入为主"，不能提前或轻易发表自己的看法和观点，以免带上框框，使下属摸清自己的意图，人云亦云，违心附和；二忌在讨论中自觉或不自觉地"暗示""授意"，给参与者造成心理压力，使一些不同甚至反面的意见不敢表露。

在这方面，杰克·韦尔奇做出了正面表率。他在上任通用电气公司的总裁后，力求把通用打造成一家"没有界限的公司"，而"毫无保留地发表意见"就成为通用电气企业文化的重要内容。

在通用电气公司里，每年约有2.5万名员工参加"大家出主意"会，时间不定，每次50~150人，要求主持者要善于引导大家坦率地陈述自己的意见，及时找到生产上的问题，改进管理，提高产品和工作质量。当基层开"大家出主意"会时，韦尔奇还要求各级经理都要尽可能下去参加。他还以身作则，带头示范，不过他常常只是专心地听，并不发言。

开展"大家出主意"活动后，除了在经济上带来巨大收益之外，更重要的是使员工感到自己存在的价值，精神面貌大变，给公司带来了生气，取得了很大成果。如在某次"大家出主意"会上，有个员工提出，在建设新电冰箱厂时，可以借用公司的哥伦比亚厂的机器设备。哥伦比亚厂是生产压缩机的工厂，与电冰箱生产正好配套。如此"转移使用"，节省了一大笔开支。这样生产的压缩机将是世界上成本最低而质量最高的。经韦尔奇的努力，公司从1985年开始，员工减少了11万人，利润和营业额却翻了一番。

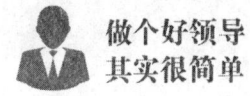

总之,企业管理者要掏出员工的"真心话",关键是要积极营造"百家争鸣"的民主氛围。在这种氛围中,管理者和员工相互尊重,彼此信任。让员工有发表意见的机会,并做到知无不言,言无不尽。管理者在这种氛围中,得到各种意见,发现企业所存在的问题,寻找企业发展的新思路。

第六章
抓沟通——突破交流障碍，提升团队效能

幽默让沟通一路绿灯

生活中的幽默可以增添许多乐趣，而工作中的幽默可以缓解员工身心的疲惫，使员工体会到工作的愉悦。更重要的是，幽默可以使领导者变得更有魅力。一个具有幽默能力的成功领导者，能够与员工进行高效的沟通，从而在企业内部创造团结和谐、民主友善的气氛，使人人都参与管理，献计献策，充分调动起员工的自觉性和主动性。

我们熟悉的许多重要人物，如林肯、罗斯福等，都是幽默大师。

有一次，林肯和他的一位朋友边走边交谈。当他们走到回廊时，一队早已等候多时、准备接受总统训话的士兵齐声欢呼起来。但那位朋友却没有意识到自己需要退开。这时，一位副官走上前来提醒他退后八步，这位朋友才发现自己的失礼，立即涨红了脸。林肯却微笑着说："白兰德先生，你要知道也许他们还分辨不清谁是总统呢！"就这么一句话，立刻打破了现场的尴尬气氛。

幽默是一种品质，领导者的幽默有利于实现与员工的良好沟通，从而促进管理目标的实现。

据美国针对1160名领导者的调查显示：77%的人在员工会议上以讲笑话来打破僵局；52%的人认为幽默有助于其开展业务；50%的人认为企业应该考虑聘请一名"幽默顾问"来帮助员工放松；39%的人提倡在员工中"开怀

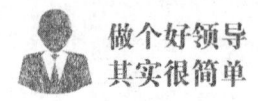

大笑"。可以说,幽默和提高生产效率应该是相辅相成的。

一些著名的跨国公司,上自总裁下到一般部门经理,已经开始将幽默融入到日常的管理沟通中,并把它作为一种崭新的沟通手段。竞争的加剧,经济的动荡,使企业员工面对着超乎寻常的压力。运用幽默进行管理沟通,领导者往往可以取得很好的效果。

著名软件企业组合国际公司总裁王嘉廉,他的英文名字叫"Charles wang",他的最突出的性格特征便是幽默风趣、极擅演讲。尽管王嘉廉学的是理科,跟数学、物理打交道的时候多,但他受家庭的影响,从小博览群书,知识视野非常宽阔,而极度外向的性格又使得他在人际沟通中练就了极强的语言表达能力。

组合国际公司员工Jean的办公桌前的墙板上,贴着一张字条,上写:"To Jean, Form Charles."要说这个字条的来历,还得从三年前说起。1992年,Jean奉命负责组合国际公司产品展销会。开幕的头天晚上,王嘉廉前往会场,为参与准备工作的员工打气。他看出大家显得拘谨而紧张,便与大家闲聊开了。而让Jean没有想到的是,王嘉廉问她:"你会烧冬瓜吗?如果你会的话,我将送你一个大冬瓜。"Jean本以为他是在开玩笑,只是很拘谨又腼腆地笑了笑。不久,王嘉廉果然从自家后院搞了一只巨无霸冬瓜,亲自送给Jean。那张写有"To Jean, Form Charles."的字条,正是王嘉廉附在冬瓜上的。Jean颇有感触地说:"我只是小人物,Charles作为公司的领导者,对这些小事情也许不记得了,但对我来说意义非比寻常。至少我感觉他没有把我当下级对待。人与人之间,除了金钱外,感情的存在是很重要的。"

蓝西是组合国际公司副总裁,他从切身感受谈起对王嘉廉的认识:"当公司变大时,我并没有发觉王嘉廉有任何改变。我进公司是由东尼面试进来的。刚进公司那天,王嘉廉就要我跟他去打篮球。我有些迟疑,但他说,我们可以从后面溜走,东尼不会发现的。"

蓝西因为购置新房向王嘉廉借了一大笔钱,过了很久才还给王嘉廉。王嘉廉拿到支票后说:"我记不得给了你这么多钱。走,我们一起去买篮球与球鞋！"

王嘉廉身上的幽默风趣使他在工作中如虎添翼，亲近感、信任感、凝聚力由此在组合国际公司产生。可以说王嘉廉的沟通艺术深刻地影响着组合国际公司的企业文化。

组合国际公司的资深副总裁麦可·派克，在自己的办公室墙壁上贴有一则英文简报，其中有一行醒目的字："鼻子被打碎，员工被提升。"

那是12年前，派克刚进组合国际公司不久，在一场篮球赛上，派克不小心用肘关节碰伤了王嘉廉的鼻子，顿时血流如注。派克吓得浑身瑟瑟发抖，连忙送王嘉廉至医院照X光，摄片的结果是粉碎性骨折。派克万分不安地给太太通话道："我告诉你一件难以置信的事，我把公司大老板的鼻子碰碎了。我现在陪他在医院。"太太说："派克，这下你可完了，就等着炒鱿鱼吧。"派克呆若木鸡。

王嘉廉的鼻子被麦可·派克碰伤以后，有许多管理人员去医院看望他，王嘉廉一本正经地问派克："你认识最好的律师吗？不妨请来为你辩护，我准备提起法律诉讼。"派克老老实实地回答："梅塞可以当我的辩护律师。"梅塞是派克的舅舅，其知名度很高，当时也在组合国际公司任职。王嘉廉不动声色地说："那不行，因为我已经雇用他了。"派克好半天才回过神来，引得病房内一阵哄堂大笑。在鼻子"修整"好之后，王嘉廉窥镜自照，发现鼻梁歪向一边，只得找来自己的私人医生重新矫正。然而，惴惴不安的派克不仅没有被炒鱿鱼，相反因他在业务上的优异表现而被王嘉廉屡屡提携。在短短的10多年间派克的职务晋升了无数次，直至成为组合国际公司资深副总裁。

在西方，没有幽默感的人，简直就是没魅力、愚蠢的代名词。在沟通中灵活运用幽默的领导者，比古板严肃的领导者更易于与员工打成一片，通常也很容易聚集一批为他效力的下属。下属在与他们的领导者共事时，领导者的幽默会使下属摆脱许多尴尬情景，保住面子，进而勤奋工作。有经验的领导者都知道，要使身边的员工能够和自己齐心合作，就有必要通过幽默使自己的形象更具有亲和力。

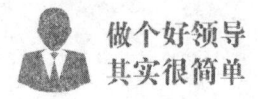

做个好领导
其实很简单

耐心倾听员工心声

美国通用电气公司总裁杰克·韦尔奇曾说:"并不是说通用电气的人聪明,而是因为我们有一个信念,员工是唯一的,企业的领导人应花很多的精力在下属的身上,而不是考察我们的财务数据。只在年报中写几句感谢的话是不够的,企业的领导人必须走到下属中间去,征求他们的想法和意见,让每个人都知道自己在公司中的位置和绩效,企业领导人应当身体力行地去做。"企业的成功并不是仅靠一个人就能完成的,需要集思广益,集中大家的意见和想法,需要所有人都有奋斗的激情。

自古以来,一些明君总是能将天下治理得国泰民安,这与其善听忠言是分不开的,而一些居功自傲的领导者,总是一意孤行,从不听任何人的劝告,这样的人最终总是一无所有。

西周时期,周夷王死后,周厉王姬胡继位。他认为父亲在位时,对诸侯大夫过于宽和,决心以严酷的手段来慑服臣下。不久,他就借故烹杀了齐哀公。

周厉王贪财好利,在位期间千方百计地搜刮人民。有一个臣子叫荣夷公,教唆厉王对山林川泽的物产实行"专利",由天子直接控制,不准平民(国人)进山林川泽谋生。周厉王听了觉得这个主意很不错,便不顾大臣的规劝和平民的反对,推行了"专利"政策。

周厉王的做法，使平民断了生路，怨声四起，纷纷咒骂。让平民更加愤怒的是，周厉王还派了一个佞臣卫巫于监视百姓，将许多不满"专利"的平民捕来杀死。后来连不少没有发过怨言的平民也被杀死。周厉王的高压政策，使得亲友熟人在路上遇到了都不敢互相招呼，只能看上一眼，都城变得死气沉沉。周厉王却自以为得计，得意扬扬地说："我自有办法叫百姓不敢诽谤我。"大臣召公劝诫说："这样堵住人民的嘴，就像堵住了一条河。河一旦决口，会造成灭顶之灾。人民的嘴被堵住了，带来的危害远甚于河水。治水要采用疏导的办法，治民要让天下人畅所欲言，然后采纳其中好的建议，这样，天子处理国政就少差错了。"周厉王听了不以为然，说："我是堂堂天子，那些无知的愚民只能遵从我的命令，怎么能让他们随便议论！"仍然一意孤行，实行暴政。

国人无法容忍周厉王一直以来的暴政，公元前841年的一天，都城四郊的百姓自发地集结起来，手持木棍、农具作武器，从四面八方扑向都城的王宫，要向周厉王讨还血债。周厉王听到由远而近的愤怒的呼喊声，忙命令调兵镇压。臣下回答说："我们周朝寓兵于农，农民就是兵，兵就是农民。现在农民暴动了，还能调集谁呢？"周厉王这才知道大祸临头，匆忙带着宫眷逃出都城，沿渭水朝东北方向日夜不停地逃到远离都城的彘，才筑室居住了下来。

大臣周公、召公极力劝解百姓后，终于平息了一些怨恨，百姓才肯离去。此时宗周无主，周公和召公根据贵族们的推举，暂时代理政事，重要政务由六卿合议。

周厉王逃到了彘后，派臣子凡伯回都城镐京探听消息。凡伯见暴动已经平息，就和周公、召公商议，准备接周厉王回都复位。但是，百姓对周厉王十分憎恨，坚决不允许他回来。周公、召公怕再次触怒百姓，激起暴动，被迫打消了这个念头。凡伯回到彘奏明情由，周厉王无可奈何，只好在彘定居。彘在汾水之畔，周人因此又称周厉王为汾王。周厉王到了这步田地，一切天子的享受都失去了，每年仅由周公、召公派人送些衣服、日

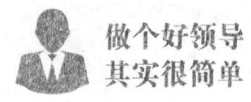

用品给他维持生计。他想起昔日的尊荣,郁闷不解,凄凉地度过了14年后病死。

这个故事警示后人,领导者一定要体察民情,也一定要注意倾听员工的心声,凡事不能以我为中心,把下属的意见置之不理,这样对自己是没有任何好处的。

对于员工来说,每天在一线工作奋战,心中难免会有这样那样的意见,一些不稳定的情绪波动也时常发生。有时心里会有莫明的压抑,这时如果没有领导的疏导,长久的压抑对于工作生活没有任何好处。作为领导者,如果能耐心倾听他们的心声,多多关心他们,他们就会感觉到企业有温馨的氛围。相反,如果员工丝毫感觉不到企业领导者的关心,他们也会对公司不健全的制度感到不满,对某位领导者心存怨恨,最终就会产生很多隐患和不稳定因素。领导者要多到下属中去,听一听下属的心声,有利于企业的管理决策。

员工的不满并不意味员工的不忠,相反正是这种抱怨和不满,才使领导者能够发现公司制度的缺陷。公司中的员工在默默忍受着、抱怨着企业的问题,下属可以忍气吞声,表面平静,但它会严重影响生产效率。面对员工的抱怨,领导者应该多在员工中走动走动,有利于对企业的管理做出更好更完善的决策。"从群众中来,到群众中去",领导者只有经常到下属们的中间去,才能知道他们在想什么,才能更好地抓住下属的心,做出成绩来。

一个不注意倾听别人意见的领导者,他所领导的企业注定做不出什么成绩,也有可能被别人推下台。领导者一定要体察民情,一味地以自我为中心发号施令,闭塞了下属的言路,就闭塞了企业的活路。

作为领导者总把自己摆在"高人三等"的位置,一副高高在上的姿态,居功自傲,听不进别人的意见,不关心下属的想法,总是对下属指手画脚,随意批评,是不会得到下属喜欢的。那些时刻听取下属的心声,以谦和的态度和员工们交流的领导,定能让下属爱戴。这样他们不只赢得了权威，更能赢得魅力。没有了领导者的架子，员工们都愿意跟领导者沟通，把对公司的意见和建议表达出来，对企业会更加忠诚。

一个成功的领导者，总是平易近人，善听下属心声，和善地深入基层，了解下属所需。这样的领导者，下属会把他们当作"知心人"，轻松愉快地与他交流思想、提出建议，有助于领导者有效地实施管理。

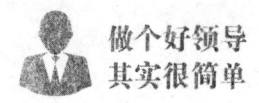

做个好领导
其实很简单

真情实意地与员工平等交谈

下属,在企业中也是企业的合作者。因此,领导者在与其进行沟通时,要在语言和行为上表示诚意,平等地进行交谈。这样,企业才会得到支持和拥护,从而"政令畅通"。

下面我们来看看这几句话:

——在一元化的环境中,不忠诚你肯定完了,而无法判断你是否忠诚那你也完了。

——被信任的人怎么做都对,不被信任的人怎么做都不对。

——个人对组织的不忠诚被确认之后,他可能永远不会被重用。

——对某一个人(上司)的不信任,十有八九被解读为对组织的不忠诚。

从这几句话中可以了解到,信任造成的危机是很大的,也许这会是一个组织的最大危机,也是最容易产生的危机。人与人之间很容易产生误会,更何况是在领导者和员工之间,更容易产生隔阂。所以,要想避免沟通不畅对管理效率产生影响,领导者必须掌握高超的沟通技巧。

(1)真诚。

与下属沟通最主要的是真诚。很多人提出以"以对方为中心"和"同理心"的概念。在现实社会中,许多领导者与下属的沟通总是套用一些"沟通技巧",沟通起来显得非常做作,很容易被有经验和阅历的人看穿。要把所谓的沟通技巧与自己融合为一体并不容易,有的时候就像穿一件不合身的衣服,怎么看怎么别扭。因此,想使沟通变得有效,就必须要真诚。我们可以从以下三个方面来做。

①真诚的心。就是说要有一颗正直、诚实的心。有句古话"诚于中者,形于外",还说"相由心生"。这种诚心,别人是可以从相貌、声音等外在表现感觉到,无形中让别人更快地接受你,使得沟通更为顺畅。做到诚心,别人认可了你,才谈得上"以别人为中心",才使得沟通有一个好的基础。

②诚恳的态度。沟通时要有一种观念:每个人都是我的老师,我能从别人身上学到很多东西。诚恳是一种态度,你用什么样的态度对待别人,别人就会用怎样的态度对待你。因此我们要保持在不同的对象、不同的环境下都采取诚恳的态度。

我们每个人都是对自己最感兴趣,都善于表达自己的见解和想法,而不是以对方为中心。这就需要严格自律,不要经常打断别人的话,做到耐心而专注。所有这些在别人看来就是诚恳的态度,不加掩饰的诚恳的态度是最好的武器。

③诚实的话。诚实是做人的原则。我们在和员工沟通的时候,要诚心,要以对方为核心,要有诚恳为对方解决问题的态度。只有这样才能掌握沟通的主动权,达到沟通的目的。

(2) 平等。

在沟通之前,一定要提醒自己拿出平等的态度对待员工。没有人喜欢与自以为是、高高在上、摆架子的管理者打交道。即便是在路上相逢,他们通常也会绕道走。知识型员工具有独立的思考能力,有自己的价值观和抱负,他们往往和管理者一样对很多事情有深刻的认识,甚至在一些方面要超过他的上级。所以他们往往可以发现领导者的种种不足和弱点,并且不加遮掩地把自己的看法公开交流。明智的领导者应该放下自己的架子,

把自己摆到与员工相同的位置上，谦虚地接受员工的批评，与员工一起来讨论如何改进自己的工作。

（3）信任。

著名管理学教授费尔南多·巴托洛梅曾写了一篇文章，标题是《没有人完全信任老板，怎么办？》。巴托洛梅教授在文章中指出：

对领导者而言，尽早抓住问题是重要的，而找出会使你头疼的问题的最好方式，是让你的员工告诉你。这取决于坦率与信任，但这两点都有严格的内在的局限性。在需要坦率和信任的时候，大部分人倾向于选择沉默，自我保护，而权力斗争也妨碍了坦诚。

领导者必须认真培育信任，应该利用一切可以利用的机会，增进员工的信任感。同时要注意信任培育关键的六个方面：沟通、支持、尊重、公平、可预期性及胜任工作的能力。

领导者还必须注意麻烦显露前的蛛丝马迹。比如信息量减少、士气低落、模棱两可的信息、非语言的信号以及外部信号等。必须建立一个以使用、传播及创造信息为基础的交流网络。

目前的领导者正在朝着职业化挺进，在这个进程中，信任显得更为重要。许许多多企业和领导者之间的纠纷，领导者与员工之间的矛盾大都缘自不信任。所以，领导者们每时每刻都需要自问：我被信任吗？我信任他人吗？彼此信任，已成为一个组织得以良性发展的基础。

高效率沟通有方法

威尔德说："管理者应该具有多种能力，但最基本的能力是有效沟通。"

有效沟通、高效沟通，对于企业领导者来说是非常重要的。如何才能实现高效率的沟通呢？应遵循以下四个法则。

法则一：视对象选择沟通方法。

接受者的认知取决于他的教育背景、人生经历以及他的情绪。如果沟通者没有意识到这些问题的话，与他的沟通将会是无效的。与下属沟通时必须分清对象。如果一位员工没什么文化，那么领导者在与他交谈时则需要用对方熟悉的语言。谈话时使用自己常用的专业术语并无益处，因为这些用语已超出了他们的感知能力，很可能会导致对方不能正确理解，那么结果也可想而知。另外，晦涩的语言就意味着杂乱的思路，所以，需要修正的不是语言，而是语言背后想要表达的思想。有效的沟通取决于接受者如何去理解。例如经理告诉他的助手："请尽快处理这件事，好吗？"助手会根据经理的语气、表达方式和身体语言来判断，这究竟是命令还是请求。

禅宗曾提出过一个问题："若林中树倒时无人听见，会有声响吗？"答曰："没有。"树倒了，确实会产生声波，但除非有人感知到了，否则，就

是没有声响。沟通也一样，它只在有接受者时才会发生。

因此，无论在什么情况下进行沟通，都需要注意的第一个问题必须是分清沟通的对象，多想一想这一讯息是否在接受者的接收范围之内，他如何理解，他能否收得到。

法则二：了解对方的期望。

某公司经理安排一名主管去管理一个生产车间，但是这位主管并不情愿，他觉得管理车间是件费力不讨好的事。这位经理为了让这位主管能好好地工作，于是开始了解主管的期望。如果这位主管只是得过且过，经理就应该告诉他，由于公司精简人员，他必须去车间，否则只有离开公司；相反，如果这位主管是一位积极进取的年轻人，经理就应该告诉他，管理生产车间更能锻炼和反映他的能力，今后还可能会得到进一步的提升。

对领导者来说，在进行沟通之前，了解接受者的期待是什么是非常重要的。只有这样，我们才可以知道是否能利用他的期望来进行沟通，或者是否需要用"孤独感的震撼"与"唤醒"来突破接受者的期望，并迫使他领悟到意料之外的事已经发生。因为我们所察觉到的，都是我们期望察觉到的东西：我们的心智模式会使我们强烈抗拒任何不符合其"期望"的企图，出乎意料之外的事通常是不会被接受的。

法则三：明白信息不等于沟通。

沟通以信息为基础，但和信息不是一回事。公司年度报表中的数字是信息，每年一度的股东大会上董事会主席的讲话则是沟通。当然这一沟通是建立在年度报表中的数字之上的。信息可以按逻辑关系排列，技术上也可以储存和复制。信息与人无直接关系，不是人际间的关系。越不涉及诸如情感、价值、期望与认知等人的信息，越有效力且越值得依赖。而沟通是在人与人之间进行的。信息是中性的，而沟通的背后都隐藏着目的。

由于沟通者和接受者认知和意图不同，沟通便显得多姿多彩。尽管信息对于沟通来说必不可少，但信息过多也会阻碍沟通。信息就像照明灯一样，当灯光过于刺眼时，人眼会受不了。信息过多也会让人无所适从。

法则四：明确沟通的目的。

一家公司员工因为工作压力大、待遇低而产生不满情绪，纷纷怠工或准备另谋高就。这时，公司领导者又提出口号——"今天工作不努力，明天努力找工作"，更加招致员工反感。

这家公司领导者的做法是非常不理智的。既然员工已经有了不满情绪，还要贴出招致员工反感的标语，这样会让员工更加不满。正确的做法应该是，与员工进行良好的沟通。

沟通是一种"宣传"，都是为了达到某种目的。例如发号施令、指导、斥责或款待。沟通总是为了要求接受者要成为某人、完成某事、相信某种理念，或为了某种激励。换言之，如果沟通能够符合接受者的渴望、价值与目的的话，它就具有说服力，这时沟通会改变一个人的性格、价值、信仰与渴望。假如沟通违背了接受者的渴望、价值与动机时，可能一点也不会被接受，或者最坏的情况是受到抗拒。

以上四个法则，是实现高效率沟通的不可或缺的四个方面。除了这四个法则外，目标管理也是有效沟通的一种办法。在目标管理中，领导者和下属讨论目标、计划、问题和解决方案。由于双方都着眼于完成目标，这就有了一个共同的基础，彼此能够更好地了解对方。即便领导者不能接受下属的建议，他也能理解其观点。下属对上司的要求也会有进一步的了解。沟通的效果自然得以改善。

以下这四个"简单"问题，可以帮助领导者用来自我检测，看看自己是否能在沟通时去运用上述法则和方法：一是必须知道对谁说；二是必须知道说什么；三是必须知道什么时候说；四是必须知道怎么说。

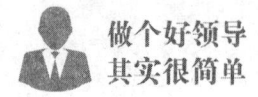

做个好领导
其实很简单

员工犯错,要学会委婉指出和沟通

如果管理者对部下不得不说"不"时,既要坚持自己的工作原则,又应保护部下的自尊心,激发部下工作的积极性,充分展现自己作为领导的风度。因此,必须注意以下几点。

(1) 要顾及下属的感受。

领导由于比下属的地位高,因此在工作中有权力向下属说"不"。虽然这个简单的"不"字说起来很轻松,但如果一点都不顾及部下的感受,大多也不会赢得员工的尊敬,带来的只有嫉恨和离心背德。

在向下属说"不"的时候要讲究"巧"和"善"。"巧"就是灵活多变,抓住对方的心理,顺坡下驴,使对方没觉察时就被你拒绝了;而心怀"善"字,即使部下被你拒绝了,也不会怀恨在心,你那友善的态度消除了他可能产生的敌意。

(2) 要敢于说"不"。

有的时候,下属的观点、行为并不正确,而他自己却因为某种原因觉察不到,这时管理者就应勇敢地说"不"。如果对方是一个正直的人,他一定会很感激你,因为这是对他的一种激励,一种对他人格的完善。你的行为,肯定了他是一个正直的人,他能够认识、承认并改正自己的不足。在这层意义上,可以看出说"不"其实是激励的孪生兄弟。只是它们表现的方式有所差别，达到的效果却是一样的。因此，如果从被激励者的心理反应上来看，只要使对方达到了一种心理满足，产生了良好的效果，都可以称之为激励。

广传至今的唐太宗李世民与大臣魏徵之间的故事，可以说是这方面的经典。

魏徵是位敢于向皇上进谏的忠臣。有一次，魏徵竟然指责皇上李世民失信，开口便说："陛下曾说'朕以诚信御天下，欲使臣民皆无欺诈'。但陛下言而无信，自己就失信过好几回了。"

李世民心中有几分不悦，忙说："寡人什么时候失信于人了？"

魏徵不慌不忙地说："陛下登基之初，曾下令免去所有百姓欠官家的债务。可如今朝廷仍然追索秦王府的旧债，理由是秦王府的债权不属朝廷。陛下过去是秦王府的主人，现在贵为天子，秦王府的财物也应该属于官家所有。既然如此，为何还要追索呢？"

李世民低头不语，显出沉思的神色。

魏徵见状，接着说："刚才只是一例。陛下又曾降旨免除关内外两年之赋税，百姓闻之欢欣鼓舞，而今又降旨说今年照常征收赋税。朝令夕改，只会失人心于天下。臣以为，若想以诚信御天下，当从陛下始。"

在古代时期，皇帝高高在上，很少有人当面指出他的错误。魏徵却不怕触犯龙颜。而李世民非但没有降罪魏徵，还高兴地说："爱卿说得好。寡人确实言而无信，幸好让卿家给点了出来，否则失信于天下，那就不妙了。"李世民还心存感激地给予魏徵很高的评价："贞观以来，尽心于主，献纳忠说，安国利人，犯颜正谏，匡朕之违，以唯见魏徵一人。"

从这个故事可以看出，在激励别人时，当别人的行为有错误，说"不"比一味迎合更重要。迎合容易使对方忽视自己的缺点，沉浸于虚幻世界里，不利于他的进步。在对方出现错误时，还一个劲儿地恭维，这种激励就有阿谀奉承，甚至居心叵测之嫌。

(3) 做到真诚与委婉。

当自己的下属向管理者提出某种要求时，他心中通常也会有某些困扰或担忧，担心管理者会不会马上拒绝，担心管理者会不会给他脸色看。因此，在决定拒绝之前，管理者首先要注意倾听下属的诉说。这样既能让对方有被尊重的感觉，也能在管理者婉转地表明自己拒绝的立场时，避免他感到受到了伤害，或避免让他觉得管理者只是在应付。同时，管理者倾听后再拒绝，还可以针对下属的情况，建议他如何取得适当的解决方法，同样能赢得下属的感激。所以，管理者拒绝下属时一定要真诚。

除了真诚，管理者拒绝下属时还要做到尽可能地言辞委婉。以下几个技巧就可以适当运用。

一是热情应对。这种方式的运用，是明确表示希望满足对方的要求，并表示同情，可是实际上是心有余而力不足，请对方谅解，而不直接拒绝。这样也能收到良好的效果。

二是模糊应对。这种方法很容易理解，即如果由于某种原因不愿意或不便于把自己的真实想法说给对方，就可以用模糊语言来应对。实际场景中，我们经常会遇到这类情况。

三是假托直言。直言是对人信任的表现，也是与对方关系密切的标志。但是多数情况下直言因逆耳而不能收到预期的效果。在这种情况下，要拒绝、制止或反对对方的某些要求、行为时，可采取假托非个人的原因从而加以拒绝，这样对方就容易接受。

四是反复申诉。当集体利益或自己的权利受到了侵害时，管理者就要既坚持自己的立场，又不急不躁。应该学会在冲突的情境中有效地反复表达自己的意见。如此一来，大多能够做到委婉拒绝。

五是旁逸斜出。也就是说对对方提出的问题给予回避性的回答，而不直接否定对方提出的不合己意的意见。如："今天我们去看话剧好吗？"而你不愿去，就可以说："去看电影怎么样？"

不要忽略"闷葫芦型"员工

一些不喜欢说话,什么事情都藏在心里,不喜欢对企业和他人发表意见的员工,我们可以将他们称之为"闷葫芦型"员工。对于这些员工,领导者要加大与他们的沟通力度,帮助他们渡过每一个难关。

"闷葫芦"大都具有较明显的"闭锁心理",他们既苦于无人知晓自己的心事,又不情愿让人真正知晓自己的心事。所以,当你对他的烦恼给予理解,并热情帮助他解脱时,他往往才会同你攀谈起来。

日本松下公司面对世界各种激烈的竞争,仍然获得了巨大的成功。原因是多方面的,其中,董事长松下幸之助是一个善于与员工沟通的人,尤其善于让各种类型的员工发表建议。松下幸之助经常对他的下属说:"说一说你对这件事的看法。""要是让你来做,你会怎么办?"一些年轻的管理人员开始不爱说话,后来发现董事长非常尊重自己,认真倾听自己的讲话,逐渐地敢于发表自己的意见了。

通过上面这个小故事我们可以总结出,几乎所有的员工都认为,领导者博得员工尊重的重要原因是:沟通、采纳意见和愿意倾听。"闷葫芦型"员工也不例外,只要企业领导能够注重与这些不善言谈的员工进行交流沟通,会在员工心里架起一座心灵的桥梁。这类员工虽然不爱说话,但也有很多的优点。他们能够坚持原则,有足够的耐心,能忍受惹是生非的

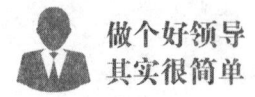

人；能够平静地聆听别人说话，具有天赋的协调能力，善于融合相反的力量；恪尽职守，善于倾听；有安慰受伤者的同情心；在周围其他人都惶恐不安的时候保持头脑冷静，总是充满信心地去生活、去工作，甚至对手都找不着他的把柄。

在日常管理中，管理者应摸清情况，采用适当的方式与"闷葫芦型"员工进行沟通。打开他们的"葫芦"，让他们的才能发挥出来。如果领导者不注意和这些"闷葫芦型"下属进行沟通，就会造成一些决策施行过程中的障碍。

一家公司门口，两个"闷葫芦型"工人正在奋力地搬运一个大木箱。搬的过程中，两个人都不说话，用力地搬着。可是尽管他们累得精疲力竭，但箱子并没有被移动半点儿。最后，"闷葫芦"急了，门里面的那个人说道："我看算了，我们绝不可能把箱子弄出去了。""你说什么？把箱子弄出去？难道不是搬进去吗？"门外面的人嚷道，"我还以为我们正试图将它搬进去呢，怎么不早说啊！"

从这个笑话可以看出，"闷葫芦"的"闷"确实有碍沟通，对员工的工作和领导者的管理都不利。

无论是什么样的员工，多么微小的建议，管理者都应倾听并予以重视。任何人只要有了自己的建议或者构想，总会觉得有解决问题的成就感，如果提议被采用，就会激励他工作的热情。许多企业之所以制定鼓励所有员工提出建议的制度，就是希望借此制度汇集众人智慧，以提高生产力。从另一个角度来看，这对工作人员尤其是那些"闷葫芦型"员工积极性的提高也大有帮助，并能形成良性循环，促使企业不断成长。

初入职场的小李曾经听前辈说过，要在单位里站稳脚跟，首先要保持谦虚的态度，按照上司的要求努力完成手头上的工作就行了，其他的事情尽量少管，以免引来不必要的麻烦。对于过来者的建议，刚刚开始职业生涯的小李深信不疑地采纳了。这对于性格本来比较内向的他而言，保持一定的沉默，比在同事和上司面前表现和炫耀自己的能力，让他觉得更容易接受。于是，在会议以及活动策划方面，小李大多时候都保持沉默，即使管理者问他有什么观点和想法，他也笑而不语，或者用"我没什么意见""您的看法我完全赞成"等话来搪塞。

在这些观点的影响下，他的工作开展起来还算顺利。然而，渐渐地，小李发现，在一些项目的推广上，领导也不再征求小李的看法，便直接就把任务交给他的同事负责了。眼看着在单位里工作将近两年了，与他一同上岗的同事，或跳槽，或晋升，而自己的职业发展仍然在原来的水平线上。

后来公司有位领导发现了这位年轻人平日沉默寡言，无论在什么会议上都三缄其口，就鼓励小李说出自己的建议，时常和他沟通。有一次，小李终于将长期蕴藏于心中有关工作分配之事的意见和想法，一口气说了出来。因为他经过了长时间的观察和思考，所提出的建议极有道理，上司与同事们都一致接受了。一刹那间，小李忽然觉得勇气百倍，信心十足，从此积极参与各项活动了。

每个人都会有自己的想法和意见，每位员工也都有着自己的见解，但"闷葫芦型"员工，他们总是对自己的意见有所保留，不愿说出来；不像有的员工为了得到主管的重视，便会将自己的想法一涌而出，这样的员工通常是情绪高涨的，他们的创造力也会被发挥出来。对于"闷葫芦型"员工来说，他们的沉默对他们的工作热情也会有一定的影响。因此，对于这种员工，领导者要经常与其进行沟通。同时要因人而异，灵活多变，摸清情况，采用不同的方式与员工进行沟通。

对"闷葫芦型"员工而言，最大的问题不是这些员工本性不爱说话，而是管理者也不注重和他们去沟通。有时候他们的沉默不语，往往是管理者最头痛的事，但这不应当成为管理者退缩的理由，而应当使他们开口说话，道出其内心思想。能否让"闷葫芦"说话，这不仅关系到员工的个人发展问题，也关系到管理者能否充分利用其才能的问题。

一个成功的管理者，一定懂得如何与"闷葫芦型"员工进行沟通。

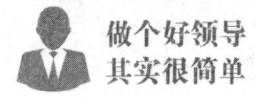
做个好领导
其实很简单

实行"转悠"式沟通

所谓"转悠"式沟通,是指领导者要经常去办公室走,多到下属中去看、去听、去沟通。现代的企业特别是私营公司里,很多领导者只知道天天端坐在总裁办公室里发号施令,没有充分认识到沟通的重要性。领导者只有经常到下属中间去,才能知道他们在想什么,才能更好地抓住下属的心,才能完全及时地了解市场,做出成绩来。

普罗克特—甘布尔公司十分推崇"转悠"式沟通的方法。该公司一个制造厂的负责人说:"我受到的一次最严厉训斥就是在我早期做管理工作的时候。有一天上午,来自辛辛那提总部的一位上司转悠到了我那儿,发现我正在办公室里,当时我受到的可不仅仅是挨骂。"

鲍勃·安德森是著名的阿尔科公司的总裁,他的管理手法可谓"转悠"成瘾。他不但自己"转悠",还要检查手下的人是否也在"转悠"。有一次,当他"转悠"到某地,给某个部门打电话时,恰好这个部门的主管接了电话,他马上发了脾气,对这位不下去"转悠"的主管感到失望。

美国联合公司董事长埃德·卡尔赫刚到任时,联合公司正萎靡不振。卡尔赫刚一到任,就直奔现场,到一线去"转悠",向现场的工作人员直率地提出许多问题,请他们做详细的回答。他没有笔记本,对于调查中发现的问题,他从来都是记在废纸片上,然后塞进口袋里带走。他从不命令一线工作人员干这干那或搞个什么所谓有名堂的改革，除非是事关安全的问题。他也从来不当场纠正他不喜欢的东西。他要依靠正常的管理程序来解决出现的问题。每次从现场回到总部之后，他就立即采取行动。他有一种本事，让整个指挥链上的各个环节都很快知道他发现了什么问题，并且要立即解决掉。然后，那些在巡视中和他谈过话的一线工作人员就知道公司已经在采取什么措施了。他也与下面的有关职员联系，让他们认真检查和监督，以保证新措施的执行。

针对"转悠"管理沟通，有的公司还对分部经理提出了许多"转悠"的具体要求，比如"转悠"的次数，对手下人员了解的程度等等。达纳公司的负责人麦克弗森就因此解雇了一名部门经理，原因是那名经理在某部门呆了六年还不能全部说出部门人员的姓名。

惠普公司创造的一种独特的"周游式管理法"与"转悠"式管理沟通法十分相似。他们鼓励领导者深入基层，与广大职工直接接触。为了更好地沟通，惠普的办公室布局还采用了少见的"敞开式"大房间，即全体人员都在一间敞厅中办公。各部门之间只有一个矮屏将其分隔开，除少量会议室、会客室外，无论哪级领导都没有设单独的办公室。同时，他们还不称职衔，即使对董事长也直呼其名。这样有利于上下左右通气，创造了无拘无束的合作气氛。

由上面的例子我们不难发现，许多著名企业都非常崇尚"转悠"式沟通，把"转悠"当成工作来办。这种"转悠"式的沟通，也的确起到了很好的管理作用。

"转悠"式沟通管理，使领导者能够切实了解第一手信息，发现各种问题和听取意见，切实采取有效的措施，密切了上下级的关系，因而能够保证目标的实现。生活、工作的双重压力让很多人不堪重负，于是就出现了像富士康2010年上半年的"十二连跳"。这里除了员工自身的心理脆弱外，如果领导者能经常主动走下去"转悠"，和员工沟通交流，这些悲剧还会发生吗？所以，"转悠"式沟通能让领导者了解到员工的生存状态与

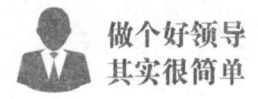

思想状况，有助于问题的解决。

随着社会的发展和科技的进步，有了电话及网络，管理者足不出"屋"就可以统率"千军万马"，随时与任何一个人保持联络。许多管理者只是通过电话和网络的方式与员工进行工作上的沟通，平日里却很少出去"转悠"，久而久之，这些管理者不知不觉地变"懒"了，更是依赖电话和网络。事实上这些都不能代替真正的沟通，真正有效的沟通是面对面的，是走动式的"转悠"，而不是拿起话筒或者动动鼠标。

在公司治理中，下属一般不太清楚管理者在忙什么，也不知道他在想什么。你的痛苦他未必了解，他在做什么你也不见得知道。这就是缺乏沟通的结果。尤其对那些采用隔间与分离的办公室的公司，作为一名管理者，你应该弥补这个问题，常常出去走动走动，到下属中去"转悠转悠"，和员工进行面对面的沟通。哪怕是十分钟，对你们公司和你的下属都会有非常大的影响。

企业领导者应该多"转悠"一下，到基层去巡视或走动，并在巡视或走动中发现问题，进而解决问题。"转悠"式管理沟通是一些成功企业常采用的沟通方法之一。整天只坐在办公室听汇报、打电话、发布文件的企业领导者，应该把"走出办公室"作为自己的工作信条，到基层去"转悠"办公。

抓住闲谈的时机进行沟通

我们常说，做饭烧菜要掌握火候，其实与员工谈话也如烧菜，火候也很重要。如果谈早了，条件不成熟，达不到预期目的。而谈晚了，则失去时机，不利于问题的解决，甚至给工作造成损失。因此，选择恰当的谈话时机，是实现与员工沟通的重要基础。

与员工闲谈的时候要抓住恰当的时机与其进行沟通，这个时候更容易了解员工心中的真实想法，从而弥补管理中的不足，与员工建立良好的关系，让工作快速有序地开展。

企业要提高管理效能，处理好内部成员之间的关系，有效的交流必不可少。这就要求有多种信息渠道、多种沟通方式，闲谈就是众多种沟通方式中的一种。

国外的很多企业为了促进非正式的信息交流，采用了一些办法，如创造出合适的环境或气氛，以便于随意交谈。一家公司的总裁采取了一项重要活动：就是把公司餐厅里只能坐四个人的圆桌换成了一种矩形长条桌。目的是让素不相识的人互相接触，增加了解的机会。这些小的措施都是用来提供更多的非正式的信息交流机会。美国的华特迪士尼制片公司，从董事长到一般职员都只佩戴没有职称的标记牌，为的是让大家在交谈时可直

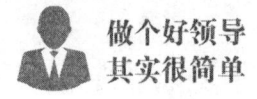

呼其名，以减少心理压力，显得更随便一些。

站在社会心理的角度上看，人们对领导者人格的评判，似乎更重视工作八小时以外的表现。人们常常通过领导者是否喜欢闲谈，或怎样与人谈话来判断他的性情是随和还是孤傲。

站在人际关系的角度上看，闲谈的沟通方式对于领导者是不可缺少的。闲谈一般在八小时工作之外进行。领导者的工作特点决定着他的工作要超出八小时。是否善于利用闲谈的方式与其他人进行沟通，直接影响到众人对领导者的看法。

不管是在日常生活中还是在工作中，人们总是喜欢通过闲谈来反映某种情绪要求，不善于闲谈的人常常对周围的人事变化、生活琐事一无所知，一旦得知时，某事已经到了难以控制的地步。不屑于闲谈的领导者，常常被人冠以"清高"之名，让人感到难以接近。这就是感情沟通的障碍。因为人们对于一脸严肃的人总是敬而远之的。如果你在吃午饭时与别人谈一谈食品营养、卫生，或谈一谈环境、服装、桥牌、围棋，别人在感情上与你呼应是很明显的。社会心理调查证明，对于强人、能人所表现出的亲切、随和，人们是格外感兴趣的。因为他们在工作上的出色，已经产生了与众不同的影响，所以人们希望他们能在感情上与自己进行沟通，否则人们对他们就会产生相距甚远、不可企及的感觉。

不摆架子的领导者通常人缘都不错。美国前总统里根就是其中的一个。他虽然贵为总统，却从来不拿大架子。一次，记者山姆·唐纳逊夸奖里根的新西服很漂亮，里根说，这西服不是新的，已经穿了四年了。过后，他回到白宫又打来电话说，我之前说错了，现在纠正一下，不是四年，而是五年前买的。里根本人也并不觉得为这样的琐事打电话有什么不好。而很多人恰恰从这些事情中判断出，里根是一个可爱、随和、容易接近的人。

寒暄式的交谈也是闲谈的一种，其主要作用就是传递人与人之间的感情信息，这是人际交往的必要手段。寒暄式的交谈能表示出对对方的关心，表示出自己愿意与其保持良好关系的愿望。有的人为了在寒暄中表示亲近，花费精力去记住别人的名字，结果很容易地就得到了别人的好感。

作为一名领导者，并不是每时每刻都必须考虑工作才是尽心尽职的，你应该向人们展示你不同的侧面，如生活情趣、感情等等。只有这样，人们才能与你产生共鸣。在这些展示中，闲谈的作用是不可忽视的。

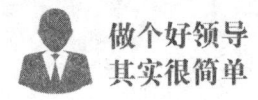
做个好领导
其实很简单

与个别下属谈话有方法

　　企业管理者在日常工作中要注重与个别下属进行交谈，但交谈的话题通常是有针对性的，旨在解决实际问题。因此，这样的谈话显得尤为重要。如果谈话效果好，能够起到激励下属的作用，问题迎刃而解。否则，可能起到相反的作用。所以，管理者与下属进行个别谈话时要注意遵循一些基本要求。

　　无论选择谈哪个话题，都应该选准谈话的时机。因为，时机对一次谈话的成败具有不可忽视的作用，是管理者找下属谈话之前需要考虑的一个重要问题。下列几种情形，是不宜进行交谈的时机。

　　首先，当下属的情绪还处于波动中时。处在情绪波动中的人的思想是不稳定的，这时的认识往往呈现出极端化的倾向。此时与之谈话，可能导致领导工作的失败。

　　其次，管理者对所谈问题的认识还处于模糊阶段时。如果管理者对所要谈的问题没有准确的认识和把握，以为问题可以在与下属的交谈中得到核实或澄清，是不科学的。如果下属在谈话中有意颠倒是非，管理者就很难把握事物的真相而进行有说服力的工作了。

　　在与下属交谈时，管理者能否掌握谈话的主动权，是谈话能否成功的关键。因此，管理者在同下属进行谈话时，不仅要让对方充分发表见解，还要注意控制谈话的局势，善于掌握谈话的主动权。具体要做到以下几点。

（1）通过自我批评取得下属的信任。

在个别谈话中，开明的管理者有时会在下属面前通过自我反省来获得下属的信任，以求得工作上的支持与帮助。但是，谦虚要以适度为原则，管理者在下属面前一味检讨自己的做法也是不可取的。物极必反。一味地谦虚，一味地自我批评，必然会使下属认为你软弱无能、缺乏魄力，从而滋长某些下属目中无人的傲慢心理。正确的方法是：温和中露锋芒，反省中有批评，既勇于检讨自己工作中的不足，又敢于大胆揭露下属工作中的失误。

（2）让话题在提问与启发中进行。

个别交谈是以一个或几个问题为中心进行的，这就需要管理者在交谈中能适时提出问题，使话题不偏离既定的中心；同时，对对方一时难以回答的问题要循循善诱，及时做好启发开导和分析解释工作，以调动对方的思维积极性。实际工作中，管理者在和下属谈话过程中有时会出现冷场局面。究其原因，就是因为管理者忘记了自己在交谈中的主导地位，没能适时提出新问题，或做好问题之间的衔接工作。

（3）掌握由被动转为主动的谈话技巧。

谈话围绕着中心进行，并不是说将话题限制在一个狭小的范围内。有时为了阐明或了解某个问题，常常还需要扩大谈话的内容，但这时的"放"应以不偏离中心、能收回话题为原则。另外，管理者在交谈中回答的次数也不能过多，因为"答"作为"问"的对立面，总是处于被动地位。对于下属连珠炮似的发问，管理者应择其与中心有关的重要方面进行回答。然后话锋一转，及时向对方提出问题，巧妙地变被动为主动。

谈话不仅是信息交流的过程，也是情感交流的过程。在与下属进行交谈时要先观察他的行动，揣摩他的内心想法。如果下属无讲话的意愿，就会使谈话陷入僵局，以致无法持续下去。因此，谈话是管理者与下属的双

边活动,激发下属讲话的愿望乃是谈话得以顺利进行的第一步。为了激发下属讲话的愿望,还可采用迂回技巧。与对方谈话时,不单刀直入,而是以对方身体状况、家庭、周围环境及社会有关趣闻谈起,然后再逐步转入正题。

在与个别下属进行交谈时,管理者应具有细腻的情感及分寸感。在谈话时要注意说话的态度、方式,以及语音语调。比如,同样一句话,不同的音调说出来的效果也会大不相同。用低沉、轻慢的语音来表示,体现了带有哀求、畏惧的情感;强硬、快速的语音就体现着恼怒的情感,带有命令的意思。在谈话中,管理者要想方设法地诱发下属"暴露内心"的愿望。

在谈话中,管理者要从根本上消除一切专制、蛮横的领导作风,代之以坦率、诚恳的态度。谈话所要获取的信息应该是反映真情实况的,下属的任何弄虚作假、见风转舵、文过饰非、报喜不报忧的谈话,不仅无益于工作,甚至有害于工作。在具体谈话中尽可能让下属了解到,你是对全面的、真实的信息感兴趣,而不喜欢奉承吹捧、弄虚作假。同时管理者要让下属感到,你是对工作负责的人,而不是为了保住自己地位的人。

在谈话中,下属能够反映真实情况,诉诸实言,这便是谈话的最大成功。反之,若下属隐瞒自己的意见,回避问题的实质,虚伪地附和管理者的看法,那么这种信息交换就是管理工作出现危机的征兆。

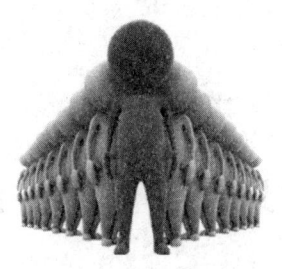

第七章
抓培训
——培育人才,给公司永远的生命

俗话说:"十年树木,百年树人。"这是我国培育人才的格言。"马不伏枥,不可以趋道;士不素养,不可以重国。"用才而不育才,人才自然会枯竭。因此,领导者要结合人才的工作和潜能,给机会,委重任,压担子,寻导师,创造良好的环境,积极引导,全力支持和培养,使其成才和提高。

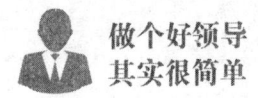

技能培训提高员工认识

　　一个成功的管理者，不但要用好人才，更要培养好人才。当今社会知识更新和发展的速度非常快，如果员工不接受培训，一段时间之后，他们的知识将会落伍，不能适应社会的需要。作为领导要知道，如果不对员工进行培训，员工的价值就会逐渐贬值，而自己将不得不聘用新的人才，支付更高的人力资源成本，这将会是一个恶性循环，非常不利于组织的可持续发展。

　　在一个大的组织里，员工们的水平总会有高有低。若有一两个环节比较薄弱，也会拖集体的后腿。因此，要想发挥团队的整体效应，每个环节都很重要。内部人员在能力、学识上有强有弱，管理者在对待他们时，往往不能一视同仁，而对能力强的、业绩好的另眼相看。表扬、奖励、提拔、外出考察学习，首先想到的是优秀者，认为他们强了，整体效率就提高了。对能力弱的普通员工不闻不问，认为在他们身上不值得花太大的精力，不对他们进行培训，认为他们只干些简单的活儿，只要不出差错就行了。然而，从长远来看，管理者不能只把眼光盯在那些优秀者身上，更应当重视对水平较差的员工的培训。

　　那些追求企业长远发展的管理者，一般会十分重视对员工的培训，他们知道：只有培训才能让人力资本的价值得到不断的提升。这些管理者会

第七章
抓培训——培育人才，给公司永远的生命

尽可能地满足员工个人成长的需要，让他们不断学习新的知识和技能，从而把最优秀的员工永远留在自己身边，不断提高整个组织的工作绩效。得到培训的员工技能和知识都会有所提高，他们会将这些新知识、新技术运用到自己的工作中去，从而提高自己的工作效率。一个有着高效率员工的组织，竞争力也将得到不断提升。员工不断成长，组织才能不断成长，从而实现可持续发展。

"表"和"本"都是人才必须具备的因素。培训下属既要重"表"，又要重"本"。"表"就是专业知识和技能，"本"就是精神、理念、事业心、责任心、荣誉感、成就感和职业道德。只有既重"表"又重"本"的训练，才能培育一支具有良好的精神素质、管理素质和技术素质，具有现代观念的一流人才队伍，才能塑造全员追求卓越的群体。

TNT中国把员工成长放在了首位，这正是秉承了"员工（People）——服务（Service）——增长（Growth）——利润（Profit）"成长个性化（PSGP）的经营理念。随着整体服务质量的提高，公司拥有了更快的增长和更大的利润，此时公司又会把利润拿出来反哺投资在员工身上，从而形成一个良性的循环。

基于这样一个以员工为出发点的经营理念，"投资于人"成为了TNT重要的人才战略，同时也成为整个快递行业乃至其他行业在培训工作中眺望的标杆。

TNT的负责人说："致力于提供'最佳客户体验'，这需要我们每一位员工的支持，因此公司不断投资于员工，以期达到我们所制定的目标。该理念覆盖的范围很广，除了资金上的投入，最重要的是让员工了解公司发展方向，并与公司一起成长。公司的持续发展与员工的发展息息相关，实现双方共同的发展是我们所追求的。在TNT，认为公司有助于个人职业生涯发展的员工，会更珍惜公司为其创造的机会，主动完善自身的技能，对工作充满热情。这样的员工能实现TNT为客户提供卓越体验的意愿。"

TNT培训主要目标是为了提升员工的通用能力与职业能力。前者是从公司战略出发,通过定制一系列的培训发展项目,保证所有层级的员工(一线员工、基层主管、经理人员、高管人员)的学习培训需求都能够得到满足,从而帮助员工在TNT获得更长远的发展。后者是TNT中国大学针对每个职能部门设立职能学院并提供专门的培训项目。目前员工对于TNT大学的满意度在90%以上。TNT员工的人均年培训课时超过市场平均水平。同时,员工在敬业度调查中关于学习与发展培训方面的反馈,在近两年内上涨了约10%。

由此可见,培训在员工的职业生涯发展中具有以下几点重要意义。

(1) 满足员工自我挑战和发展的需要。

许多专家指出,当今时代,以管理者为中心的契约方式已经被打破,而新的契约是以人才个人的知识承诺为中心的。员工看重的不仅仅是更高的待遇,更注重的是自身才能的发挥和价值的实现。

(2) 扩展个人价值,提高绩效。

留住下属,不要把他们的腿绑在椅子上,要为他们插上腾飞的翅膀,要靠职业培训留人。培训与发展意味着通过有计划、有组织的学习过程,使员工的知识、技能、态度乃至行为发生改进,从而使其发挥最大的潜力,以提高工作绩效。通过培训,使他们承担起更多更重的工作与责任。

(3) 培养下属的献身精神。

不是用各种严明的纪律,如禁止迟到早退之类的规定来约束员工的行为,而是以共同的价值观、共同的追求来培训他们。使他们体会到组织对个人的关心,使人才接受组织的价值观,增强个人与组织休戚与共的情感,使人才最终具有主人翁责任感和对组织的忠诚与献身精神。

第七章
抓培训——培育人才，给公司永远的生命

根据工作性质选择培训方案

公司领导总希望员工都是出类拔萃的人才，但有时岗位上的员工或许不如想象的那样出色，这就需要对员工进行一系列的培训。培养人才对于一个企业来说是一个重大课题，但又没有简单划一的模式。所以说，培养人才要因人、因职而异。每一个组织的内部，由于各类岗位的工作性质和工作要求不同，各部门有自身的独特性，因而，对这些不同岗位类别的人员的培训，应该安排不同的培训项目。

不管哪个单位，内部的员工都不可能是固定的，随时都会有新职员、骨干职员、管理层候补者以及高层领导等各种培训对象。无论是高层干部，还是底层职员，他们都有必要进修，因为他们都需要进一步提高各自的能力。不管是事务系统，还是技术系统，提高所有职员的素质是必不可少的。如何才能让员工得到恰当的培训，是每个领导应该思考的问题。

杂技团演出时我们看到的动物们的各种表演，都是训练人员经过对动物们长期训练而取得的成绩。但在这种培训中，训练师们会针对不同的动物采用不同的训练方法。比如，猴子手巧身灵就训练它学走钢丝，海豚在水中麻利就培养它在水中戏球。相反的，如果让猴子练水中戏球，恐怕很快就会被淹死了。

培训员工应该像杂技团训练动物一样，针对不同的人才采用不同的培养方案，要做到因人而异、因职而异。

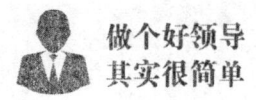

(1) 按培训对象分类，大体可分为五种。

①高层管理人员的培训。即对一个组织里第一层次的正副管理人员及其职务相当的人员的培训，也就是对所谓"最高领导层"的培训。

②中层管理人员的培训。即对一个组织中第二层次的正副管理人员及其职务相当的人员的培训，也就是对所谓"管理层"的培训。

③基层管理人员的培训。即针对最基层的生产管理骨干进行培训。

④专业技术人员的培训。主要针对专业技术人员进行的以学习新知识、新技能，了解本专业发展动态为主要内容的培训活动。

⑤普通职员的培训。指对生产或服务在第一线的人员的培训。

(2) 按培训时间和方式分类，可分为六种。

①在职培训。也叫在岗培训，指不脱产的培训，相当于"业余培训"。

②（半）脱产培训。也叫离职培训，与在职培训相反，同"全脱产培训"。

③替补培训。又称转岗培训，一般指为预先准备转到其他工作岗位的员工进行的培训活动。

④初任培训。也称新人入职培训、岗前培训、职前培训（教育）、定向培训等，是一个组织通过帮助新的职员轻松愉快地进入并适应新的工作岗位，从而渐次将其从局外人转变成为组织人的过程。

⑤合作培训。指需求单位间为共同完成预定的教学任务而举办的培训活动。

⑥挂职锻炼。主要是将有培养前途的领导者或管理人员放在一个适当的工作岗位上，委以相应的职务，让其在具体工作实践中增加才干，提高领导及管理水平，以便将来更好地担当或履行一定责任的领导管理工作。

在对各类人员进行培训之前，需要先制定一个合理的培训目标，这样才能达到理想的培训效果。以下是针对不同职位的人定制的培养目标，以供参考。

第一，高层领导常常提拔一些管理和业务骨干，负责管理企业的正常运作，他们的知识、能力和态度影响到组织的整体风貌。因而，对这些人各方面的要求都较高。从这个意义上来说，管理和业务骨干更应该参加培训，且要实现以下目标：一是通过培训让他们有效地运用自身经验，尽可能发挥他们的才能；二是让他们及时了解掌握内外部环境的变化，如定期召开会议，交流各部门信息，落实各阶段计划；三是把他们组织起来学习有关政策法规，帮助他们了解政治、经济、技术发展的趋势；四是帮助他们迅速掌握一些必备的基本技能，如处理技术问题和人际关系、主持会议、分析、谈话等方面的技能。

第二，对于中、基层管理人员的培训也是非常必要的。中层和基层管理人员处于一个比较特殊的地位：一方面，他们代表整体利益；另一方面，又要代表下属职员的利益，正好处于交接点，很容易发生矛盾。基层管理人员应有熟练的技术技能和一定的管理能力，如果没有必要的工作技能，就难以开展工作。上任前大多数中、基层管理人员都是从事业务性、事务性工作，缺乏相应的管理经验。所以，当他们进入管理层之后，就应该通过培训，尽快使其掌握必要的管理技能，明确自己的新职责，改变自己过时的工作观念，熟悉新的工作环境，掌握新的工作方法。

第三，对于本部门的会计师、工程师、经济师、律师等各类专业技术人员的培训也要予以重视。因为，这些专业技术人员都有自己的活动范围，掌握着本专业的知识和技能。但各类专业人员大多局限于自己的专业，而与其他专业人员之间缺乏沟通和协调。因此，培训的一个目的就是让他们了解其他人的工作，促进各类专业人员的沟通和协调，使他们工作时能从公司整体利益出发，共同合作完成任务。

专业人员参加培训的另一个重要目的，就是为了适应社会经济技术的发展，不断更新专业知识，及时了解各自领域里的最新知识。

不同岗位上的工作人员，其培训的方向与目标也是有所不同的。各企业只有做好人才的培训，才能积聚更多的后备力量，从而完成企业的各项具体性的工作，为企业谋取更大的利益。要依据工作规范和工作说明书的要求，让他们明确各自权责界限，掌握必要的工作技能，以便能够按时有效地完成本职工作。

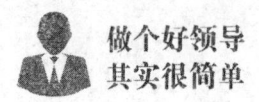
做个好领导
其实很简单

培训宜早不宜迟

A是美国一家顾问公司，主要从事的业务是信息咨询和规则设计等。这家公司在20世纪80年代初营业额迅速增长，每年达600多万美元，利润很是可观。

三位创始人看着公司的收入不断增加，决定扩大公司规模，于是以高薪招聘更多的人才。由于高薪水和A公司令人喜悦的发展速度，许多人才被吸引了过来，他们都希望能在A公司一展身手。

新的人才很顺利地到了公司，可是，三位老板对新雇员们并没有做出太多的培训安排，他们把全部精力放在行销工作上去，只去追求更多新的合同。

后来，B国有一个好机会使他们非常着迷——设计一个全新的城市。三位老板草草地给新进的人才安排了工作，然后便沉迷在这个方案中，把大量的时间和金钱都投放到建议书的拟定上。他们不时地飞往B国，跟那些B国的官员们周旋，把公司的业务完全放在了一边。

老板们把建议书及时地提交给B国负责人。但他们对新员工的冷落态度，让这些员工心里产生了不满，人们开始对工作不抱什么热情了。可是三位创始人对此毫无觉察——他们的注意力，完全放在了投标一事上。

有一天清晨，A公司的三位创始人忽然发现他们那个美丽的梦破灭了——他们没有中标。可是,当他们回过头来管理公司的时候,发现公司只剩下了一个空壳。最大的两个客户跟着离职员工走了。留给他们的是一个即将解体的公司。这时他们才意识到,在这个公司里没有家庭的温暖和亲密,老板和员工之间没有真正的交流,试想谁愿意在这样一个环境下继续工作下去呀。

A公司的领导,没有及时对在职的员工进行培训,以致让公司员工觉得在这里没有发展的空间,于是纷纷辞职另谋高就了。

如今,许多企业不注重对员工的培训,以致他们整天在部门里消极度日,做一天和尚撞一天钟,每天就像提不起来的秤砣,在下面坠着。他们没有积极性,没有干工作的热情,虽说有些经验,但也不注意归类总结,可谓人浮于事。

在对这类人无可奈何的同时,领导们还应认真思索:作为一个正常的人,年轻时谁没有创业的激情?谁没有追求进步的愿望?当他们年轻时,也一定是燃烧着理想和热情,是具有希望与前途的职员。为什么他们会变成这个样子?是他们"不求上进"吗?其实未必都是员工的责任。可以肯定的是,他们已经耗尽了激情和希望,没有东山再起的志气。这应该是他们遭受无数的挫折后,感到绝望而失去了斗志。对这些"不求上进"的职员,大致可分为三大类型。

(1)过于自信型。

由于运气特别好,受到上司的偏爱和过度保护,始终没有磨炼的机会。这种人感觉良好,恃才自傲,失去了极好的锻炼机会。

(2)心理波动型。

应该保持信心去做事时,他心怀不安;而应当慎重的时刻,他却又勇猛异常。这种类型的人过于情绪化,往往有一点风吹草动就会产生很大的心理波动。

(3)信心丧失型。

这种人大都由于碰到过许多无法解决的事情,甚至遭遇到意想不到的

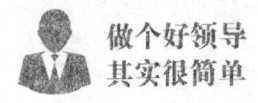

事故，心理阴影较重，对任何事都抱着消极的态度，没有安全感，也没有信心。

人们都说："一个好的开始等于成功的一半。"这三种类型人物的出现，其主要原因就是在工作的初期没有受到良好的教育和培训，歪曲了自我形象，而这就是领导们的责任了。

多数领导一般对新入职员工都会怀有警戒心，所以通常只让他做些杂事，将他放置一两个月。像这种做法，是不能使他成长的。应该一开始就将他当做一个独立的人，尽可能让他去表现，即使派给他重任也无妨。万一失败了，也要以宽容的态度对待，切不可一味批评。总之，以鼓励为主，他才能更快地成长起来。

年轻人往往具备以下几种优点：一是学历高，综合素质好。绝大多数人有机会、有条件接受良好的教育，有着较高的文化修养和自身素质，对待工作有热情、有理想和追求。二是头脑灵活，思维敏捷。在现代科技发达的社会，年轻一代获取信息量大，自主学习知识的能力强；容易接受新知识、新事物，工作中遇到新情况、新问题能够及时、快速反应。三是思想解放，有创新精神。年轻人自信心足，思想包袱轻，对认准的事情有激情去做，敢于走前人没有走过的路，敢作敢为，敢于标新立异。

这样的员工虽然有着很多的优点，但在他们身上也有一定的不足之处：一是阅历简单，经验缺乏。二是认识存在误区，工作能力提高不快。三是政治理论功底不深，知识盲点较多。

鉴于以上的优缺点，领导们应该做到有的放矢，采取一定的方法措施进行培养。

（1）提供做事平台。

让青年人有做事的平台和空间，让他们在实践中提高自己，锻炼自己，逐步成长，使他们在独立完成工作中找到自身存在的价值。

（2）营造宽松环境。

给青年人营造一个宽松的环境和民主的氛围，要让他们平时能大胆地表达自己的意见，按照自己的思维去闯，充分发挥最大的潜能，释放最大的创业激情。

(3) 给足政治动力。

对于青年人才而言，政治上的进步，往往比物质上的获得更能让他们产生一种自豪感、成就感和幸福感。所以，从这个层面来讲，对于青年人才，更应从政治上关心他们。让"想干事、能干事、干成事、不出事"的年轻下属，有发挥才能的空间，有施展才华的舞台。

员工们就像铁一样，每一块铁都是好铁，但要炼成好钢，还需领导的反复打磨和提炼。只有如此，员工们才能掌握更多的知识，对工作充满热情，不仅个人受益，集体也会跟着受益。

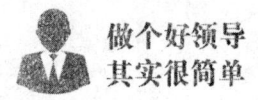
做个好领导
其实很简单

培训要结合实践

与其纸上谈兵，不如给予实际训练。培养下属要从敢于放手开始，因为只有敢于放手，让下属去实践中工作，才能真正锻炼下属的能力。因此在考虑、衡量下属的条件后，应放心大胆地交付工作。但是如果赋予超出下属能力太多的工作，下属不但不能完成，甚至会因此丧失自信。不经考虑地交付工作，大多都是失败的。在下属工作时，不妨在一边予以适当指导，可增强培育效果。

失败是不可避免的事情，人必须经过失败的考验才可能成长。因此，领导者要鼓励下属勿惧失败，"无论如何试试看"。可以告诉他们："不论结果如何，责任由我负责，尽力做做看！"这样说可以在一定程度上协助下属排除对失败的恐惧，使其全力参与工作。这正是管理者应学习的培养下属的窍门之一。

可以让下属排除对失败的恐惧，但是放任下属失败并非主要目的。因此注意下属工作情况，事前指点出可能导致失败的因素，引导其朝正确方向发展，才是正确做法。还要培养下属的挑战精神，在工作中往往会要求员工完成似乎无法完成的工作。这对于拥有若干下属的领导者而言是非常头痛的事。人对没有自信的工作往往踌躇不前。如果无条件地委托交付，组织的业务必然遭到拖延。如何说服下属，不会遭到"我没有办法达成此项任务""是否能交给其他人处理""这超出我能力范围之内"等拒绝反应,是管理者的职责。

没有哪个人一生下来就是人才。在生活和工作中,人的成长和进步离不开实践培养和锻炼。实践的过程,既为他们提供了广阔的舞台施展聪明才智,同时也有利于人才的竞争选拔,使每个人都进入紧张的竞技状态,激发调动起下属内在的动力和积极性,促成其内在潜力的释放。经验证明,如果一个组织中充满人人讲效率的工作气氛,这个组织中每个成员的工作能力、工作效率往往会得到快速的提高。

"工作若能成为乐趣,人生就是乐园;工作若是被迫成为义务,人生就是地狱。"这是德国诗人歌德的一句至理名言。歌德的话虽然有些极端,但强调乐趣和兴趣与工作的关联性,是有道理的。

那么,在工作中如何对下属进行培养呢?可根据实际需要调整分工,让下属去从事干不好或没接触过的工作,促使其开动脑筋、积极思考,从而提高工作能力。同时,也可以从工作实践中发现其缺点和弱点,采取有针对性的培养措施。例如,要培养员工过硬的思想作风,可安排他到艰苦岗位、复杂环境以及涉及切身利益的场合进行锻炼。通过考验,看他们是否具有公仆精神,是否具有实事求是、不图虚名、真抓实干的品德,是否具有大公无私、坚持原则、不讲关系的品德。在此基础上,再进行有的放矢的培养教育。

在员工已经大体熟悉和掌握现岗位工作要领,能较好地完成工作任务时,要不失时机地交给他新的工作,同时进行适度的指导。对工作有畏难情绪的人,要教育他们树立"实践出真知"的观念,树立全力以赴、全心全意投入新工作的思想,并在取得进步和成功时,及时给予鼓励和表扬。

作为一名领导者,在培养人的过程中,谨忌把工作搞得枯燥、单调、乏味,这样的培养效果难免事倍功半。并不是每个人都喜欢和习惯于工作,有的是迫不得已,有的是出于无奈。因此,培养人要设法增加工作的趣味性。人人都喜欢有趣的东西,如能设法使工作的趣味性增强,将有助

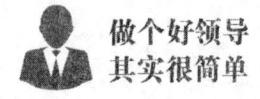

于提高人的工作热情，继而提高工作能力。当然，一般说来，工作仍然以紧张有序为主。

通过调查与观察分析发现，下属对工作的态度主要分为热爱和厌倦两类。热爱工作者把工作看成是一种享受，乐在其中，积极向上，一旦中止工作则惶惶不可终日。厌倦工作者却把工作视为一件苦差事，并想方设法减轻和逃避这种工作。

心理学家经研究证实：热爱和沉醉于工作中的人，激素分泌十分旺盛，使工作意愿更加强烈；而厌倦工作的人，激素分泌则逐渐下降，结果在情绪上郁郁寡欢，精神上很容易疲倦，对工作越发讨厌和腻烦。

对于这类缺乏工作热情的员工，领导者应当千方百计使他们提起精神。以跑步为例，如果无目标、无计划地去跑，只能使人感到乏味，即使没跑多远，也会使人感到十分疲惫。若是预先告知跑的距离，以及到达终点后的荣誉和奖励，自然会引起人的兴趣，使单调的跑步成为一种追求和享受。联系到具体工作上，就是让下属参与制定工作目标和计划，让每个人了解自己在整体工作中的作用与影响，这样便会使工作充满吸引力。

让下属养成勇于挑战困难的精神，是非常重要的。而要想达到这样的目的，必须结合一定的实践工作来培养下属。如果不敢放手交付下属新的工作，则下属根本不可能成长。人不可能生下来就是圣贤，也没有一个人一开始就能圆满地完成工作。唯有经过失败、反省、训练，才能超越自己，获得成功。无论是运动员还是艺术家，不经过反复锤炼，是不可能成功的。

日常工作亦同此理。唯有不畏失败，勇敢挑战的人，才能获得最后的成功。尤其是领导者，在敢于放手培养下属方面，更需要具备这种积极进取精神与挑战精神。

第七章
抓培训——培育人才，给公司永远的生命

好的习惯需要培养

俗话说："一块烂肉会毁掉满锅汤。"如果企业中有一位下属有着不良的习惯，或许就会有更多的人受其影响。如果不纠正这些不良的工作作风，久而久之就很可能会损害整体的士气。

帕金森的"办公大楼法则"，说的是一个组织的办公大楼设计得越完美，装饰得越豪华，该组织离解体的时间也就越近。

帕金森发现，许多生意兴隆的公司、影响巨大的组织都设在不起眼的地方，住在简陋的房屋里，而一旦搬进豪华的大厦，便转入衰退的轨道。例如，英国议会大厦、凡尔赛宫、国际联盟大厦、布伦海姆宫、白金汉宫、英国殖民部办公大楼等政治组织的大楼，都是在落成典礼之后，该组织的权势大幅度地下降，甚至带来厄运。

帕金森如果了解中国历史，可能会找到更多的例证，比如阿房宫、秦始皇陵等。为什么这些以豪华著称的建筑物，都成了这些组织的"陵墓"呢？

从这些问题中，其实可以反映出铺张浪费不是一件好事。注重节俭，反对铺张浪费，在日常管理中实施细节管理，这绝不是一个可以忽略的问题。人们常说的"细节决定成败"不可不听，"千里之堤，毁于蚁穴"的箴言不可不诫。

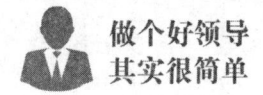
**做个好领导
其实很简单**

明朝嘉靖年间，徐九思曾任句容县令。他为官清正廉洁，一尘不染，两袖清风。徐九思从来不吃肉食，只吃青菜，加一些粗粮。在句容任县令的时候，他曾经在县衙的大堂上悬挂一幅青菜图。当别人问他挂这幅图的用意时，他解释说："古人不是说过吗，为官者不能让百姓面有菜色，自己则不能没有菜味。我这样做是在提醒自己。"由于政绩突出，徐九思被提拔，百姓得知他即将离开，一再挽留。百姓的至诚之心实在难以拒绝，徐九思又呆了一个多月。

大家知道最终留不住徐九思，于是县里的长者对他说："在您临走的时候，给我们留几句训导的话吧，我们会像尊敬您一样尊奉它。"徐九思深受感动，流着眼泪说："我没有其他的话可以对大家说，只有'俭''勤''忍'三字而已。希望大家记住：厉行节俭就不会奢侈浪费，勤劳务实就不会荒废家业，宽容大度就不会邻里纷争。这是治家保身的道理呀。"

徐九思走后，句容百姓雕刻徐九思所画的青菜图，然后在上面写上"俭""勤""忍"三字，称这是徐公的"三字经"。从此，句容百姓家家悬挂他的肖像，早晚祈祷。

徐九思的"三字经"颇具有说服力。在百姓中间倡导勤劳节俭，可以提高一个地方的民风民德，进而推动它的经济发展。在一个组织内部提倡节俭，反对奢华，就可以提高它的整体实力。而注重细节管理，提升组织的整体风貌是一个长效机制，绝非一日之功，所以要常抓不懈，把它打造为组织文化的一个有机组成部分。

改正不良的习惯，可以为你自己和你的下属及整个组织带来好处，最重要的就是可以提高组织的士气，不因个别下属的不良工作习惯而加重自己的工作负担。在改正不良的工作习惯后，员工更加精神振奋，工作环境更合意、更舒适，而且更安全。这样一来，每个人的面貌素质得到了提高，组织的形象也得到了进一步完善。

那么，领导者应当如何来改正或培养下属的习惯呢？下面提供几个要点。

(1) 根据组织文化鉴别出下属的好习惯和坏习惯。

好习惯和坏习惯是相对于目标而言的。每个单位拥有不同的组织目标和文化。因此，倡导好习惯和反对坏习惯也不尽相同。领导者必须根据自己特有的文化来界定下属身上普遍具有的、对组织发展至关重要的好习惯和坏习惯，把它们作为习惯管理的主要对象。

采取措施巩固好习惯，纠正坏习惯。措施可以是多种多样的，比如领导者可以运用口头表扬、精神或物质激励、委以重任等方式对下属的好习惯进行正强化；运用批评、经济惩罚、取消其担当重要工作资格等方式对下属的坏习惯进行负强化。

(2) 采纳下属的意见。

要下属改善自己的工作习惯，其中一个最佳的方法，就是请下属提出意见。就算下属提出的并非是你所希望的办法，也不妨试一试，看看是否可行。问题发生在下属身上，解决方法也应该由下属自己想出来。尽可能采纳下属的提议，因为这样做就显示出你重视下属的意见，使下属更投入地解决问题。

(3) 规范组织制度。

如果认为下属的有些习惯对工作影响很大，必须进行规范，就可以列入工作制度。比如严格要求下属按统一规定时间工作，可以设立上班打卡制度，明确规定一个月迟到若干次数的下属会受到一定程度的惩罚，而每一天都准时的下属可以得到一些额外的奖励。通过制度建设，把集体倡导的和反对的行为明确地界定下来，下属的行为就更加容易得到规范，向着组织希望的方向靠近。

自古以来人们都知道"勤于节俭，败于奢华"。一个单位的管理也是如此。当组织内部出现浪费行为时，管理者一定要加以制止；当组织成员出现摆阔之风时，再抓管理就很难了。所以，在日常管理中要培养每个下属养成节俭的习惯。

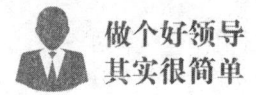

做个好领导
其实很简单

"逼"是培养人才的最佳方式

"知足常乐，能忍则安"，"祸莫大于贪欲，福莫大于知足"，都是耳熟能详的经典名句。一些得过且过、不思进取的人，之所以有这样的行为，主要原因在于两点：一是没有进取心，缺乏工作的动力；二是没有压力，做不做都一样。

针对这些不思进取的员工，作为企业的领导者该如何去解决呢？

只要经营有方，每个士兵都有成为元帅的可能，关键是看他有没有一个逼他成才的上级。"有压力才能有动力"，这句话是很有道理的。领导者完全可以给员工施加一定的压力，从而激发员工的动力。另一方面，企业应当改革机制，对于积极进取的职员进行奖赏，以激励下属努力工作，积极创新。

员工精力充沛，足智多谋，有好的素质，但由于没有压力，就会满足现状，不思进取。因此，在实际工作当中就会成绩平平，毫无起色。如果下属在没有压力的状态下时间一长，必会惰性大发，懒散成性，影响整个团体的效率和干劲。

对于这样的员工，一定要施加压力，用掉他的过剩精力，一来可以提高整体效率，二来可以满足部下的成就感，一石双鸟，成绩斐然。

工作是培养人才的捷径，忙碌则是培养人才基础。员工太多的单位，三个人当一个人用，大家整天无所事事，懒散的气氛互相传染，这样非但

第七章
抓培训——培育人才，给公司永远的生命

不能造就人，反而使人才变为庸才，加速了人才老化。

据研究显示，工作多而人员少，下属不得不寻找最有效率的工作方法。工作越忙碌，下属能力提升越快。工作中如果任务紧迫，大家自然也就不能再懒懒散散、得过且过，因为他们必须设法使速度加快，从而在规定的时间内尽快完成任务，而大家也会加强合作，加快与其他人的配合。

作为领导必须牢记，加大压力，促其忙碌最能出人才。当部下每个人都有事要做时，整个组织就会呈现出一片繁忙且生机勃勃的景象。每个人的精神面貌会大大改善，个人的业务能力也会有所提高，组织的风气会不断改善，其效率自会不断地提高。

据科学研究证明，一般人的脑细胞至少都可以开发到80%。但实际上，一般人终其一生也只能用掉10%的脑细胞。究其原因，就是缺少足够的压力，人们自然都不愿主动释放出更多的精力和能量。人的潜力是十分巨大甚至是惊人的，只要你敢于去挖掘，那么其效力也会大得惊人。

领导们在培育人才时有时觉得是件特别困难的事，但事实证明这并不难，要知道人才都是逼出来的，越多的挑战、越重的任务，就越是能够逼迫下属加速成为有用的人才。因此，不利的环境，繁重的任务，反而是最佳的人才培育手段。

下面这个故事，最能说明给人才施加压力，对其成功是很有推动作用的。

有一家为飞行员制造氧气面罩及其他救生设备的小公司，只有350名员工。世事总是难以预料，这家公司的营运突然陷入了困境，一些骨干的员工看到此情景也纷纷离开了公司。虽然这家公司给员工的薪水并不低，所有按钟点计酬的工作，加班费也多出一倍半。但最大的问题却是，公司上下每个人都用"平常心"做事，从经理到工人，各行其事。

公司突然出现的问题，让这家公司的管理层很是头疼，他们到处找有这方面经验的能手，希望能使这家公司起死回生。但有谁愿意来承担这么大的责任？又有谁有这种高度的自信，敢保证在这种恶劣的条件下成功呢？最后，好不容易找到一位名叫艾隆·布鲁姆的年轻人。

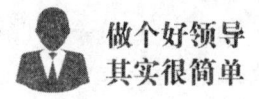

布鲁姆接受了新的任务后,采用了不同以往的方法。他首先召集剩下的150名员工宣布:"每天自上午8点至下午5点,各人做自己分内的事。你是秘书,就做秘书的事;你是经理,就做经理的事;你是设计工程师,就做设计的事。但在5点以后,从秘书到我本人,全都加入生产线,协助装配工作。你们和我都得听生产线领班的命令。没有加班费,只有一块三明治晚餐。"

在两年的时间里,这家小太空装备公司又恢复正常,甚至营运得比以往还要好,员工的士气为之大振,公司也开始赚钱了。

布鲁姆领导下的公司,虽然取消了以前的加班费,员工们却每个人都愿意加班。而之前有很高的加班费时,员工却没有一个人愿意加班,公司甚至差点破产,导致200名员工离开公司。布鲁姆领导下的公司,为什么150个人能比以前350个人做更多的事?

在进一步的分析中我们发现,以前虽然有350名员工在工作,但他们从来不明白他们可以改变困境,同时他们也不在乎要不要改变。主要原因还是领导者没有给其施加一定的压力,导致他们思想上的懒散。布鲁姆到任以后,他让剩下来的150位员工明白了压力的作用。因此,他们完成了看似不可能完成的任务。

领导者通过施加压力来逼出人才的时候,应注意以下两点。

(1)善于选择施压的对象。

有些下属精力充沛,没有压力就会满足现状,不思进取,时间一长更会惰性大发,不但个人成绩平平,而且还会影响整个组织的工作效率和干劲。对于这样的下属,领导者一定要给他们施加压力,化员工的过剩精力为财富。

(2)注意适度施压,适可而止。

人毕竟不是机器,再能干的人也有生理和心理局限。如果只顾一味施压,却没有把握好适度的原则,那就会"过犹不及""欲速则不达"。

古人曾说:"蜀中无大将,廖化作先锋。"因此,要做一名成功的领导者,一定要记住适度施压,这是培养人才、建立大业的一大法宝。

第七章
抓培训——培育人才，给公司永远的生命

敢于放手，培养员工独立自主的能力

孩子在小的时候，由于没有能力独立完成一项任务，父母不得不帮其完成。但在他们长大后，家长要慢慢培养其独立性，自己的事情要自己做。在企业中做工作正如父亲让儿子另立门户一般，当他们有能力独立完成工作的时候，就要放手让他们自己去完成，这样才能锻炼其在遇到困难时找到解决困难的能力。

但在交给下属独立完成工作时也有很多需要注意的方面。我们在日常生活中常常看到，许多管理者让下属独立作业，事实上完全是放任下属，或是强行交付工作，或是交付工作后就置之不理。如果业务真的顺利进展的话，则领导者必然以居功者的姿态表示"此乃本人指导的结果"，同时夸口："管理的秘诀是什么都不要做！""只有与下属划清界限，方可成为推动下属独立作业的管理者。"然而从下属的成长来看，这完全是不负责任的说法。让下属独立作业的实际做法应该如下。

（1）勿过分保护下属。

（2）尊重下属作为个人的人权。

（3）消除下属的依赖心、自卑感。

（4）让下属正确了解管理的意义。

（5）正确交给下属工作。

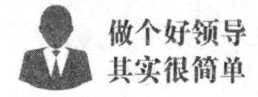

(6) 培育下属为后继者,代理领导者的业务。

放手让下属独立工作,也会出现一些意想不到的情况,所以放手后领导者一定不能当"甩手掌柜"。当下属在工作中遇到困难时,应做到以下几点。

(1) 引导下属坚持到底。

很多时候,下属的工作速度落后、效率不高,其主要原因多半是萎靡不振。其实这种现象并不可怕,因为即便是运动选手也会有这种情况出现,其他职场员工也会出现这种现象。萎靡不振不仅左右本人的工作情绪与业绩,有时会严重影响整个企业。只要找到解决问题的方法,就可以改变这种现象。

领导者要注意的是,当发现下属出现以下现象时,要特别留意:头部僵直,回转迟钝,重复发生做错事与健忘的情形;什么事情都做不好,毫无生气;发呆、注意力不集中的时间增加;呈现性格分裂的倾向。这时候领导者要做的是查找原因,缓解员工压力,并通过以下方法来解决。

面谈:在面对面交谈时,向下属说明其目前的情况,并耐心听取员工的意见与感想。借助谈话,协助其找出原因。

休息:给员工安排工作难度较小的工作,给予一段时间休息,再让其重新接受挑战。

学习:在愉快的气氛中,重新施予基础的教育训练。

通过以上方法对下属进行引导,通常下属们都会从低迷状态中逐渐恢复,并能从这种痛苦经历与克服困难的过程中学会许多事情,继续前行。所以,领导者千万不要因为部下的萎靡不振而视其为病人,以致另找他人,不再交付工作。

(2) 鞭策下属。

让下属经过一番辛苦努力获得宝贵经验的最好方法,是在交付工作给下属时,告诉他完成是第一个要求。领导者在下属工作的过程中,宜伺机就工作内容与下属能力做适当的复核,暗示其正确方向与方法,借此可防止下属中途受到挫折或过分拖延时间。

如果下属的工作突然陷入停顿，或是半途而废，这往往与能力无关，极可能是心情不好或是士气低落。在此时，要充分运用赞赏、激励、暗示的方法，增加其自信，使其有信心对工作再度展开挑战。

为了让下属达到最终目的，必须教导下属主动自发地报告其工作进展。尤其是对不能有效率地推动工作的下属，必须强制其定期报告，再视情况予以适当支援，以完成工作。

要让下属明白，工作中遇到障碍是无法避免的，唯有超越障碍才有可能成长。但是如果下属遇到了非常严重的问题，确实无法超越时，管理者则不能置之不理，要帮助他们除去障碍。这种做法并非是放纵下属，而是让下属享受完成工作的喜悦，增加他的自信心。用长远的观点来看，此乃一项培育下属的重要方法。

（3）协助下属完成工作。

在一些企业部门，有时下属在完成某项工作中，由于精神状态不佳，或者是其他原因工作进度无法正常进行，领导者就会以"你已尽了努力，但是似乎无论如何都无法完成工作"，"对你来说工作或许太重，还是由B来做吧"等方式把工作转交给其他的员工去做。这样的做法虽然在一定程度上可以防止时间的浪费，却大大打击了下属的自信心，从而使下属丧失工作热情。

在下属遇到挫折时，或许是因为管理者的指示与建议有不当之处。此时必须再度深入考察下属本人、周围情况，查出问题关键，讨论推动工作、超越障碍的方法。

如果可能的话，领导者要尽量选择一个时间，与下属一起讨论、商议，听听下属的说法，支持下属坚持到底，完成工作。下属在此种教诲下，可以累积难得的经验，并且能够领悟到工作的诀窍从而有坚持到底的决心。

每个领导者都希望自己的下属能尽快成熟起来，以便在以后的工作中

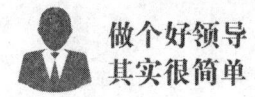

能独当一面。但领导者在培养下属的独立性时还要注意：下属如果一直不能或不愿独立作业，没有管理者的协助就不可能行动的话，下属将永远无法成为一个独立个体。此种情况一旦持续，战斗力增强无望，人才无法活用，组织陷入人才需求困难之中，唯有以高昂费用向外招揽人才。

为了预防此种事态，领导者必须适当地让下属独立作业，培育下属的独立性。首先要信赖下属，适当授权；然后促使下属以自己的头脑思考工作，再逐步让下属以自己的力量完成工作。一定要坚持非必要情况下不支援下属的原则，尽力让下属自己解决问题。

因此，管理者应培养下属的自信心、积极精神、耐力、克制力等正面素质，以消减下属的依赖心、消极情绪、挫折感等负面因素。只有正确合理地引导与培育，下属才会逐步成长起来，并成为一个真正敢拼搏、具有独立工作能力的员工。这样你的"催熟"才真正收到了成效。

做好候补人员培训

要保持企业员工工作稳定,不离职,对企业来说是很难做到的。但当企业里某个岗位的负责人离职时,往往会带来似惊涛骇浪般的冲击。为了维持正常的高效运转,管理者必须迅速地找人替补。但如果这时候没有可以胜任这个关键职务的人才,那么也许会影响整个公司正常工作的开展。但是有些人的职务并不是他人可以轻易取代的,必须要有具备这方面才能的人接替才行,这就需要考虑到候补人员的问题了。

因此,领导者时刻都要做好单位里候补人员的培训,如果做好人才储备,当内部的一两个主要人物突然离去时,不致使你无人可用而导致几近停滞。管理者应下大力气做好关键人才的培养,这样才能有备无患。

当今社会人才竞争日益激烈,关键人才越发成为稀缺资源,这一趋势迫使获取关键人才的方式,更多地从外部招聘转向内部培养。基于这种状况,关键人才的培养与发展,日益转变成为人力资源部门的重要工作。

在对关键人才的培训中,要做到目标明确,循序渐进,有步骤有方法地进行培训,使其尽快成长起来。

(1)选拔候补关键人才。

在对候补人员进行选拔时,领导者首先需要思考你的组织有哪些功能,需要什么样的关键人才,再写下组织中关键人才的名字,并注明何种特长增加了他们的绩效。这时，你也许会感到惊讶，因为往往是处于基层的一般下属，正是组织中所需要的关键人才。目前较为普遍采用的一种方法是建立关键人才计划，例如针对高潜力初级管理和技术人才的计划，这样，组织内部可以发现有潜力成为未来高质量人才的下属。通过在早期建立特别计划，领导者就可以更好地了解企业的关键人才，并且也能够避免人才流失。

此外，还要尽可能地选拔年轻成熟的右脑型人才。他们的技术能力在公司里正处于最高水平。在品格上，要得到大多数人的信赖，要具有非正式的影响力（不是靠职衔，而是靠他的品格、人格魅力来发动群众）。

(2) 关键人才的需求要找准。

根据翰威特在中国的经验，基于服务年限和年龄的最有效的留用策略如下：服务年限小于5年的、年龄在25~30岁的下属最需要的是职业发展机会、培训、教育补助、住房补贴等；服务年限5~10年的、年龄在30~40岁的下属最需要的是受到高级管理人员的影响、职业发展机会、住房津贴、教育补助等；服务年限大于10年、年龄在40岁以上的下属最需要的是退休津贴、医疗津贴、长期激励、生活与工作的平等以及外部认同等。

因此，关键人才的需要和目标会根据行业、职责、年龄、性别、家庭和服务年限的不同而变化。领导者要根据他们的需求做相应的付出。

(3) 关键人才培养计划的制定。

关键人才计划有两个核心目的，即发展和留用高潜质的未来领导者。组织要着力于帮助关键人才快速成长，并进入角色承担更多的责任。确定未来的领导者所需具备的能力，形成关键人才评估和发展计划的基础。参与者由各业务部门提名，然后进行评估。一旦候选人通过评估，他们将进入一个综合管理能力培训项目的高级小组。

(4) 关键人才的教育。

关键人才对于企业来说起着很重要的作用，因此，培养关键人才的专业技能对组织而言，是相当重要的课题。对候补的关键人才要进行1~2年的个别培养。一边要让他们学习管理理论，同时又让他们通过轮流换岗来参与组织内部的许多业务，使他们具有一种全局观念。关于管理理论，让他们接受担任中小团队的管理者的挑战，也是一个很好的办法。

（5）增强候补人才的自信心。

候补人才选定之后，就需要选定一个比较容易的项目，让他们作为计划指导者去调解、处理。通常只要让他们多接触几次这样的计划，让他们积累起成功的经验，那么他们就会具备自信心，逐渐掌握推动组织运转的本领。

（6）注意能力的提高。

如果具备了自信心，那就让他们接受更困难的项目的挑战。如果达到了这个水平，就要重新明确一下评价标准和投资合算系统，然后就能让他们对于部分人员、物资去进行自由裁夺。重要的是让他们作为一个领导者去参与活动。

对于公司内的候补人员，要尽可能地给予权力，让他们确立人员、物资等的预算，进行最大限度的准备。

组织必须提供一个能自由表达意见的环境，才能让关键人才尽情地发挥才能。组织必须允许这些专才们执着于他们的工作，相信他们有足够的知识及眼光来创收效益，才能培育关键人才的创新能力。

不管哪个人都有不顺利的时候，关键人才的培养过程也充满了这种失意与顺利的交织。当他们失败时，需要领导者暗中支持帮助，让他们感受到领导者的关怀。

作为领导者，扎扎实实地做好关键人才培养的每一步，在这个过程中，不但要投入必要的人力、物力，有时或许还会带来一些损失。然而，作为领导者一定要从全局出发，统一认识，使关键人才最终成为单位的顶梁柱。

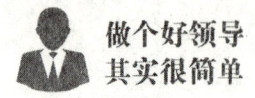
做个好领导
其实很简单

培养学习的气氛

毋庸置疑,下属进行学习对其本人有利,对集体也有利。鼓励每个人学习,自然就使整个组织处于学习中,这对于领导者的成功管理非常必要。学习就要有学习的气氛,如何才能营造良好的学习气氛呢?首先需要建立完善的学习型组织。

建立学习型组织是时下最流行的概念之一,这里所谓的学习型组织,是指通过培养弥漫于整个组织的学习气氛,充分发挥下属的创造性思维能力而建立起来的一种有机的、高度柔性的、符合人性的、能持续发展的组织。这种组织具有持续学习的能力,具有高于个人绩效总和的综合绩效。它以共同愿望为基础,以团队学习为特征,是一个扁平化的横向网络系统。它强调学习加激励,不但使人勤奋工作,而且尤为注意使人更聪明地去工作。它以增强组织的学习为核心,提高群体智商,使下属活出生命的意义,自我超越,不断创新,以图达到省时高效、服务超值的目标。

学习型组织的形成,可以采取下列方法。

(1)领导者应为组织建立一个鼓励和开放的环境,以避免一些影响学习的因素出现。

官僚主义作风必须加以剔除,作为领导者应该以身作则,成为持续学习的样板。学习型组织的成长具有一定的生物生长特征,组织学习必须自己完成,所有外界的组织和人员都只是提供参考,咨询公司、专家教授都只是建议提供者。深刻的变化一定是在组织内部产生的，一定是在下属的内心成长起来的。这就是学习型组织的核心。

(2) 建立良好的用人机制，是建设学习型组织的保障。

首先是要工作育人，这就要求创造良好的工作竞争环境，让组织成员快乐学习，快乐工作，快乐生活，让人生充满阳光思维。其次是要大胆用才，组织应当有"不拘一格降人才"的胆略和气魄，敢于大胆提拔使用表现突出者，使其在合适的岗位上才尽所能、物尽其用。还要知人善任，要充分发挥组织成员的知识能力和水平，更大程度地实现其自身价值，提高工作满意度，增强对组织的归宿感和责任感。最后是要学以致用。要搭建好学习结果的应用平台，使组织成员的专业技术才能有充分发挥的舞台。

(3) 打破有形或无形的界限，促进思想的交流。

因为界限会阻碍信息流通，孤立个人和团体。个人的学习必须精于运用深度会谈和讨论，这是两种不同的团体交流方式。深度会谈是自由和有创造性地探究复杂而重要的议题，先暂时收起个人的主观思维，彼此用心聆听。讨论则是提出不同的看法，并加以辩护。深度会谈与讨论基本上是互补的，但是多数团体缺乏区分及妥善运用这两项交谈技巧的能力。

团体学习也包括如何避开与上述两种有建设性的交谈相反的巨大力量，如习惯性防卫，这些使我们及他人免受威胁与窘困的习惯性互动方式，将阻碍我们的学习。比如，在面对意见冲突时，团体成员往往不是折中妥协，就是争得你死我活。当解开学习性防卫的症结时，便可发掘出原先不曾注意到的学习潜力。

(4) 要以现代理念为引领。

建设学习型组织，必须以更新学习理念为先导，推进学习方式的创新。树立终身学习的理念，懂得学无止境。

(5) 要充分发挥领导干部的引领作用。

领导干部既要做学习型组织建设的积极倡导者、精心组织者、大力推动者，又要做不断学习、善于学习的表率，这是新形势下提高管理能力、胜任领导工作的必然要求。

(6) 要以制度机制为保障。

建设学习型组织的最高境界就是"无为而治"。但在建设学习型组织的初期，建立一套保证和推动学习的长效机制，是不可忽视的。首先要建立学习动力机制。通过树立共同愿景和自我发展方向，增强组织和个人学习的使命感，变"被动学"为"主动学"，变"急功近利式学"为"持续发展式学"，变"机械式学"为"激情式学"，增强学习的内生动力。其次要建立学习评价和督查机制。建立和完善学习计划安排、考勤登记、检查考评、成果转化等制度，将学习情况纳入年度目标绩效管理，与评先、评优挂钩。通过建立健全考核评价、绩效测评、学用结合等约束性学习机制，使下属养成自觉学习的良好习惯，推进学习型组织建设向纵深发展。

(7) 要以有效平台为依托。

建设学习型组织是一项开创性的工作，是一项长期任务，要探索搭建有效的学习平台和载体。首先要搭建"互动式学习平台"，力争做到学习资源共享、学习时间统筹、学习内容交融、学习效果互促，营造"人人讲学习、人人参与学习"的环境。其次是搭建"信息化学习平台"，依托远程教育网络，发挥广播、电视、影视、数字传媒等技术优势，在线学习，疑难问题网上解答，学习资料网上共享。再次是搭建"自主性学习平台"，把自学作为求知的主渠道，引导大家减少应酬，把主要精力用在学习上，构建经常性的自学载体，深入开展"争创学习型组织、争当学习型下属"的活动。

因此，建立学习型组织，只有每个人都积极学习，自己所在的组织才能成为学习型组织，组织中的个体才会得到更快的成长。而对一个集体来说，建立学习型组织更是有着极其重要意义的。这是一种无形的培训，无论是对公对私，都有很大的益处。

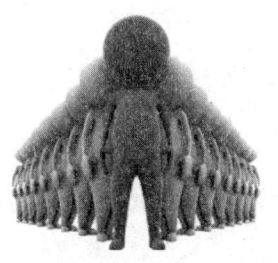

第八章

抓授权

——领导要管头管脚，但不能从头管到脚

授权实际上是领导者行使权力的一个过程。授权不仅是提高管理效率的一个有效方式，也是提升领导艺术的一个有效途径。作为领导者，只有掌握一些授权的方法，合理放权和控权，才能在授权的过程中使权力的能量被激发出来。在控与收中游刃有余，在无为无不为中体现领导者对全局的隐形调控。这样既能分身有术，又能充分历练下属的能力。

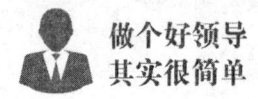
做个好领导
其实很简单

授权要大胆有方

在企业管理中,大部分领导者不肯授权,其原因主要是他们对下属的能力缺乏信任,不相信下属能够独立工作。对于交待给下属的工作,他们总是不停地过问,时时过去指点,让下属必须按照他的规则办事。长此以往,下属就会觉得自己的工作能力受到了怀疑,感受不到来自领导者的尊重,在工作中毫无自主性,甚至会消极怠工。

此外,在企业中还会有这样的领导者,他们喜欢把困难工作留给自己去做,总是认为别人胜任不了这种工作,他们觉得亲自去做更有把握。当然,这样做也许能使工作不出差错,但是,领导者如果任何事都亲自过问,下属也将乐于把问题上交,统统由你去处理。这样会形成一个恶性循环:领导者会十分辛苦,下属则总是推脱责任。在这样的情况下,一个组织又如何能够管理得好呢?如果一个领导者总这样大包大揽,下属就没有任何学习成长的机会,领导者就永远不会有轻松的时候。

因此,尽管一个称职的领导者可能是一个"万事通",但是,为了能够最大限度地挖掘下属的潜能,领导者必须摈弃这种"管家婆"式的做法,让下属有自由发挥的空间,从而增强他们的责任感和自主意识,进而更高效率地工作。聪明的领导者就应该把自己手中的大部分权力给各主管以及每一个下属,这不仅能让他们有机会发挥优势,而且能为自己省下宝贵的时间去做更重要的事情。

一位心理学家说:"对于创造者来说,唯一最好的刺激是自由——有权决定做什么和怎么做。"在美国的许多高科技公司里都采用了注重行为结果的管理方式。每个人都有自己的工作范围,可以独立处理自己权限范围内的事,不用向上级汇报或请示,以最终结果来衡量下属的工作成绩。这样的管理方式,给了下属最大的自由空间,而下属回报的则是极大的努力,从而形成良性循环。

领导者大胆授权在工作中具有极其重要的作用,但在授权的过程中,怎么授权才是有效的呢?如果一位领导者,每次分派工作,从开始到结束,事无巨细都要求得非常具体详细,比如布置会议室,放多少把椅子,买多少茶叶、水果,会标写多大的字、找谁写、用什么纸等等都要一一过问,开始时下属可能尚能接受,时间一长,大家就不太情愿了,感到他管得太细太严了。

因此,在授权的时候,领导者不必过于强调细节,只需下达目标即可。如让下属编制一套管理软件,只提要求就可以了,没必要告诉他使用哪种语言、怎么编。过度的管理反而会弄巧成拙,妨碍下属积极性的发挥。领导者安排好了一切,下属也只有照办,失去了参与和发挥潜能的机会,势必挫伤他们的积极性。

大多数领导者在授权时,他们的心理会有很多的顾虑和疑问,因此而无法完成有效的授权。那么,管理必须克服这些心理上的"包袱",才能完成有效授权。

包袱一:下属能做得很好吗?

有些领导者认为,教会部下怎么做,得花上好几个小时;自己做,不到半小时就做好了。还不如自己做更省劲。但是你如果能够教会你的下属,你会发现,其实别人也可以做得和你一样好,甚至更好。

包袱二:下属是否值得真正信任?

作为领导者,在具体的工作中,你没法不去过问部属是如何开展工作的，甚至把一些关键的环节留给自己亲自操作。你在自己的心里打了个很大的问号，自己的部属会像自己一样尽职尽责吗？

包袱三：失去对任务的控制怎么办？

很多领导者之所以对授权特别敏感，是因为害怕失去对任务的控制。一旦失控，后果很可能就无法预料了。问题是：难道你非得把任务控制在自己手中吗？可不可以通过合适的手段避免任务失控呢？只要你能够保持沟通与协调的顺畅，强化信息流通的效率与效果，失控的可能性其实是很小的。

包袱四：授权会不会降低灵活性？

通过授权把具体的工作分派出去，让自己从一个更高的层面来统帅全局，思路往往会更加灵活，同时也有更多的时间和精力来处理那些棘手的问题和突发性的事件。

包袱五：下属了解组织的发展规划吗？

很多领导者说自己的下属不了解公司的发展规划。为什么呢？因为你没有告诉他们，更谈不上去赢得他们的深刻认同。你的下属无法分享集体的发展规划，他们又怎么会关心它的未来呢？

包袱六：自己的组织地位是否被削弱？

如果把自己的权力授予别人，会不会影响自己对于组织的重要性，从而削弱自己在组织中的地位呢？答案显然是否定的。如果你能够让部下更加积极、主动地处理问题，就会充分发挥团队的力量，将任务完成得更多、更快、更好，从而使自己的地位有机会得到进一步的巩固或提升。

解决了这些心理的"包袱"，领导者在授权时就会大胆有方，轻松自如了。正确的授权，可以避免琐事缠身，并且可以通过创建一支高绩效的团队，及时有效地完成各项工作指标。

第八章
抓授权——领导要管头管脚，但不能从头管到脚

激活能力，高效授权

《韩非子·八经》中说："上君尽人之智，中君尽人之力，下君尽己之能。"也就是说，低水平的管理者只知道自己勤勤恳恳地埋头工作；中等水平的管理者会集合下属的气力去工作；高水平的管理者则会集合下属的智慧来完成各项工作。

高效授权是工作取得成功的必备技能之一，随着工作压力不断增加，高效授权可以使你一切尽在掌握之中。通过高效授权，组织里的每一个人都将具有高度的责任感，同时，你也会有更多的精力去做必须亲自处理的工作。高效授权不仅赋予团队成员高度的责任感，还激励他们充分挖掘自身的潜能，同时还能发挥管理者作为团队带头人的作用。

高效授权是每个管理者都必须重视的问题，授权的成功与否，往大处说，决定着组织的成败；往小处说，则关系着工作能否顺利开展。因此，对于管理者来说，高效授权是一个不容忽视的大问题。

授权如同放风筝，风筝既要放线，又要有线牵制。只有依风顺势边放边牵，才能把风筝放得高、放得久。

正如俗话说的："最棒的领导，就是不领导。"所以，权力要下放，风筝要高飞，管理者只要掌握了一定的尺度，就可以尽情地享受放飞的乐趣，下属们也可以自由地发挥自己的潜能，增强活力。

在联邦快递，员工可以按照自己的方式行事，不论是主管、快递人员

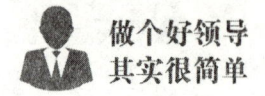

还是客户服务人员,都拥有非常大的工作弹性。联邦快递十分注重发掘员工的自主性,领导者也努力为下属创造一个有着极大自主性的工作氛围,大大提高了企业的竞争力。

旧金山黑森街收发站的高级经理瑞妮在联邦快递一待就是15年,其最主要的原因是在这里可以享有充分的自主权。从做快递员时起,她就可以自主地安排自己的工作;即使成为高级经理——负责年收入超过500万元的部门、每天处理3500个包裹的业务、管理近300名员工,她仍然觉得相当自由、独立,只要上司认同她的目标,她就完全可以自行决定如何做事。瑞妮说:"我的上司不会对我说:'你的工作有问题'或'你的递送路线没有安排好',我自己有一套独立的训练计划,物品管理和路线安排全由我自己做主。我非常喜欢现在的一切。"

来自第一线的员工也有这样的感受,即使是货车司机都可以自行决定收件与送件的路线,并和顾客商量特殊的收送方式。在联邦快递,所有人都有同样的感觉——"工作一点也不无聊,而且时间过得飞快。"

由此可见,正是这种高度自主的工作环境成就了联邦快递。下属的成长也与这个工作环境密切相关。充分尊重下属的工作自主性是联邦快递成功的一大秘诀,这也是一种值得提倡的授权方法。

有时候,高效授权就是要授予下属充分的自主权,自己做决定,自己负责任,享受自我空间,沉浸在这种自由氛围里的下属会更高效地工作。当然,联邦快递也有一些标准来规定员工的工作,例如要求同一路线每公里每小时应该收取或递送的包裹数。联邦快递十分注重时间和效率,可是从不用秒表计算快递人员递送快件的时间。

由此给我们的启发是:领导要敢于给下属机会,不要总是怀疑下属的能力,要敢于对下属授权。然而,高效授权并不是简单地将权力下放,而是要通过授权达到解放自己、激励下属、提高工作效率的预期效果。那么怎么才能做到高效授权呢?

首先,确定目标是高效授权的灵魂。亚里士多德说:"要想成功,首先要有一个明确的、现实的奋斗目标。"请看下面两种授权方式。第一种，"小张，你负责本年度A产品的推销工作。加油干吧，公司将给你丰厚的奖励。"第二种，"小李，你负责本年度A产品在C地区的推广，公司希望达到40%的市场占有率，假如成功，公司将给你5万元的奖励。"结果怎么样？小张被授权后，四顾茫然，不知道自己该往哪个方向努力。小李接受的是明确的、富有挑战性的目标，此项工作立即引起了他的兴趣。小李积极主动挖掘自己的潜力，着力向目标奋进，授权的成效也一目了然。

其次，对授权过程进行反馈与控制。授权不是不加监控地授权，在授权的同时应该辅以有效的监督与控制，这样才能使授权发挥更好的作用。有人说："权力是一把双刃剑。"你把它用好了，带来的是效益，是成功；使用不当，带来的就可能是灾难，是打击。因此，管理者授权后千万不能不管不问，这是很危险的；一定要加强对所授权力的监督，建立相应的健全监管与反馈机制，使权力在理性可控的范围内运用，促进组织的有序进步。

授权就像踢足球。管理者必须像教练那样，根据每个球员的特点安排合适的位置，明确每位球员的职责；在比赛过程中，教练还要根据球员在场上的表现及时地换人、换位，同时又要提醒场上队员应该注意的事项，做到对全场比赛的有效控制。只有这样，才能通过授权使工作产生良好的效益。

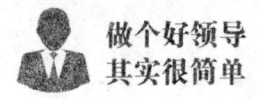
做个好领导
其实很简单

不要盲目授权

传说有一个国王为了解闷，他叫人牵了一只猴子来给自己做伴。因为猴子天性聪明，很快就得到国王的喜爱。这只猴子到王宫后，国王周围的人都很尊重它。国王对这只猴子更是十分相信和宠爱，甚至连自己的宝剑都让猴子拿着。

在王宫附近，有一座供人游乐的树林。国王被那里的美景所吸引，带着王后到林子里去。他把所有的随从都留在树林的外边，只留下猴子给自己做伴。

国王在树林里好奇地游了一遍，感到有点疲倦，就对猴子说："我想在这座花房里睡一会儿。如果有什么人想伤害我，你就要竭尽全力来保护我。"说完这几句话，国王就睡着了。

一只蜜蜂飞了来，落在国王头上。猴子一看就火了，心想："这个倒霉的家伙竟敢在我的眼前蜇国王！"于是，它就开始阻挡。这只蜜蜂被赶走了，但是又有一只飞到国王身上。猴子大怒，抽出宝剑就照着蜜蜂砍下去，结果把国王的脑袋给砍了下来。

这则寓言对管理的启示是深刻的。"国王"作为管理者的悲剧在于：将保护的权力授予了无法承担保护责任的"猴子"，就连一直尽职尽责保护自己的随从也被支开。正是这种不科学的授权，最终导致了悲剧发生，

第八章
抓授权——领导要管头管脚，但不能从头管到脚

国王的脑袋被猴子砍了下来。

著名管理学家约翰·布德娜十分重视授权，希望找到有能力的人并授权给他们，她认为："找到有能力的员工广泛地分配工作，可以很明显地减少管理者的障碍。"

找到有能力的员工并授权给他，这是授权管理中的一个创新，同时也能促进整个组织的快速发展，比如美国南北战争期间林肯在授权方面扮演了很重要的角色。1783年6月，林肯把波多马克军队的指挥权交给米德将军。后来，米德将军果然没有辜负林肯的信任，在宾州小镇葛底斯堡指挥军队，成功阻止了南军攻进华盛顿，带着权力通过这项考验。

从林肯授权的风格中可以得出，一个成功的管理者不仅善于将整个组织的资源整合起来，更重要的是管理者应在授权之前找到有能力的员工并在适当的时候授权给他。

因此，授权是衡量管理者能力的标准之一，特别是成功的管理者授权。不授权给有能力的下属，整个组织就没有发展壮大的半点希望。同时授权恰恰是培养员工能力最有力、最有效的方法之一。如果员工们认为你为他们的成长提供机会，他们可能会被激起斗志，全身心投入到工作中去。他们会格外努力地去成功地完成你授权的任务。在管理中一定要将权力授予能够胜任工作的人。

原来北欧航空公司内部陈规陋习严重阻碍了公司发展，董事长卡尔松决心进行一次大变革，提高公司的效率和知名度，把北欧航空公司改造成欧洲最准时的航空公司。

卡尔松的想法是：自己如果有一套切实可行又十分有效的措施，就按照自己的措施施行；如果没有有效可行的措施，就设法找到一个能够进行这种变革、达到既定目标的人。卡尔松没有想出更好的办法，因此他必须找一个合适的人选，通过合理的授权，让下属找到一个能够达到既定目标的最佳途径。

卡尔松果然是一个好伯乐，他迅速找到了一个合适的人选。一天，卡

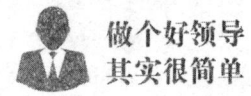

尔松专程拜会他，以提问的方式叙说："我们怎样才能成为欧洲最准时的航空公司？你能不能替我找到答案？过几个星期来见我，看看我们能不能达到。"由于他是运用提问的方式让对方自己寻找答案，拜会回去后他就不用再思考这件事了，而他的合适人选正在苦思冥想，力图找到答案。

几个星期后，那位员工找到了答案。他约见卡尔松，说："目标可以达到，不过大概要花6个月的时间，而且要用150万美元的巨资。"随即，他向卡尔松说明了自己的全套方案。对于他的回答，卡尔松甚为满意，因为自己原本计划要花的钱大大高于150万美元。于是卡尔松让这位员工去认真地实施方案去了。

大约4个半月之后，那位员工请卡尔松来看他的成果如何。这时，卡尔松的目标已经达到，北欧航空公司已经成为全欧洲最为准时的公司，更为重要的是他还从150万美元的经费中节省了50万美元。至此，卡尔松甚为得意，他进行了一场大的变革，而且还省了好大的一笔钱。

现代企业管理中，越来越多的管理者认识到将手中的权力合理地授予员工，使员工拥有更多控制自己工作的权力，这是组织生存的一条重要途径。权力的使用向来都不是一件随随便便的事情，并不是每个员工都是权力授予的最恰当的人选，不是每个人都能够达到管理者所要求的目标。因此，选择合适的人选成为授权工作中最关键的前提条件，人选不合适，不如不授权，否则将会适得其反。

第八章
抓授权——领导要管头管脚，但不能从头管到脚

让员工参与管理

如果下属有能力完成某项任务，领导者应该赋予他们一定的权力，不要去牵制他们的行动。只有这样，领导者才可以充分发挥下属的积极性、主动性和创造性，下属才能大展身手，不会因空间狭窄而觉得束手束脚。委以重任是促其成长的动力，因为这样才能逐渐拓宽被培养者处理工作的范围。有的企业常常责大于权，使工作很难开展。由于责大于权，下属没有努力工作的动力，工作效率低下，这是企业最大的浪费。

富山芳雄是日本企业界权威，他曾经亲身经历过这样一件事：日本某设备工业公司材料部，有一位优秀股长——精明强干的A君，科长经常安排给他很多工作，而他自己也有一些事情需要处理，诸如同其他部门协作，完善建立原单位的管理系统，等等。虽工作繁杂，但他每件事情都做得井井有条。A君工作积极、人品好，深受周围同事的欢迎。富山芳雄也认为他是很有前途的。

但在时隔数年后，富山芳雄再见到A君时，却发现A君判若两人，他的职位并没有被提升得很高，只是个小科长，并且被调离了生产指挥系统的第一线，只在材料部门担当一个有职无权的科长，没有具体工作，也无部下。此时的A君，给人的是一副厌世的形象。

富山芳雄对A君的境况很是疑惑，于是便对他进行了调查分析，之后才

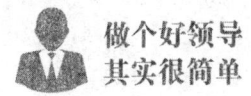
做个好领导
其实很简单

知道，10年间，A君的上司换了三任。最初的科长，因为A君业务精通且是个诚实可靠的人，丝毫没有让他调动的想法。第二任科长在走马上任时，人事部门曾提出调动提升A君的建议。然而，新任科长不同意马上调走他，经过3个月的考虑，给人事部门的答复是A君是工作主力，如果把他调走，新人接手势必要给自己的工作带来极大不便，造成很大的工作损失。这样，哪任科长都不肯放他走，A君只好长期被迫重复同样的工作，提升之事只能不了了之。

起初，他没有什么想法，很努力地工作。然而，随着时间的推移，他逐渐变得傲慢、固执，别人的意见他根本不听，加之他对业务熟练，对部下可以说完全是在发号施令，独断专行。结果，使得部下谁也不愿意在他身边，纷纷要求调走。在上司眼里，他虽然工作内行，堪称专家，却不适应担任更高一级的职务。正因为如此，他比同期进入公司的人当科长反而晚了一步。从而使他变得越来越固执，以致工作出了问题，最终被调离了第一线的指挥系统。

这个故事的结果是很值得反思的。领导者千万不能总让员工原地踏步，特别是对那些能干的下属，更要适时适当放手，委以重任。这一点，微软公司就做得非常好。微软公司赋予下属很大的自主权，由他们决定如何完成工作。在这样的理念下，下属才能怀着高度的热情投入到工作中，以极高的工作效率来回报企业的这份信任。

授权即是给予权力，但更重要的是，通过授权、指导、锻炼下属，使下属尽快成长，即授人以渔，而不是授人以鱼。每一个人总是希望能得到社会的认同从而实现自我价值，为达到这个目的，都会努力表现自己，而授权就是为其提供了一个可以施展才华的舞台。

许多管理者，对于员工总怀有戒心，通常总喜欢留置他们而不给予重用。要知道，这样是有碍于人才发展的。正确的做法是，对于真正有才华的员工，应该从一开始，就把他们当成能独当一面的人，委以重任，让他们有机会去表现自己的能力，即使任务稍重或过头也无妨。万一失败了，就要他们负起责任，或向有关部门道歉，或查明有关原因，或处理善后工作。总之，这一切责任都要由他们一肩挑起。如此，才容易促进他们的成长。

在日本就有许多的企业家是因为被适时地提拔而跃居领导岗位的。一般来说，获得提拔者没有不感到自豪的。但也有许多人因突如其来的擢升而产生心理压力。所以，提拔者也应了解被提拔者是否具有承担此项任务的能力。

让员工参与管理，放手让他们去做事，并不意味着就撒手不管。所谓撒手不管就是领导者对下属的工作不闻不问，回避责任。最重要的是在关键时刻严加监督，给予帮助和鼓励，使他们在工作中不脱离大原则，解决问题不拖延，对于突发性问题不惊慌失措。某项工作即便交给了下属，领导者也有责任从侧面支持他能按最初的计划顺利进行，使工作取得成果。

总之，企业领导者要做到合理使用干部和安排下属，就必须全面掌握授权艺术。让下属参与到管理中去，才能充分调动下属的工作热情，发挥其工作效力，搞好各项工作，实现轻松而有效的领导，最大限度地实现企业的经济效益和社会效益。

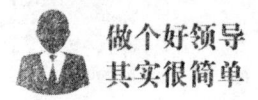

给员工决策的权力

古代文明绵延了数千年,但社会的科技水平变化却小之又小,近现代文明不过区区三百余载,却已得以翻天覆地。其原因何在?正如古代社会的专制制度正是人们思想及创造性最大的桎梏,而现代的民主制度则让人们的智慧迸发出来。

与之道理相同,如果管理者扮演的角色是那个高高在上的专制君主,那么企业就很难不断地发展、前进。在企业内应发挥民主作风,把一些权力交给员工,让员工参与管理和决策,这样才会产生惊人的力量,实现双赢的结果。

作为企业的管理者,每天都需要对许多事情做出决策,一些看似简单或无关紧要的决策,实际上却异常重要。因为每个决策的实现,都有可能关系到整个企业的发展。

不管哪个企业,在日常的工作中都会因工作上的需要而做出不同的决策。如餐厅、宾馆、航空公司、医院等服务机构的员工,他们每天需要做出无数决策;装配厂、研究单位、钢铁公司、电信局、软件公司等单位的员工同样也会面临决策。尽管不同的企业有不同内容、不同程度的决策,但是,他们仍需要就出现的问题做决策。例如,对生产线出现的问题是关注、解决,还是随它去?对客人报以微笑,还是冷漠地"做好"本职工

第八章
抓授权——领导要管头管脚，但不能从头管到脚

作？对面前的事是想办法解决，还是顶回去？尽管有些时候一些决策"看不见"，但企业管理层绝不能忽视这些问题。

为让员工在必要的时候做出合理的决策，管理者应当如何去做呢？最重要的一方面就是管理者要适当放权，这样做的益处，一方面可以让员工感到自己是企业的重要组成部分；另一方面培养员工处理问题的能力，在问题刚出现时能够立即给出恰当决策，并立即行动。所以，管理者一旦授权，就应给予员工充分的自由度，包括给他做具体事情的决策的权力。

成功的管理者都非常重视"员工参与管理"。他们认真听取员工对工作的看法，积极采纳员工提出的合理化建议。员工参与管理会使工作计划和目标更加趋于合理，并增强员工工作的积极性，提高工作效率。

柯达公司创始人伊士曼，为了改善企业的经营管理，一直以来很重视听取员工的意见。他认为企业的许多设想和问题，都可以从员工的意见中得到反映或解答。为了收集员工的意见，他设立了建议箱，让员工参与企业管理。这在美国企业界是一项创举。企业里任何人，不管是白领还是蓝领，都可以把自己对企业某一环节或全面的企业管理的改进意见写下来，投入建议箱。企业指定专职的经理负责处理这些建议。被采纳的建议，如果可以替企业省钱，企业将提取头两年节省金额的15%作为奖金；如果可以引发一种新产品上市，奖金是第一年销售额的3%；如果未被采纳，也会收到公司的书面解释函。建议都被记入本人的考核表格，作为提升的依据之一。

每个企业都希望实现高效益，企业要想创造效益，仅仅靠让员工参与管理、提提建议，这样是远远不够的。除此之外，还应该鼓励员工参与到工作目标的决策中来，因为员工的决策，有时会直接关系到企业的成败。

前北欧航空公司最高副业务主管詹·卡尔佐说："员工每天做出的决策会产生正面效果和负面效果，我们尽量避免负面效果。可以说，这是决定公司成败的关键因素。"说出这样一段话的原因，是他经统计发现，第一线的员工每年需做出大约17万个大大小小的决策。当他升任最高业务主管时，企业每年的客流量已经达到1000万人，员工与顾客的接触机会达5000万

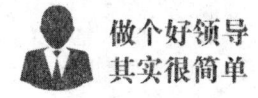

次。因此，员工的服务状况将直接影响企业的效益。

大多数管理者一直都明白这个道理，但在实际生活中，许多管理者却不能把决策权充分授予员工，这是因为，他们尽管强调员工的决策具有重要作用，但由于这种作用几乎是无形的，大多数管理者便因此对员工的决策和行动进行直接而全面的监督、干涉和控制。

管理者之所以不敢放权，还有一个原因是他们认为授权于员工，做出决策将使企业变得混乱不堪，无法管理；而设立的规则和管理层越多，对员工进行的监督越全面，给他们"胡想"的机会越少，越好控制局面，自己的决策才能贯彻下去。但是，有两个方面需要注意：第一，任何企业不可能100％地控制员工的工作。从一定程度上讲，员工不得不使用自己的判断力。第二，全部控制员工的决策权只会产生最低效果。

我们来看，交响乐团指挥的控制权看起来很大，演奏员绝不可能按自己的兴趣随便演奏，指挥实际上控制着整个表演过程的各个方面。因此，可以说，他具有100％的控制权，每个演奏员必须听从指挥棒。一个著名交响乐团的成员说：一个伟大的指挥家最具魅力的地方就是用微妙的手势产生巨大效果，他让你了解他的意图和期望获得的效果，他通过指挥棒了解每个演奏员的能力，他需要和谐和力度，他给每个人充分的决定权。

从这个事例可以看出，指挥员要想完全控制交响乐团的所有成员是不可能的。在企业管理中也一样，如果管理者只是自己发表决策，并用这些决策控制下属的话，那么，整个企业极有可能由于管理失策而失去市场优势。

应该说，任何一个领域都要遵循一个原则，那就是给员工一定的管理和决策权。正如美国的商业战略专家詹奎兹所说：每个员工任何时候都会做出决策，而这些决策与他们拥有的决策权和判断力有关。一个优秀的管理者应该适当放权，使员工的才能充分发挥出来，因为，员工对企业了解的程度绝对不比高级管理层差。

第八章
抓授权——领导要管头管脚，但不能从头管到脚

放权要把握原则

权力是一种管理力量，权力的运用是有法度的，而不能是领导者个人欲望的膨胀。

"把监工赶出权力层"是现代管理者的一种主张，这也是对专权与放权关系的精辟概括。许多事实证明，集权如掌握不好，很容易引起下属的反感，甚至会将整个事情引向极不理想的方向。所以，管理者集权，要掌握集权和放权的分寸：集权过分，下属会认为你过于专制，不近人情，从而产生逆反心理，不愿干出成绩；过分放任，会使你显得软弱，缺乏应有的威慑力，会导致下属对你的命令或指示置若罔闻。所以，作为管理者一定要把握好原则问题。

总的来说，要做到集权而不专权，应把握以下三个原则。

（1）依法原则。

法，它是法律、法令、制度、规定的总称。运用权力必须有依法原则，就是说管理者要在法律、制度、政策规定的范围之内，正确地运用权力。

任何管理都是对一个单位的管理，都是对一个群体的管理。管理一个国家需要有国法，管理一个单位也需要有规章制度。一个群体只有在一定的规则之内行动，才能保单位的完整性、稳定性、正常性、和谐性。管理

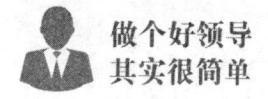

者注重法制，就是要在自己的权限范围内，严格依照法律和制度来进行管理。管理就需要法，若离开了法，单位本身也就难以存在，群体就难免解体。

法是一个系统存在和发展的保证、正常运转的规则，那么作为掌握一定权力的管理者，在行使权力中，首先就要注重法制建设，做到"有法可依""有章可循"。在遵循国家的法律、政策的同时，对本单位需要规范的问题明文规定出来，明确允许怎么做，不允许怎么做，作为规章制度，用以约束下属和自己，也作为处理和解决问题的一个重要依据。

遵循依法原则，还要求管理者要依法用权。管理者职位有高低，权力有大小，但是无论职位多高，权有多大，都必须受法律制度的约束，都必须在法律、制度、政策规定范围之内行使权力。

（2）民主原则。

民主原则是管理者在工作中处理与下属关系应遵循的基本原则，指管理者在集权的过程中，要走群众路线，听取下属的意见，发挥集权领导作用，实现民主决策。

管理者只有具备了民主意识，才能正确地遵循民主原则。贯彻民主原则的基础和前提是民主意识，较好的民主对管理者遵循民主原则会发挥重要的指导作用。

此外，管理者还要具有平等意识，也就是说管理者在行使权力过程中，应该把下属视为朋友，以平等的态度对待，不摆架子，不打官腔，允分尊重下属的权利，在管理者与下属之间建立一种互相了解、互相帮助的新型关系，把下属对自己的服从性和自觉性结合起来。

（3）廉洁原则。

"不受曰廉，不污曰洁"。廉洁也就是说不接受他人馈赠的钱财和礼物，不让自己清白的人品受到玷污。廉洁原则，就是指管理者在运用权力时，要奉公守法、廉洁自律，不以权谋私，运用权力更好地为员工和企业

第八章
抓授权——领导要管头管脚，但不能从头管到脚

服务。

权力是完成工作任务的工具，即是为了实现各种不同职能而被赋予的。凡是掌握一定权力的管理者都有圆满、认真完成本职工作的职责。从这个意义上说，没有无责任的权力，也没有无权力的责任。责任与权力是相伴而生的。

坚持廉洁原则，不以权谋私，是一个实践问题，不是一个深奥的理论问题。因此，坚持廉洁原则重在行动、贵在自觉。评价一个管理者是否廉洁，不是看他定了多少条措施，做过多少次声明，而是看他在行使权力中做得如何。一个管理者只有排除个人主义、私心杂念，不打自己的"小算盘"，才能坚持廉洁原则。

加强思想道德修养是坚持廉洁原则的条件之一。管理者的思想道德状况制约着权力的使用。管理者集权时，其思想和行为都应遵循道德规范和准则，这就是职业道德。

因此一个高明的管理者，不会把自己当作监工，因为他们明白自己的工作是管理，而不是专制。把自己当作监工的管理者，往往大权独揽，把所有的下属都看成是为自己服务的。这样的管理者，永远不懂"攻心为上，攻城为下"的道理，或者说，监工式的管理已经与现代"人性化管理"的思想相去甚远。有的管理者或许会说，监工式的管理的确有用。这是有可能的，但不可能时时有用。牢记这一点，人性化的管理会对用人方式带来益处，至少不会招致下属的心理抗拒，容易使双方形成平等、融洽的人际关系，从而创造一种良好的工作氛围。

管理者管人必须关注下属的主观感受和愿望，注意具体问题具体分析，一切管理工作都应以调动人的主动性、积极性和创造性为出发点，必须体现以人为本。

人际关系理论认为：生产效率的高低，组织目标的实现与否，主要取决于组织成员的士气与态度，而高昂的士气和积极乐观的态度是通过"以

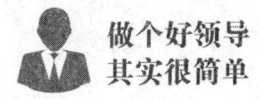

人为本"的人性化管理来实现的。我们正处在社会主义现代化事业蓬勃发展、综合国力不断增强的时代，人们的温饱问题得以解决，基本的需求得到满足之后，更多地追求高层次的需求。

作为一个管理者，在日常工作中要做到放权而不放任，集权而不专权，控放自如。集权和放权是一个工作方法和态度问题，直接关系到能否发挥下属的积极性，因此，管理者在放权时一定要把握好原则问题。

第八章
抓授权——领导要管头管脚，但不能从头管到脚

防止权力失控

美国一位著名管理学家说过：控制是授权管理的"维生素"，授权管理的本质就是控制。所以，充分授权，有效控制，才是授权的最高境界。

防止授权失控的最有效的方法，即是"大权集中，小权分散"。但作为领导者，首先应该了解哪些是"大权"，哪些是"小权"？有的人可能把"小权"也看成"大权"，监督与控制过度；有的人则可能把"大权"当成了"小权"，走上放任的道路。

如果想成为一名优秀的领导者，要想使下属不断成长，就必须参透"一手软，一手硬，一手放权，一手控制"的授权之道。只有参透这一秘诀，才能完成授权实施者与工作控制者的角色转换；只有完成这一角色转换，授权才能真正走上合理、有效的运行轨道。

下面我们来看一个因完全放权而失败、又转回来控权而收到成效的例子。

摩托罗拉创始人的孙子高尔文，1997年，他接任CEO时，就采取充分授权，他认为应该完全放手，让高级主管充分发挥能力。

但是自2000年以来，摩托罗拉的市场占有率、股票市值、公司获利能力连连下跌。摩托罗拉原是通信器材界的龙头，市场占有率却只剩下13%，诺基亚则占35%；股票市值一年内缩水72%；2001年第一季度，摩托罗拉更出

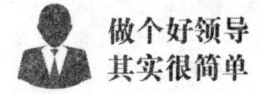
做个好领导
其实很简单

现了15年来第一次亏损记录。

出现亏损的原因，与高尔文授权失误有着直接的关系。高尔文放手太过，根本不能适时掌握公司真正的经营状况，不能及时纠正下属出现的问题。他一个月才和高层主管开一次会，在写给员工的电子邮件中，谈的也只是如何平衡工作和生活。就算他知道情况不对，也不愿干涉太多，以免下属难堪，这都明显属于授权失误。

有一次，摩托罗拉公开宣布，要在2000年卖出1亿部手机。而销售部员工几个月前就知道这一目标根本不可能实现，只有高尔文还不清楚发生了什么状况，最后当然是失败。

摩托罗拉曾推出一款叫"鲨鱼"的手机，在欧洲市场节节败退。其实，在讨论进军欧洲的计划时，高尔文就知道欧洲人喜欢简单、轻巧的机型，而"鲨鱼"体形厚重而且价格昂贵，高尔文却没有做深入调研就让经理人推出这款手机，致使失败。

一直到2001年年初，连续的失败让高尔文意识到问题的严重性，他害怕摩托罗拉的光辉断送在他的手上，于是开始进行调整。他重整组织，并开始每周和高层主管开会，改变自己"过于放权"的作风，才扭转了摩托罗拉公司发展的颓势。

幸好高尔文意识到了自己的错误，并改变了自己"过于放权"的作风，才使得摩托罗拉有了好的发展趋势。可见，在企业管理中，领导者要防止权力的失控，就要注意适度控权。高明的管理者，会对授权任务进行恰当的控制，使自己能随时掌握任务的进程，在最恰当的时刻，选择最恰当的方式，把跑偏的马拉回到正确的轨道上来。作为领导者，宜采取下列授权的形式和方法。

（1）模糊授权。

这种授权有明确的工作事项与职权范围，领导者在必须达到的使命和目标方向上有明确的要求，但对怎样实现目标并未做出要求；被授权者在实现的手段方面有很大的自由发展和创造余地。

（2）特定授权。

领导者对被授权者的职务、责任及权力均有十分明确的指定，下属必须严格遵守，不得渎职。在授权过程中，除了要注意上面的原则外，领导者也要特别注意有些权力不能下放。一般来说，领导者至少要保留以下权力：事关发展前途的改组、扩建重大问题的决策权；直接下属和关键部门的人事任免权；监督和协调各层下属工作的权力。除此之外的许多权力，可视不同情况灵活掌握。

（3）柔性授权。

领导者对被授权者不做具体工作的指派，仅指示一个大纲或者轮廓，被授权者有很大的余地进行创造性的工作。

（4）不可越级授权。

领导者不可以把中间层的权力直接授给其下属，这样做，会造成中间领导层工作上的被动，扼杀他们的负责精神，久而久之会形成"中层板结"。如果出现中层领导不力的情况，领导者要采取机构调整或者人员任免的办法解决中层问题。授权，只能逐级授权，不能越级授权。

（5）授权要分而不散。

按照系统论的观点，授权是将复杂的整体目标加以分解，实行"分而治之"。然而授权不是分权，不是搞各自为政，领导者应当时刻注意观察全局发展的进程，对可能出现的离心现象及时调节，对被授权者实行有效的监督。当然，这种监督和调节是对下属偏差的纠正，而不是对下属正常工作的干涉；是对大局的宏观指导，而不是对烦琐事务的具体参与。

此外，管理者要想对权力进行有效的控制，可采用如下几点技巧。

（1）命令追踪。

对已发出的命令进行追踪是确保命令顺利执行的最有效方法之一，通常有两种情况：第一种，主管在发布授权指令后的一定时期，亲自观察命令执行的状况；第二种，主管在发布授权指令的同时与下属商定，命令下达后，下属应当定期呈报命令执行状况的说明。

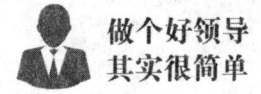

(2)有效的反馈。

有效的反馈需要把握如下要点：反馈应具体化，依赖数据说话；把握反馈的良机；反馈是确定的、清楚的，可被准确理解的。

(3)监督进度。

命令下达后，领导者还要注意监督其进度如何。监督的时候要注意：监督工作进展，尽量避免干涉下属的具体工作；以适当的方式提出意见或提醒；确认绩效，兑现奖惩。

(4)全局统御。

授权的目的是把领导者从具体事务中解放出来，使他们有更多的时间和精力思考全局的问题，这样会比事事躬亲更能统御全局。

总之，领导者要做到合理使用干部和安排下属，就必须全面掌握授权艺术，才能充分调动下属的工作热情，发挥其工作效力，搞好各项工作，实现轻松而有效的领导，最大限度地实现成员个人与集体的价值。

第八章
抓授权——领导要管头管脚,但不能从头管到脚

充分授权,容忍失误

有关资料显示,世界500强中有99%的企业非常重视员工的忠诚度,特别是他们的管理者授权给下属时,着重强调每一位管理者必须信任他们的下属。某杂志曾经以《你最不喜欢什么样的老板》为题向50位白领征询看法,结果收集上来一箩筐意见,历数老板的种种致命缺点。其中,骄傲自大,刚愎自用,不懂得充分授权和信任下属被提到的次数最多,超过了对老板个人能力、公司管理,甚至超越了个人利益。

经营之神松下幸之助曾说:"最成功的统御管理是让人乐于拼命而无怨无悔,实现这一切靠的就是信任。"可见信任是授权的精髓和支柱,管理者对授权对象充分信任才能发挥授权的最大效用,否则一切授权都是空谈。

有一家公司的员工将自己拟好的销售计划在下班时塞在了经理办公室的门把手上。没过两天,他便被邀去说明情况。他一进门,经理就开门见山地说:"计划写得不错,就是字体太潦草了。"这就使这位员工紧张的心情顿时放松了下来,他问道:"我的计划是不是预算开支较大啊?要不我再与两个同事一起修改修改,然后再向您汇报一下。"经理打断了他,说:"费用对我们公司不是问题,我看计划很可行,只要你有信心,那就去做吧,千万别让时机错过了。"员工听了大受鼓舞,然后信心十足地拿起计划离

开了。两个月以后，这位员工就将出色的销售业绩摆在了经理桌上。

这就是信任的力量。试想如果当时经理再将该员工的计划拿去审核、考证，不但贻误了商机，肯定也会使员工产生心理上的负担。如果那时候再交给他去完成，恐怕不能像现在这样顺利。毕竟，牵扯这么大数目的费用，就算他再有胆量，也还是要犹豫的。可现在，就是经理给予了他充分的信任，减轻了他心理上的负担，留出了让他充分发挥的空间，也使任务顺利完成了。

是的，没有信任，又何谈授权？一些管理者表面上是把权授出去了，可是仍事事监控，或者关键的地方不肯放手，这都是不信任的表现。如此的授权又有什么实质的意义呢？不被信任，只会让下属感到不自信，不自信就会使他们感觉自己不会成功，进而感到自己被轻视或抛弃，从而产生愤怒、厌烦等不良的抵触情绪，甚至把自己的本职工作也"晾在一旁"。打个比方，你陪新手去开车，如果你担心他开不好车，担心他方向盘掌握得不好或者油门踩得不好，不给他充分授权，不让他上路开车，这样他怎么能开好车呢？相反，在信任中授权对任何下属来说，是一件非常快乐而富有吸引力的事，它极大地满足了下属内心的成功欲望，因信任而自信无比，灵感迸发，工作积极性骤增。

授权的成功与否，信任是其中一个非常重要的因素。一名优秀的管理者，在授权给下属的时候，一定是信任他们的。惠普的成功与管理者充分信任下属是分不开的。

在惠普，存放电气和机械零件的实验室备品库是全面开放的。这种全面开放不仅允许工程师在工作中任意取用，而且实际上还鼓励他们拿回家供个人使用。惠普认为，不管工程师们拿这些零件做的事是否与其工作有关，总之只要他们摆弄这些玩意儿就总能学到点东西。

惠普的领导们深知，对下属的信任能够让他们愿意担负更多的责任，从而能充分发扬公司的团队合作精神。要完成公司的目标，就必须得到各层的理解和支持，相信他们，允许他们在致力于自己或公司目标的实现中

第八章
抓授权——领导要管头管脚，但不能从头管到脚

有充分的灵活性，从而帮助公司制定出最适于其运作和组织的行事方式和计划。

因此，管理者在授予下属权力后要学会不干预，让他们大展拳脚，不会因空间狭窄而觉得束缚手脚。真正让下属感觉到上司对自己那种"你办事，我放心"的态度，让他们可以在职权范围内独立处理问题，完成工作，承担责任。

管理者既然决定授权，就要对授权对象充分信任。当然，我们知道大部分管理者之所以不信任下属，不是对他们的人格产生怀疑，而是因为不信任他们的能力，更怕他们在操作过程中出现失误、造成损失。

许多管理者不信任下属的能力，担心下属并不具有完全自由运用权力和做出正确决策的能力，觉得与其授权，还不如亲自解决。担心下属出错是正常的，但是如果管理者不允许下属犯错误，实际上也不会有什么授权。失误和损失都是不可避免的，既然管理者选择授权，就要充分信任权力授予的对象，并允许他犯错误并承担因他的错误造成的损失，这是必须由组织交的"学费"。

所以，管理者在进行授权时，首先应当建立这样一种信念：出现错误是授权的一部分。也就是说，要让下属百分之百地按照管理者的意图来完成工作是不大可能的，下属在完成任务的过程中出现一些错误是正常的。

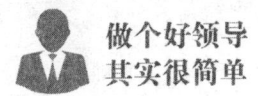
做个好领导
其实很简单

灵活放宽能人权限

领导者在管理中，很多时候虽然授权给了下属，却无时无刻不在干涉下属的工作，这是下属们最害怕的事情。虽然领导者自己会说这是对下属的一种"控制"，但其实这就是一种变相的对下属的不尊重、不信任，是"掣肘"。长此以往，就会使下属失去独立负责的责任心，还会严重挫伤他们的积极性，难以使其尽职尽责，到头来工作不仅无法完成，所有的责任还要由领导者来扛。

《吕氏春秋》记载，子齐奉鲁国君主之命到宣父去做地方官。可子齐担心鲁君听信小人谗言，处处干预，使自己难以放开手脚，无法充分行使职权。于是，他在临行前便主动要求鲁君派两个身边近臣随他一起去宣父上任。

一到宣父，子齐就命令两位近臣给鲁君写报告，而他自己却在旁边不时去摇动二人的胳膊肘，给他们捣乱，这使得二人的报告写得很不工整。事后，子齐还对二人发火说他们字写得难看，怎么能做官？这二人对他又恼又怕，便请求回去。

子齐同意了他们的请求。二人回到鲁国国都之后，便向鲁君抱怨无法为子齐做事。鲁君向他们询问原因，二人回答："他叫我们写字，又不停地摇晃我们的胳膊。字写坏了，他怪罪我们，大发雷霆。我们没法再干下去了，只好回来。"

鲁君听后明白了子齐的用意，长叹道："这是子齐劝诫我不要扰乱他的正常工作，使他无法施展聪明才干呀。"于是，他就派自己最信任的人到宣父对子齐传旨："从今以后，凡是有利于宣父的事，你就自决自为吧。五年以后，再向我报告要点。"子齐郑重受命，从此得以正常行使职权，发挥才干，宣父也得到了良好的治理。

这也就是我们常说的"掣肘"一词的典故。只有充分放开手脚，自由伸展，才会做出自己的一番事业。而领导者总是担心下属的能力是否胜任，或者是唯恐权力失去控制。其实，每个人的能力都是在工作实践中锻炼出来的，没有哪个人的能力是与生俱来的，包括领导者本人。

领导者在授予下属权力时，视授权对象的不同，权力可大可小。但无论如何，一个必须遵守的原则就是对能人必须要放宽授权界限，要给予他尽可能大的权力。

对于一些有才能的下属，领导者必须对其放宽授权，应该有能容人的雅量，哪怕这样授权有可能对你的地位与权力造成威胁，只要他能真正为你创造价值就应该放手授权给他。

领导者首先要发现能人，为我所用；其次要用人唯能，授予能人更多权力，放宽他们受约束的界限。这样才能使有志之士放开手脚，毫无顾忌，大显身手。领导者的这种领导风范也会感染所有下属，使组织从上到下，所有的人都愿意发挥自己的全部才能。

领导者在授权时应该能做到这点：授予了下属职务，就应该同时赋予与其职务相称的权力，不能处处干预他们的工作。在管理实践中，很多领导者却做不到这一点，他们总是不断去干涉下属们的工作，给予他们建议和指示，而这往往让他们觉得无所适从，导致工作无法正常地展开。

授予下属"特权"，不等于领导者不闻不问，可以让下属自由越权。领导者必须注意，"特权"的行使也是有一定限度的。"越权"的人，总欣赏自己的才干，并为"越权"的结果备感欣慰。认为虽然自己辛苦一

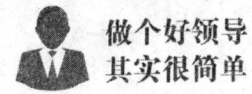

些，但事情办得快、办得好，不耽误事。然而，他没有看到"越权"搞乱了工作的正常秩序。因为工作都是按照一定的规律运转，呈现一定的程序，属于系统工程。分级分层领导，各负其责，各司其职，而一旦放任下属，就是让这个组织处于无序状态，只能给以后的管理留下弊病。

所以，领导者要巧妙搭配"特权"与控权，既给能人营造宽松的发展空间，又要让他明白授权的最终目的是"特权"所产生的特殊绩效。如果权力与绩效不能构成正比，则"特权"就要被收回。

第八章
抓授权——领导要管头管脚,但不能从头管到脚

授权的禁区

现代管理方法的基本法则是"领导者要干自己的事,不干别人能干的事"。授权时要注意授权的"禁区",这对于企业领导者的授权工作有极大的帮助。

禁区一:授权时禁事必躬亲。

三国时期,诸葛亮与司马懿交战,司马懿曾向一位汉使询问诸葛亮的饮食及军务的繁简情况。那位汉使说:"诸葛丞相早起晚睡,军中凡是处罚在二十军棍以上的,丞相都要亲自过问。所吃的饭食,每天不过数升。"司马懿闻言,松了一口气,说:"诸葛孔明吃得少却事必躬亲,肯定不会活得太久的。"果然,诸葛亮积劳成疾,出师未捷身先死,活活给累死了。

每个人的精力有限,领导者应该去做更大的决策。在授权方面,领导者只需指出思路,具体细则由下属去做,也就是只管战略问题,不管战术问题。企业授权,除了资金调配、质量论证、项目投资、技术改造和企业文化这些大事由领导者统一规划,其余全部由各部自管。充分授权之后,领导者就有了充足的时间来考虑战略层次的问题。由于各部门员工被委以重任,从而有了成就感,干起工作来更卖力、更起劲儿。

从本质来说,管理就是要将事情托付给员工。如果要想成为一名轻

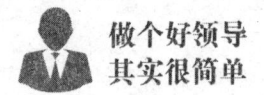
做个好领导
其实很简单

松又成功的领导者，在你授权给员工的时候，就要适当地去让下属们去发挥才能。领导者善于使用员工，才能将事情做得又快又好，而员工得到领导者的信任，才会努力为组织工作。因此，只有合理管理员工，才能对员工进行激励。金钱买不来永久的归属感，控制无法获得长久的服从，"让别人干"有一种神奇的作用，促进员工自我管理、自我激励，把潜能变为显能。

禁区二：授权时禁空开口不授权。

《韩非子》中有这样一个故事：中山国的相国乐池，奉命带领一百辆车出使赵国，为了管好队伍，他便在门客中选出一个能干的人带队。走到半路，车队不听指挥乱了行列，乐池责难那个门客说："我认为你是有才能的人，所以叫你来领队，为什么弄得半路上就乱了阵脚？"那门客回答："要管好队伍，就要有职有权，能根据各人的表现对他实行必要的奖惩。我现在是下等门客，你没有授给我这方面的职权，出现失误为什么要怪我呢？"

有些领导者有这样一种误解，每当该放权时，他们就会说："连权都放给下属了，我还拿什么管他们呢？"其实，这样的领导混淆了放权和监督权力的区别。放权给下属是要下属承担起一定的责任，换言之下属得到处理事务之权，而不是得到无人管束的特权。

在企业管理中，一些总喜欢全权管理的领导者，不但自己受累，还会吃力不讨好。这样的人得不到下属的敬重，相反还可能招致他们的埋怨。有些下属是很勤奋的，他确实想做工作，恨不得领导者给他创造尽可能多的大显身手的机会。如果领导者不给他任务，而是自己忙前忙后，他就会产生"有心杀贼，无力回天"的压抑感，自己的才能得不到施展，早晚要递交辞呈走人。

领导者如何对待权力，反映了他的管理观念是进步还是落后。有些领导者对下属办事，一万个不放心，凡事都要亲自过问，死抓不放，结果束缚住下属的手脚，反而使工作迟缓、缺乏创意。相反，有些领导者能够

第八章
抓授权——领导要管头管脚，但不能从头管到脚

给下属权力，鼓励他们多动脑筋、放开手脚，结果工作突飞猛进、效益倍增。因此，授权时一定要记住不能空开口不授权。

禁区三：不要让被授权的人被权力迷惑，不能正确理解权力的意义。

费萨尔是沙特阿拉伯国王。他在年轻时很有才华，他的父亲对他也寄予很高的期望。但是因为某些原因，却于1933年立沙特为王储。1953年，沙特登基任首相，费萨尔任外交大臣。沙特执政不久，在治理国家的过程中出现了一系列失误，王国陷入了内外交困之中。沙特无奈，只好让费萨尔接任首相。费萨尔仅用了一年的时间，便让沙特阿拉伯王国摆脱了困境。但不久沙特国王便解除了费萨尔的职务。后来又发生了一次类似情况。两次执政的教训告诫费萨尔，要顺利地施行自己的大政方针，必须拥有足够的权力，让内阁紧紧团结在自己的周围。于是他在其他大臣的协助之下，废黜了沙特国王。费萨尔掌权之后，运用手中的权力把沙特阿拉伯治理得井井有条，自己在民众之中也享有极高的威望。

著名哲学家罗素曾说过："人类最大的、最主要的欲望是权力欲和荣誉欲。"是的，权力可以产生权威，权力可以带来威势。正因为如此，使用它可以维护组织的稳定，推动组织的发展，也可以破坏组织的稳定，瓦解组织；既可以服务于人，为大家谋利益，也可以腐蚀人，给人带来巨大的灾难。作为领导者应当理智地认识到这一点，树立正确的权力观，以便更好地授权。

禁区四：授权忌优柔寡断，否则会错过企业发展的最佳时机。

一个企业里总是存在着很多的事情，领导者每天都需要对这些事情做出决策，有些决策看似很简单或无关紧要，实际上却非常重要。不论是什么类型的集体，总会有下属提出好的意见，因此，当下属需要一点权力去给公司做改善时，领导者应当适当放权。一方面，让下属感到自己是集体的一分子；另一方面，培养下属处理问题的能力，在问题刚出现时能够立即给出恰当决策，并立即行动。

在著名的英特尔公司就使用被称之为"参与式决策"的决策方式。它

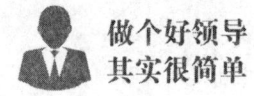

的这种决策方式，给下属充分的权力去参与公司的决策。事实已经证明，英特尔公司的上层领导者经常会与下属们公开交换意见，提出讨论并采纳各种观点，最后得出最好的解决方案，取得了骄人的成绩。不论是什么类型的集体，每个下属都需要做出决策，因此，领导者应当适度放权并把握放权的最好时机，立即做出恰当决策，并迅速行动。

权力是为了完成各种不同职能而被赋予的，它是完成工作任务的工具。领导者只有正确地认识权力，才能恰当地使用权力。领导者凡是授权都要让下属有圆满完成本职工作的职责。既然权力有双重性，领导者就应树立正确的权力观，想方设法克服权力所带来的负面效应，发挥其长处，而不要让下属为权力所腐蚀、所迷惑。只要领导者懂得一些权力运用的原则，运用权力得当，是完全可以树立自己的权威，成为一位成功的领导者的。

以上介绍的是授权的"禁区"，关于授权过程中防止权力失控、不能公平授权、授权要张弛有度等情况需要领导者根据具体情况灵活处理。